중국고전문학정선-시경詩經·초사楚辭

류종목 송용준 이영주 이창숙 譯解

明文堂

2007년 정부(교육과학기술부)의 재원으로 한국연구재단의
지원을 받아 수행된 연구임
(NRF-2007-361-AL0016)

책을 펴내며

시경詩經과 초사楚辭는 중국 고대문학의 쌍벽이다. 중국 문학은 이 둘에서 비롯되었다고 할 수 있을 정도로 이후의 문학 작품과 작가에 지대한 영향을 끼쳤다. 따라서 시경과 초사를 알지 못한 채 중국 문학을 이해하려 한다면 이는 기초공사를 하지 않고 건물을 지으려고 하는 행위와 다를 바가 없을 것이다.

시경과 초사는 중국 문학의 이해에만 유용한 것이 아니다. 진秦나라 이전에 살았던 인간의 삶을 알려주고 당시의 문화와 사상을 반영하기 때문에, 그리고 아주 오래된 문헌 기록으로 고대의 언어를 반영하기 때문에 문화인류학, 사회학, 언어학 등 다른 여러 방면에서도 큰 가치가 있다.

이처럼 시경과 초사가 중국학에 관심이 있는 이라면 누구나 필독해야 할 텍스트인 만큼 각 대학의 중국어문학과에서는 그것을 필수 과목으로 정하여 가르치는 것이 마땅하다. 그러나 현재 우리나라 각 대학의 실제 상황은 이와 상반되어 대부분의 대학에서 시경과 초사 강의가 없어진 지 오래이다. 학생들이 고전을 귀하게 여기지 않고 한문을 어려워하여 시경이나 초사 강의를 수강하지 않기 때문에 학교에서 강좌 자체를 아예 없애버린 것이다. 시경과 초사의 비중이 줄어드는 현상은 저자들이 재직 중인 서울대학교 중어중문학과도 예외가 아니어서 이전에 따로 강좌를 개설하던 시경과 초사를 지금은 둘을 묶어 한 강좌로 하여 강의하고 있다.

시경과 초사는 필독해야 할 것이기 때문에 '중국고전문학정선' 시리즈를

책을 펴내며 3

구상하면서 이들을 포함시키기로 하였다. 단 요즈음의 현실을 고려하여 대표성이 있는 일부 작품만 선정하고 평이하되 명료하게 주해를 하여 시경과 초사에 대한 독자들의 거부감을 덜어주고자 하였다. 수록한 작품의 양은 일반 대학에서 한 학기에 강의할 수 있을 정도로 하였는데, 이는 본 시리즈의 다른 책과 마찬가지로 이 책도 대학에서 교재로 쓰일 것이라 기대하기 때문이다.

이러한 집필 원칙하에 류종목, 송용준, 이창숙 3인이 시경을, 이영주가 초사를 맡아 역해하였다. 원고를 마무리한 지금 우리 저자들은 이 책이 과연 원래의 의도대로 되었을까 하는 우려를 지울 수가 없다. 아무쪼록 독자들이 질정해주어 내용이 계속 수정 보완될 수 있기를 바란다.

'중국고전문학정선' 시리즈를 지속적으로 출간할 수 있도록 연구 지원을 해준 서울대인문학연구원과 한국연구재단의 여러 관계자들에게 우선 심심한 감사의 뜻을 표한다. 이 책의 출간은 이분들에게 힘입은 바가 가장 크다. 출판을 흔쾌히 승낙해주신 명문당 김동구 사장에게도 감사의 뜻을 전한다. 《시가 1》에 이어 이 책의 편집과 교정도 이은주 선생이 맡았는데, 여전히 열과 성을 다하는 모습에 크게 감동받았다. 이 선생에게 다시 한 번 감사한다.

2012년 5월 31일
저자 일동

차 례

책을 펴내며   3

시경詩經   15

국풍國風   27

주남周南   28

關雎관저 | 관저   28
葛覃갈담 | 칡덩굴   30
卷耳권이 | 도꼬마리   32
螽斯종사 | 메뚜기   34
桃夭도요 | 복숭아   35
芣苢부이 | 질경이   36
漢廣한광 | 한수는 넓고   37
汝墳여분 | 여수 제방   39
麟之趾인지지 | 기린의 발   41

소남召南   42

鵲巢작소 | 까치집   42
采蘩채번 | 다북쑥 뜯어서   43

甘棠감당 | 팥배나무　45
摽有梅표유매 | 매실이 떨어져　46
野有死麕야유사균 | 들판에는 죽은 고라니　47
何彼襛矣하피농의 | 어이 저리 고울까　48

패풍邶風　50

柏舟백주 | 잣나무 배　50
燕燕연연 | 제비떼　53
擊鼓격고 | 북을 치다　55
凱風개풍 | 남풍　57
谷風곡풍 | 동풍　59
式微식미 | 쇠미해지다　63
簡兮간혜 | 씩씩하네　64
靜女정녀 | 얌전한 아가씨　66

용풍鄘風　68

柏舟백주 | 잣나무 배　68
君子偕老군자해로 | 군자와 해로를　69
載馳재치 | 달리자　72

위풍衛風　76

淇奧기오 | 기수 물굽이　76
考槃고반 | 은거　79

碩人석인 | 미인   80
氓맹 | 남자   83
木瓜모과 | 모과   88

왕풍王風   90

黍離서리 | 기장   90
采葛채갈 | 칡을 캐세   92

정풍鄭風   93

將仲子장중자 | 작은도련님   93
女曰雞鳴여왈계명 | 닭이 울어요   95
有女同車유녀동거 | 함께 수레 탄 여인   95
山有扶蘇산유부소 | 산에는 부소나무   98
子衿자금 | 푸른 옷깃   99
野有蔓草야유만초 | 들판에는 덩굴 풀   100
溱洧진유 | 진수와 유수   102

제풍齊風   104

雞鳴계명 | 닭은 울고요   104
猗嗟의차 | 우와   105

위풍魏風　108

園有桃원유도 | 마당의 복숭아나무　108
陟岵척호 | 민둥산에 올라서　110
伐檀벌단 | 박달나무를 베다가　112
碩鼠석서 | 큰쥐　114

당풍唐風　117

蟋蟀실솔 | 귀뚜라미　117
綢繆주무 | 땔나무 얽어매고　119
鴇羽보우 | 느시 깃　121
葛生갈생 | 칡이 자라네　123

진풍秦風　125

車鄰거린 | 수레 소리　125
駟驖사철 | 네 마리 검정말　127
蒹葭겸가 | 갈대　129
黃鳥황조 | 꾀꼬리　132
無衣무의 | 옷이 없어도　136

진풍陳風　138

宛丘완구 | 완구　138
衡門형문 | 오막살이　140

墓門묘문 | 묘문   141
防有鵲巢방유작소 | 방죽 위의 까치집   143
月出월출 | 달이 떠올라   145

회풍檜風   148

素冠소관 | 흰 관   148
匪風비풍 | 바람   150

조풍曹風   152

蜉蝣부유 | 하루살이   152
下泉하천 | 낮은 곳의 샘물   154

빈풍豳風   157

七月칠월 | 칠월   157
鴟鴞치효 | 부엉이   170
東山동산 | 동산   173
破斧파부 | 깨어진 도끼   180

아雅   183

소아小雅   184

鹿鳴녹명 | 사슴이 우네   184

采薇채미 | 고사리를 캐러 가세　187
魚麗어리 | 물고기가 걸렸네　194
南有嘉魚남유가어 | 남방에 미끈한 물고기가 있어서　196
鴻雁홍안 | 기러기　199
庭燎정료 | 마당의 횃불　202
鶴鳴학명 | 학 울음　204
黃鳥황조 | 노랑 참새　206
無羊무양 | 양이 없다　209
巷伯항백 | 항백　213
谷風곡풍 | 계곡에 부는 바람　218
蓼莪육아 | 더부룩한 쑥　220
大東대동 | 대동　225
北山북산 | 북산　233
靑蠅청승 | 쉬파리　237
何草不黃하초불황 | 무슨 풀이 안 시들리　239

대아大雅　242

緜면 | 끝없이 뻗음　242
公劉공류 | 공류　251
召旻소민 | 소공과 하늘이여　261

송頌 269

주송周頌 270

清廟청묘 | 청묘   270
維天之命유천지명 | 천명   272
我將아장 | 우리가 받들어   273
思文사문 | 문덕   275
豐年풍년 | 풍년   277
武무 | 무왕   279
敬之경지 | 근신   280
載芟재삼 | 잡초를 베어내고   282
酌작 | 참작   287
般반 | 즐거움   289

노송魯頌 291

有駜유필 | 살지고 튼튼하네   291

상송商頌 295

玄鳥현조 | 제비   295

초사楚辭 301

이소離騷 307

구가九歌 354

東皇太一동황태일 | 동황태일   354
雲中君운중군 | 운중군   356

구장九章 360

哀郢애영 | 영도를 슬퍼하다   360

구변九辯 368

- ■ 찾아보기_시제詩題   373
- ■ 찾아보기_시구詩句   376

시경詩經

시경詩經

1. "시詩"의 정의

《시경》은 처음에는 "시詩" 또는 "시삼백詩三百"이라고 불렸다. 즉 "시"가 바로 《시경》이었다. "시"는 후대에는 운문 일반을 가리키는 개념으로 확장되었으며, 후대의 시는 모두 《시경》 시를 모태로 발전하였다고 할 수 있다.

중국에서 가장 오랜 문자인 갑골문甲骨文, 금문金文과 가장 오랜 문헌의 하나인 《역경易經》에는 '詩' 자가 없다. 《금문상서今文尙書》〈순전舜典〉에 "시는 뜻을 말함이다(詩言志)"라고 하였고, 〈금등金縢〉에 "뒤에 주공은 시를 지어 왕에게 주고, 제목을 〈치효〉라고 하였다(于後, 公乃爲詩以詒王, 名之日鴟鴞.)"는 구절이 있다. 《모시毛詩 대서大序》에서 "시는 뜻이 나온 것이다. 마음에 있으면 뜻이고, 말로 펴내면 시이다(詩者, 志之所之也. 在心爲志, 發言爲詩.)"라고 하였다. 최초의 사전이라 할 수 있는 동한東漢 때 허신許愼의 《설문해자說文解字》에는 '詩' 자가 실려 있고, "시는 뜻이다(詩, 志也)"라고 풀이하였다. 유희劉熙는 《석명釋名 석전釋典》에서 "시는 나옴이다. 뜻이 나온 것이다(詩, 之也. 志之所之也)"라고 하였다.

'之' 자를 '나다(出)'로 풀이할 수 있는 근거는 허신이 제공하였다. 《설문해자》에 따르면 '之' 자의 고문古文은 '屮'이며, 허신은 이 '屮' 자를 '出'의 의미로 풀이하였다. 싹이 땅에서 돋아나는 형상으로 본 것이다. 《설문해자》에는 '言' 자의 고문 오른쪽에 '屮' 자를 붙인 글자가 '詩' 자와 함께 실려 있다. 허신은 이 글자(言+屮)에 대해 "'詩' 자의 고문이고, 자형이 생략되었다(古文詩省)"고 설명하였다. 즉 '詩' 자에서 '寸' 자가 빠진 형태라는 뜻이다. 역시 《설문해자》에 따르면 '寺' 자의 고문은 '㞢' 자 아래 '寸' 자가 붙은 형태이다. 이상을 종합하면 '詩' 자는 '志' 즉 뜻이 '言' 즉 언어로 표현되는 현상을 뜻하는 글자로 풀이할 수 있다.

'詩' 자의 고문은 '言+㞢'이다. 《설문해자》에 따르면 '志' 자의 고문은 '㞢' 아래 '心'이 있는 형태이다. '㞢' 자가 후대에 형태가 바뀌어 '士' 자와 같은 형태가 되었다. 그러므로 '志' 자는 마음이 밖으로 나온 것을 표현하며, 애초에는 '詩'의 뜻도 포괄하고 있었다. 《좌전左傳》 소공昭公 16년(B.C. 526)에 진晉나라의 한기韓起가 정鄭나라에 사신으로 갔을 때 자산子産을 비롯한 정나라의 육경六卿이 그를 전송하는 광경이 실려 있다. 한기는 그들에게 자기가 '정지鄭志'를 알 수 있도록 시를 노래해 달라고 청하였다. "여러 군자들이시여, 노래를 불러 주시오. 그러면 저도 노래를 듣고 '정지鄭志'를 알겠지요(二三君子, 請皆賦. 起亦以知鄭志.)" 정나라의 육경은 각각 〈야유만초野有蔓草〉, 〈고구羔裘〉, 〈건상褰裳〉, 〈풍우風雨〉, 〈유녀동거有女同車〉, 〈탁혜蘀兮〉를 불렀다. 이 시 여섯 편은 모두 〈정풍鄭風〉에 들어 있다. 시를 다 듣고 한기는 "여러 군자들께서 임금의 명으로 저를 전송하면서 부른 노래가 '정지鄭志'를 벗어나지 않았으니 모두 친밀하십니다(二三君子以君命貺起, 賦不出鄭志, 皆昵燕好也.)"라고 말하였다. 따라서 '정지鄭志'는 정나라의 뜻이자 바로 '정시鄭詩'이다. '志'를 '詩'의 뜻으로 쓴 것이다. 후대에 언어로 표현한 뜻이라는 의미를 더욱 강화하기 위해 '言' 자에 '㞢'를 붙여 '言+㞢' 자를 만들었다.

시는 바로 '뜻'의 언어적 표현이라는 말이니 시가를 이미 언어예술로 인식하였음을 알 수 있다. '뜻'은 그 범주가 넓어서 사상과 감정을 모두 포괄한다. 즉 "시"는 사람의 사상과 감정을 언어로 표현한 예술작품이다.

《시경》의 "시"는 노랫말이다. 후대 언젠가부터 음악 성분, 즉 가락과 절주는 사라지고 언어의 성분, 즉 문자와 소리만 남아 있다. "시"는 언어의 성분에서도 노래의 여러 가지 특징을 충분히 찾아낼 수 있다. 후대의 시는

《시경》 시의 여러 특징을 계승하여 발전하면서도 음악으로부터는 분리되고, 노랫말은 또 다른 형식의 시가가 담당하였다. 시는 노랫말로써의 규칙-운율을 유지하면서도 노래하지 않음으로써《시경》의 시와는 형식적으로도 다른 모습으로 발전한다. 그러나 사람의 사상과 감정을 표현하는《시경》 시의 전통은 여전히 굳건히 유지됨으로써《시경》은 중국 시가문학의 기원이자 규범으로 작용한다.

2.《시경》의 성립과 체재

《시경》은 고대 중국 주나라 시절의 시가집이자 유가儒家의 경전 중에서도 으뜸의 위치를 차지하는 중요한 문헌이다. 여기에 실린 시가의 창작 시기는 서주西周 초에서 동주東周 중기까지이다. 서기로는 B.C. 12세기 초에서 B.C. 6세기 후반에 해당하며, 서주 초중기의 치세治世에서 서주 말기와 동주의 난세亂世에 이르는 500년 정도의 시대이다.《시경》에는 이 시대를 살았던 사람과 사회의 생각과 생활, 그리고 꿈을 노래한 더할 나위 없이 귀중하고 빛나는 시가 작품이 실려 있다.

주나라 때 천자의 직할 지역과 각 제후국에서 불리던 노래가 한데 모여 묶여서《시경》이 되었다. 즉《시경》은 주나라 각 지역의 노래를 모은 총집總集이다. 천자가 각 지역의 실상과 민심을 파악하기 위해 각지의 시를 모았으며, 시를 모으기 위하여 시를 채집하는 '채시采詩'와 시를 바치는 '헌시獻詩'라는 제도를 운영했다고 한다. 춘추시대 각 나라의 역사를 기록한《국어國語》의〈주어周語〉에 헌시에 관한 기사가 실려 있다.

> 그러므로 천자는 정치를 살피면서 공경에서 열사에 이르기까지 시를 바치게 하고, 고瞽(맹인 악사)에게는 악곡을 바치게 하고, 사관에게는 글을 바치게 하였으며, 소사少師는 훈계하고, 수瞍(맹인)는 시를 읊고, …… 원

로들이 바로잡은 다음에 왕이 깊이 헤아리니 일을 행함에 어그러지지 않았다.
故天子聽政, 使公卿至於列士獻詩, 瞽獻曲, 史獻書, 師箴, 瞍賦, …… 耆艾修之, 而後王斟酌焉, 是以事行而不悖.

또 《한서漢書 예문지藝文志》에는 채시 제도에 관한 기사가 있다.

옛날에는 시를 채집하는 관리가 있어 왕자가 이를 통해 풍속을 살피고 정치의 득실을 알아서 스스로 바로잡았다.
古有采詩之官, 王者所以觀風俗, 知得失, 自考正也.

채시와 헌시 제도를 통해 주나라에는 중앙과 각 제후국의 수많은 노래가 수집되었다. 사마천司馬遷은 "옛날 시 3000여 편(古者詩三千餘篇)"이라고 하여 그 수량을 언급하였지만, 과연 정확한 숫자인지는 알 수 없다. 지금 《시경》에 실려 전하는 시는 정확히 311편, 제목만 남아 있고 가사가 없는 6편을 빼면 305편이다. 500년 세월에 수많은 나라에서 300편 정도만 짓고 불렀을 리는 없다. 《시경》에 실리지 않은 이 시대의 노래가 다른 문헌에 실려 전한다. 이런 시를 "일시逸詩"라고 부른다. 일시가 《춘추좌전春秋左傳》에는 21조條, 《국어國語》에는 1조가 실려 있다. 많다고는 할 수 없지만 이런 일시의 존재는 《시경》에 실리지 않은 시도 적지 않았음을 증명한다. 3000여 편은 아닐지라도 많은 수량의 시가 주나라의 중앙에 수집되었고, 이 가운데서 300여 편을 골라 지금의 《시경》으로 편집한 것만은 분명하다. 이 편집자에 대해서는 사마천이 명확하게 지적하였다. 그는 《사기史記 공자세가孔子世家》에서 말하였다.

옛날에 시 3000여 편이 있었다. 공자에 이르러 그 중복된 것을 없애고, 예의에 시행할 수 있는 것을 취하였다. …… 305편을 공자는 모두 현으로 반주하며 노래하였다.

古者詩三千餘篇, 及至孔子, 去其重, 取可施於禮義, …… 三百五篇孔子皆弦歌之.

사마천은 《시경》의 편집자로 공자를 지목하였다. 그러나 이른바 이 "공자산시설孔子刪詩說"은 사실과 거리가 멀다. 춘추시대春秋時代 오吳나라의 공자 계찰季札(B.C. 576-B.C. 484)이 노나라 양공襄公 29년(B.C. 544)에 노나라를 방문하여 "주악周樂" 즉 주나라의 음악을 감상하고 비평한 일이 《춘추좌전》에 실려 있다. 계찰을 위해 연주한 주악의 차례는 주남周南, 소남召南, 패邶, 용鄘, 위衛, 왕王, 정鄭, 제齊, 빈豳, 진秦, 위魏, 당唐, 진陳, 회檜, 그리고 소아小雅, 대아大雅, 송頌이다. 조풍曹風은 직접 언급하지 않았지만 회풍 다음에 연주한 듯하다. 이 체제는 현재의 《시경》과 거의 같다. 이때 공자는 겨우 8세였다. 공자가 위대한 인물이기는 하지만 8세 소년이 3000편의 시를 읽고 300여 편을 골라내서 책을 엮었다고 볼 수 있을까?

《논어論語 자한子罕》에 "내가 위나라에서 노나라로 돌아온 이후에 음악이 바로잡히고, 아와 송이 각각 제자리를 잡았다(吾自衛反魯, 然後樂正, 雅頌各得其所.)"고 공자는 말하였다. 공자가 위나라에서 노나라로 돌아온 때는 노 애공哀公 11년(B.C. 484)으로 공자 나이 65세 때였다. 《논어》 〈위정爲政〉과 〈자로子路〉 등의 편에서 공자는 "시詩", "시삼백詩三百"이라고 언급하였다. 이 두 편은 공자 중년기의 기록이니 공자가 만년에 《시경》에 손을 대기 전에 이미 《시경》은 지금 보는 체재로 성립되어 있었음이 분명하다. 또한 일시가 존재하기는 하지만 그 수량이 그리 많지 않으니 3000편 가운데 300편을 가려내었다고 보기에도 무리가 있다. 3000편 가운데 300편을 추렸다면 《시경》에 실린 시보다 빼버린 시가 9배나 많으니 일시는 지금 보는 것보다 훨씬 많이 남아 있어야 한다. 수나라 왕실에는 300편은 넘지만 3000편까지는 아닌 많은 시가 모여 있었고, 이를 어느 시기에 지금의 《시경》으로 편집하였으며, 그 시기는 적어도 공자 시대보다는 이르다.

《시경》에 실린 시는 총 311편이다. 이 가운데 6편은 제목만 있고 가사는 없어 생황笙簧으로 연주하던 생곡笙曲이라고도 본다. 따라서 《시경》의 시는 정확히 305편이다. 311편은 이른바 풍風, 아雅, 송頌 세 부분으로 나뉜다. 풍에는 15국의 풍이 있으며, 아에는 소아小雅와 대아大雅, 송에는 주송周頌 노송魯頌 상송商頌이 있다. 《시경》의 각 부문별 시편 수는 다음과 같다.

십오국풍十五國風	주남周南	11편
	소남召南	14편
	패풍邶風	19편
	용풍鄘風	10편
	위풍衛風	10편
	왕풍王風	10편
	정풍鄭風	21편
	제풍齊風	11편
	위풍魏風	7편
	당풍唐風	12편
	진풍秦風	10편
	진풍陳風	10편
	회풍檜風	4편
	조풍曹風	4편
	빈풍豳風	7편
	총	160편

아雅	소아小雅	80편 (생곡笙曲 5편 포함)
	대아大雅	31편
	총	111편
송頌	주송周頌	31편
	노송魯頌	4편
	상송商頌	5편
	총	40편

십오국풍 가운데 주남과 소남을 이남二南으로 분리하는 견해도 있다. 남南은 남방 지역을 가리킨다고 본다. 최근에는 '남南'이라는 악기로 반주하며 부른 노래라는 견해도 제기되었다. 소아와 대아도 역시 '아雅'라는 악기로 반주하는 노래라는 견해도 있다.

3. 《시경》의 내용

한대漢代 이후 유가儒家 사상이 통치 이념으로 확립되면서 "시"는 유가의 가장 중요한 경전이 되었고, 이에 "시경"으로 불리게 되었다. 따라서 《시경》은 문학적·사상적으로 중국 고대 문화를 대표하는 전적이며, 후대에 중국 및 동아시아 문화에 끼친 영향은 막대하다. 그러나 《시경》은 애초 노랫말이었다. 《시경》은 국가의 전례典禮에 쓰인 종교적·정치적인 노래, 주로 통치자와 귀족의 오락에 쓰인 연희용 노래, 그리고 일반 백성의 민요로 대별할 수 있다. 이 노래들은 종교시宗敎詩, 궁정宮廷의 악가樂歌, 사회시社會詩, 서정시抒情詩 등으로 분류할 수 있다.
종교시는 《시경》 중 가장 이른 시기의 시로 주로 송이 여기에 해당한다. 송 가운데서도 주송周頌이 가장 이르다. 송은 가사, 음악, 무용의 혼합체로서 종교적 기능을 수행하였다. 주송은 무왕武王부터 소왕昭王에 이르는 서주의 전성기 때 왕실의 제사 등 전례에 사용한 노래이다. 일부는 연극적 요소가 들어 있어 상무象舞, 무무武舞의 가사로 간주된다. 조상신에게 풍년을 기원하며, 상제上帝와 조상에 대한 찬송을 담고 있다. 상송商頌은 상의 후예인 송宋나라의 송이다. 송 양공襄公을 찬양한 노래가 들어 있기 때문이다. 노송魯頌은 노나라의 송으로서 희공僖公을 찬양한 노래가 있다. 주송에 비하여 노송과 상송은 문장이 세련되어 후대의 노래임이 분명하다.

아는 주나라 왕실과 그 직할 지역에서 부르던 노래이다. '아雅'는 '하夏' 자와 통용되었으므로 주나라의 중심지역을 가리킨다고 풀이해 왔다. 최근에는 아雅라는 악기로 반주하며 부른 노래라는 견해도 나왔다. 아는 궁정의 악가로서 왕실과 귀족의 연회, 제후와 군사들에 대한 상사賞賜 등의 의식에 사용되었다. 따라서 나라와 왕실의 내력을 서술하는 서사적인 내용이 많다. 여기에는 조상과 후손을 연결하고 왕실의 존엄을 내세워 통치를 굳건히 하려는 의도가 들어 있다. 대와 소의 구분에 대해서는 정치적 의식에 사용한 노래가 대아, 군신의 연회에 사용한 노래가 소아라는 설이 있다.

풍은 풍요, 즉 노래를 말한다. 그러므로 국풍은 주나라 제후국의 민요이다. 주나라 때는 크고 작은 제후국이 수백에서 수십 나라가 있었으나, 시경에 그 노래를 남긴 나라는 모두 15국이다. 15국풍에 실린 노래는 총 160편이다. 남녀의 사랑을 노래한 연애시, 사회현실을 비판한 사회시가 대부분이다. 그 시기는 서주가 쇠퇴하는 여왕厲王, 선왕宣王, 유왕幽王, 평왕平王 시대로 주로 계급 사이의 갈등, 민족 사이의 갈등, 통치계급 내부의 투쟁 등을 반영하고 있다. 과도한 병역兵役, 부역賦役, 착취에 대한 불만과 비판을 토로하여 현실적 의의가 강하다. 이런 시들은 문학이 종교의식, 궁정오락의 단계를 거쳐 사회생활과 인민의 사상과 감정을 표현하는 데까지 발전하였음을 나타낸다. 개인이 뚜렷한 목적의식을 가지고 사상과 감정을 작품화함으로써 현실주의적·정치적 경향을 띠기 시작하는 것이다. 따라서 《시경》 시 가운데 국풍의 시가 문학적 가치가 가장 높다고 평가된다.

4. 《시경》의 전수

춘추전국시대에는 각 나라마다 사용하는 글자가 달랐다. 진시황秦始皇은 중국의 영토를 통일하고, 이어서 문자와 각종 제도를 통일하였다. 이때 쓰인 문자는 소전小篆이었다. 분서焚書 정책으로 많은 책이 사라졌고, 사라진 책은 한나라 때 다시 발굴되거나 복원되었다. 한나라 때는 새로 개발된 문자 예서隸書를 사용하였다. 그리하여 이전의 소전을 고문古文, 한나라의 예서를 금문今文이라고 부른다.

《시경》 역시 사라졌다가 한나라 때 다시 나왔다. 먼저 예서로 쓴 금문《시경》 3종, 즉 삼가시三家詩가 나왔다. 《노시魯詩》, 《제시齊詩》, 《한시韓詩》이다. 삼가시는 지금은 거의 남아 있지 않다. 지금 전하는 《시경》은 고문으로 된 《모시毛詩》이다. 삼가시와 《모시》는 시는 다르지 않지만, 시에 대한 해석은 매우 달랐다.

삼가시三家詩

《노시》는 제齊 지역 사람 부구백浮丘伯에서부터 비롯되어 노 지역 사람 신배申培에게 전수되었다. 신배는 문제文帝(B.C. 179-B.C. 157 재위) 때 최초로 시경박사詩經博士가 되었다. 그의 학설은 서한西漢 때 성행하다가, 동한東漢 이후 쇠퇴하여, 서진西晉 영가지란永嘉之亂 때 사라졌다.

《제시》는 제 지역 사람 원고생轅固生에게서 나왔다. 그는 경제景帝(B.C. 156-B.C. 141 재위) 때 박사가 되었다. 그의 해석에는 음양오행설陰陽五行說, 참위설讖緯說이 섞여 있어 한나라 이후 가장 빨리 사라졌다.

《한시》는 연燕 지역 사람 한영韓嬰이 전수하였다. 그는 문제 때 박사가 되었으며, 《한시내외전韓詩內外傳》을 지었다. 북송北宋 초기까지 전하다가 지금은 《한시외전韓詩外傳》 10권만 남아 있다.

모시毛詩
《모시》는 고문으로서 지금 전하는 유일한 《시경》 완본이다. 지금의 《시경》은 바로 《모시》를 말한다. 반고班固는 《한서 예문지》에서 "모시 29권, 모시고훈전 30권(毛詩二十九卷, 毛詩故訓傳三十卷)"이라고 수록하였다. 이 《모시》는 하간헌왕河間獻王 유덕劉德(?-B.C. 129) 때 박사인 조趙 지역 사람 모공毛公이 전수하였다. 《모시》는 왕망王莽 때 잠시 학관學官에 올랐을 뿐, 민간에서 사학私學으로 전수되다가 동한東漢 때부터 성행하였다. 동한의 대학자인 정중鄭衆, 가규賈逵, 마융馬融, 정현鄭玄이 모두 《모시》를 존중하고 해석하여 저작을 남겼다.
삼가시는 그 해석이 지나치게 정치적이어서 시대가 바뀜에 따라 쉽게 사라진 반면, 《모시》는 시 자체의 뜻풀이에 치중하여 객관성을 담보함으로써 시대의 변화와 상관없이 지금까지 전수될 수 있었다.

5. 《시경》의 예술적 특색

《시경》의 예술적 특색은 한마디로 현실주의라고 할 수 있다. 당시 사회생활과 인민의 사상과 감정을 고스란히 반영하고 있기 때문이다. 이러한 시인의 엄숙한 태도와 정치적 경향은 후대에 계승되어 중국 시가의 전통을 형성한다. 따라서 역대의 시인과 비평가들은 풍風과 아雅를 시 비평의 표준으로 삼았다.
《시경》 시의 형식은 민요 색채가 농후하다. 중첩반복重疊反復하는 장법章法과, 소박하고 음악적인 언어는 문학의 원초적인 모습을 보여준다. 4언

구 위주에 2-8자구를 섞어 자연스럽고 조화로운 운율은 노랫말로서의 진면목을 고스란히 간직하고 있다. 특히 풍부한 어조사와 후렴구는 형식과 음률에 아름다움을 더하고, 정감에 진실과 힘을 더한다. 쌍성첩운雙聲疊韻, 첩자첩구疊字疊句 및 기타 고도의 표현 기교라고 지적되는 여러 가지 《시경》의 수사법은 의도적인 가공이 아니라 원래 인류의 언어가 가진 원시적 요소이다. 이런 요소들은 문자가 나오기 이전 문학 작품의 구비적口碑的 특색을 선명하게 보여주므로 분명히 당시의 구어口語를 충실히 반영하고 있음에 틀림없다. 따라서 즉 시경은 인류가 문명의 단계로 진입하던 시기의 언어의 진면목을 여실히 보여주는 언어와 문명의 보고寶庫라고 할 수 있다.

국國
풍風

주남周南

關雎
관저

關關雎鳩, 在河之洲.
관관저구 재하지주

窈窕淑女, 君子好逑.
요조숙녀 군자호구

參差荇菜, 左右流之.
참치행채 좌우류지

窈窕淑女, 寤寐求之.
요조숙녀 오매구지

求之不得, 寤寐思服.
구지부득 오매사복

悠哉悠哉, 輾轉反側.
유재유재 전전반측

參差荇菜, 左右采之.
참치행채 좌우채지

窈窕淑女, 琴瑟友之.
요조숙녀 금슬우지

參差荇菜, 左右芼之.
참치행채 좌우모지

窈窕淑女, 鍾鼓樂之.
요조숙녀 종고락지

관저

꽥꽥 물수리, 물가 섬에 있구나.
아리따운 숙녀는 군자의 좋은 짝.

삐쭉빼쭉 마름풀을 이리저리 찾노라.
아리따운 숙녀를 자나깨나 찾노라.
찾아도 얻지 못해 자나깨나 그립네.
그리워라 그리워. 이리 뒹굴 저리 뒤척.

삐쭉빼쭉 마름풀을 이리저리 뜯노라.
아리따운 숙녀를 금과 슬로 짝하노라.

삐쭉빼쭉 마름풀을 이리저리 고르노라.
아리따운 숙녀를 종과 북으로 즐기노라.

■ 주 석

關關(관관) : 새소리. 꽥꽥. 꾸욱꾸욱.
雎鳩(저구) : 물수리.
窈窕(요조) : 얌전하고 예쁘다.
參差(참치) : 들쭉날쭉한 모양.
荇菜(행채) : 마름.
思服(사복) : 그리다. '사思'는 뜻 없는 조사로 보기도 한다. '복服'은 그리워하다는 뜻이다.

■ 해 제

〈관저〉는 《시경》의 첫 번째 시로 옛날부터 매우 모범적인 시로 여겨 중시해 왔다.

《모시서毛詩序》에서는 문왕의 부인 후비后妃의 내조의 덕을 칭송한 시로 여겼다. 현대의 굴만리屈萬里 교수는 신혼을 축하하는 시로 보았다. 임을 그려 잠도 자지 못하다가 마침내 함께 음악을 들으며 즐겁게 지냈다는 내용으로 보아 연가戀歌, 축혼가祝婚歌로 보아 자연스럽다. 마름을 따려고 물가에 온 젊은이가 물가의 새들이 즐겁게 노니는 광경을 보고 그리운 임을 떠올렸다. 이런 연상의 수법을 '흥興'이라고 한다. 이전에는 '저구'가 암수가 화목하면서도 행실이 단정하다고 하여 바람직한 부부상을 부여하였다.

葛覃
갈 담

葛之覃兮, 施于中谷, 維葉萋萋.
갈 지 담 혜　시 우 중 곡　유 엽 처 처

黃鳥于飛, 集于灌木, 其鳴喈喈.
황 조 우 비　집 우 관 목　기 명 개 개

葛之覃兮, 施于中谷, 維葉莫莫.
갈 지 담 혜　시 우 중 곡　유 엽 막 막

是刈是濩, 爲絺爲綌, 服之無斁.
시 예 시 호　위 치 위 격　복 지 무 역

言告師氏, 言告言歸.
언 고 사 씨　언 고 언 귀

薄汙我私, 薄澣我衣,
박 한 아 사　박 한 아 의

害澣害否, 歸寧父母.
해 한 해 부　귀 녕 부 모

칡덩굴

칡덩굴 뻗어서 골짜기에 퍼지고, 잎새는 무성하네.
곤줄박이 날아서 관목에 앉으니 그 소리 짹짹.

칡덩굴 뻗어서 골짜기에 퍼지고, 잎새는 빽빽하네.
베고 삶아서 고운 칡베 거친 칡베 짜서 입으니 물리지 않네.

보모에게 아뢰어 귀녕을 아뢰었네.
평복도 빨고 예복도 빨았다네.
무엇은 빨고 무엇은 빨지 않으리, 돌아가 부모님 뵙는데.

■ 주 석

黃鳥(황조) : 꾀꼬리 또는 곤줄박이. 관목에 앉는다고 하였으니 여기서는 곤줄박이를 가리킨다. 곤줄박이는 참새과로서 몸에 주황색이 많다.

師氏(사씨) : 여사女師. 옛날 귀족 집안의 여자를 기르고 가르치는 사람. 이 노래의 화자는 귀족 집안의 여인임을 알 수 있다.

■ 해 제

시집간 여인이 친정 나들이를 준비하는 광경을 노래하였다. "사씨"에게 고한다고 하였으니 귀족 집안의 여인이다. 시집 살림에 열중하다가 "귀녕"을 허락 받은 들뜬 심정이 잘 나타나 있다.

卷耳
권이

采采卷耳, 不盈頃筐.
채채권이 불영경광

嗟我懷人, 寘彼周行.
차아회인 치피주행

陟彼崔嵬, 我馬虺隤.
척피최외 아마훼퇴

我姑酌彼金罍, 維以不永懷.
아고작피금뢰 유이불영회

陟彼高岡, 我馬玄黃.
척피고강 아마현황

我姑酌彼兕觥, 維以不永傷.
아고작피시굉 유이불영상

陟彼砠矣, 我馬瘏矣.
척피저의 아마도의

我僕痡矣, 云何吁矣.
아복부의 운하우의

도꼬마리

도꼬마리 뜯어도 또 뜯어도 바구니에 차지 않네.
아, 내 임이 그리워 저 한길에 내던지네.

저 높은 산에 오르려니 내 말 지쳐 병들었네.
내 저 금항아리에 술을 따라 길이 그리지 않으리라.

저 높은 언덕에 오르려니 내 말 병들었네.
　　내 쇠뿔잔에 술을 따라 길이 상심하지 않으리라.

　　저 돌산에 오르려니 내 말 늘어졌네.
　　내 하인 걷지 못하니 아아, 어이할까.

■ 주 석

卷耳(권이) : 도꼬마리. 어린 잎은 식용으로, 열매는 약용으로 쓴다.
頃筐(경광) : 한쪽은 높고 한쪽은 낮은 대바구니.
周行(주행) : 한길. 주나라 관리의 대열이라고 보아 그리운 임이 주나라
　　관리가 되어 떠났다고 풀이하기도 한다.
崔嵬(최외) : 높은 산.
虺隤(훼퇴) : 지쳐서 병이 들다.
金罍(금뢰) : 금도금한 큰 술그릇. 항아리처럼 생겼다.
兕觥(시굉) : 물소 뿔처럼 생긴 술잔.

■ 해 제

남녀의 대화로 구성된 연시이다. 홀로 남은 여인이 나물을 캐다가 임 생각에 바구니도 길가에 내던진다. 멀리 떠난 남자는 집이 그리워 높은 산에 올라 바라보려 하지만 말도 병들고 하인도 병들어 술을 마시며 시름을 달랜다.

螽斯
종사

螽斯羽, 詵詵兮. 宜爾子孫, 振振兮.
종사우 선선혜 의이자손 진진혜

螽斯羽, 薨薨兮. 宜爾子孫, 繩繩兮.
종사우 훙훙혜 의이자손 승승혜

螽斯羽, 揖揖兮. 宜爾子孫, 蟄蟄兮.
종사우 읍읍혜 의이자손 칩칩혜

메뚜기

메뚜기 날개 스륵스륵, 그대의 자손도 바글바글.

메뚜기 날개 붕붕붕붕, 그대의 자손도 와글와글.

메뚜기 날개 찌륵찌륵, 그대의 자손도 우글우글.

■ 주 석

振振(진진) : 매우 많은 모양. '승승繩繩', '칩칩蟄蟄'도 같다.

■ 해 제

번식력이 매우 강한 메뚜기처럼 자손을 많이 두기를 바라는 노래이다.

桃夭
도 요

桃之夭夭, 灼灼其華.
도 지 요 요　작 작 기 화

之子于歸, 宜其室家.
지 자 우 귀　의 기 실 가

桃之夭夭, 有蕡其實.
도 지 요 요　유 분 기 실

之子于歸, 宜其家室.
지 자 우 귀　의 기 가 실

桃之夭夭, 其葉蓁蓁.
도 지 요 요　기 엽 진 진

之子于歸, 宜其家人.
지 자 우 귀　의 기 가 인

복숭아

복숭아나무 싱싱하네, 타오른다 그 꽃은.
이 처자 시집가서 그 집안 화목하길.

복숭아나무 싱싱하네, 탐스럽다 그 열매.
이 처자 시집가서 그 집안 화목하길.

복숭아나무 싱싱하네, 그 잎새 무성하다.
이 처자 시집가서 그 집 사람들 화목하길.

■ 주 석

于歸(우귀) : 시집가다.

■ 해 제

이 노래 역시 축혼시이다. 복사꽃처럼 어여쁜 아가씨가 출가하여 집안을 화목하게 이끌어 나가라는 당부를 담고 있다.

芣苢
부 이

采采芣苢, 薄言采之.
채 채 부 이   박 언 채 지

采采芣苢, 薄言有之.
채 채 부 이   박 언 유 지

采采芣苢, 薄言掇之.
채 채 부 이   박 언 철 지

采采芣苢, 薄言捋之.
채 채 부 이   박 언 랄 지

采采芣苢, 薄言袺之.
채 채 부 이   박 언 결 지

采采芣苢, 薄言襭之.
채 채 부 이   박 언 힐 지

질경이

캐고 캐세 질경이를, 서둘러서 담으세.
캐고 캐세 질경이를, 서둘러서 뜯으세.

캐고 캐세 질경이를, 서둘러서 주으세.
캐고 캐세 질경이를, 서둘러서 훑으세.

캐고 캐세 질경이를, 치마폭에 담으세.
캐고 캐세 질경이를, 옷자락에 싸오세.

■ 주 석

芣苢(부이) : 질경이.
薄言(박언) : 어조사. '박薄'은 서두르다, '언言'은 '언焉'과 같은 조사로 보아 '서두르다'라고 풀이하기도 한다.

■ 해 제

간단한 형식을 되풀이하여 부르는 노동요이다. 부녀자들이 이 노래를 부르며 질경이를 뜯어 치맛자락, 옷자락에 싸서 돌아오는 정경이 눈에 선하다.

漢廣
한 광

南有喬木, 不可休息.
남 유 교 목   불 가 휴 식

漢有游女, 不可求思.
한 유 유 녀   불 가 구 사

漢之廣矣, 不可泳思.
한 지 광 의   불 가 영 사

江之永矣, 不可方思.
강 지 영 의   불 가 방 사

翹翹錯薪, 言刈其楚.
교 교 착 신   언 예 기 초

之子于歸, 言秣其馬.
시 사 우 귀   언 말 기 마

漢之廣矣, 不可泳思.
한 지 광 의　불 가 영 사

江之永矣, 不可方思.
강 지 영 의　불 가 방 사

翹翹錯薪, 言刈其蔞.
교 교 착 신　언 예 기 루

之子于歸, 言秣其駒.
지 자 우 귀　언 말 기 구

漢之廣矣, 不可泳思.
한 지 광 의　불 가 영 사

江之永矣, 不可方思.
강 지 영 의　불 가 방 사

한수는 넓고

남쪽에 큰 소나무 있지만 그 아래서 쉴 수 없구나.
한수에 놀이 나온 여자 있지만 구애할 수 없구나.
한수는 넓어서 헤엄쳐 갈 수 없네.
장강은 길어서 뗏목 타고 갈 수 없네.

더부룩한 잡목 틈에서 싸리나무만 베리라.
이 처자 시집갈 때 그 말에 꼴을 먹이리.
한수는 넓어서 헤엄쳐 갈 수 없네.
장강은 길어서 뗏목 타고 갈 수 없네.

더부룩한 잡목 틈에서 물쑥을 베리라.
이 처자 시집갈 때 그 망아지에게 꼴을 먹이리라.
한수는 넓어서 헤엄쳐 갈 수 없네.

장강은 길어서 뗏목 타고 갈 수 없네.

■ 주 석

游女(유녀) : 나들이 나온 여인.
求思(구사) : 구하다. '사思'는 뜻이 없는 어조사이다. 아래의 '思'도 같다.
方思(방사) : '방方'은 대나무를 엮어서 만든 뗏목. 또한 그 뗏목을 타고 물을 건너는 행위를 말한다.
翹翹(교교) : 많은 모양.
言秣(언말) : '언言'은 어조사, '말秣'은 말에게 꼴을 먹인다는 뜻이다.

■ 해 제

물가에 나들이 나온 여인을 보고 반했지만 만날 수 없어 안타까워하는 남자의 노래이다. 그 여인이 시집갈 때 그 말에게 꼴이라도 먹이고 싶다는 바람과, 한수와 장강에 비유한 두 사람의 거리로 보아 여인과 남자 사이에는 신분 차이 같은 큰 장애가 있는 듯하다.

汝墳
여 분

遵彼汝墳, 伐其條枚.
준 피 여 분   벌 기 조 매

未見君子, 惄如調飢.
미 견 군 자   역 여 조 기

遵彼汝墳, 伐其條肄.
준 피 여 분   벌 기 조 이

既見君子, 不我遐棄.
기 견 군 자   불 아 하 기

魴魚赬尾, 王室如燬.
　방 어 정 미　왕 실 여 훼
雖則如燬, 父母孔邇.
　수 즉 여 훼　부 모 공 이

여수 제방

저 여수 제방을 따라서 잔 나뭇가지 벤다.
그대를 보지 못하니 아침 굶주림처럼 마음 아프네.

저 여수 제방을 따라서 새로 돋은 잔 나뭇가지 벤다.
그대를 만났으니 나를 멀리 버리지 마셔요.

방어 붉은 꼬리, 왕실이 불 타는 듯하네.
불 타는 듯하더라도 부모님 곁에 붙어 있어요.

■ 주 석

汝墳(여분) : 여수汝水의 제방. 여수는 지금의 남여하南汝河 북여하北汝河 이다.
調飢(조기) : '조기朝飢'와 같다. 아침에 밥을 못 먹어 굶주린 상태. 이때 음식 생각처럼 간절히 바라는 마음을 말한다.
魴魚(방어) : 방어. 지금은 편어鯿魚, 무창어武昌魚라고도 한다. 꼬리는 원래 흰색이나 방어가 고생을 하면 붉어진다고 한다. 따라서 방어 꼬리가 붉어졌다는 말은 사람이 고생을 많이 한다는 뜻이다.

■ 해 제

남편을 전장에 내보낸 여인이 홀로 집안을 지키며 살다가 남편이 돌아오자 다시는 부모님 곁을 떠나지 말라고 노래한다. 방어 꼬리가 붉고 왕실이 불 타는 듯하다고 비유한 점으로 보아 난세에 나온 노래인 듯하다.

麟之趾
인 지 지

麟之趾, 振振公子, 于嗟麟兮.
인 지 지 진 진 공 자 우 차 린 혜

麟之定, 振振公姓, 于嗟麟兮.
인 지 정 진 진 공 성 우 차 린 혜

麟之角, 振振公族, 于嗟麟兮.
인 지 각 진 진 공 족 우 차 린 혜

기린의 발

기린의 발이여, 신실한 공자님이 아아, 바로 기린이로다.

기린의 이마여, 신실한 제후의 자손이 아아, 바로 기린이로다.

기린의 뿔이여, 신실한 제후의 친족이 아아, 바로 기린이로다.

■ 주 석

公子(공자) : 제후의 아들. 원래는 제후의 적자嫡子 이외의 여러 아들을 '공자'라고 불러서 세자世子와 구분하였다.

■ 해 제

기린은 훌륭한 인재를 뜻한다. '공자'라고 불렀으니 왕실에 기린 같은 훌륭한 자손이 많이 태어나기를 기원하는 노래이다.

소남召南

鵲巢
작 소

維鵲有巢, 維鳩居之.
유작유소　유구거지

之子于歸, 百兩御之.
지자우귀　백량어지

維鵲有巢, 維鳩方之.
유작유소　유구방지

之子于歸, 百兩將之.
지자우귀　백량장지

維鵲有巢, 維鳩盈之.
유작유소　유구영지

之子于歸, 百兩成之.
지자우귀　백량성지

까치집

까치가 둥지 지었는데 비둘기가 거기 사네.
이 처자 시집가니 수레 백 량으로 맞이하네.

까치가 둥지 지었는데 비둘기가 차지하네.
이 처자 시집가니 수레 백 량으로 배웅하네.

까치가 집을 지었는데 비둘기가 가득 찼네.
이 처자 시집가니 수레 백 량으로 예 올리네.

■ 주 석

百兩(백량) : 수레 백 대. 옛날에는 수레를 세는 단위로 '량兩'을 썼다. '백량'은 특별히 혼인 의식에 사용되는 수레를 말한다. 또한 많은 수레라는 뜻으로도 쓴다.

■ 해 제

혼인을 축하하는 노래이다. 까치 둥지는 시집, 비둘기는 시집가는 신부로 풀이한다.

采蘩
채 번

于以采蘩, 于沼于沚.
우 이 채 번　우 소 우 지

于以用之, 公侯之事.
우 이 용 지　공 후 지 사

于以采蘩, 于澗之中.
우 이 채 번　우 간 지 중

于以用之, 公侯之宮.
우 이 용 지　공 후 지 궁

被之僮僮, 夙夜在公.
피 지 동 동　숙 야 재 공

被之祁祁, 薄言還歸.
피 지 기 기　박 언 환 귀

다북쑥 뜯어서

어디에서 다북쑥을 캘까, 늪에서 물가에서.
어디에다 쓸까, 임금님의 제사이지.

어디에서 다북쑥을 캘까, 시냇가에서.
어디에다 쓸까, 임금님의 궁전이지.

커다란 다리머리, 밤낮 공소에 있네.
풍성한 다리머리, 서둘러 돌아가네.

■ 주 석

蘩(번) : 백호白蒿라고도 한다. 다북쑥. 물가에서 자란다.
于以(우이) : '우하于何'와 같다. 어디에서.
宮(궁) : 제사 지내는 묘당廟堂을 가리킨다. 아래의 '공公'도 같다.
被(피) : 다리. 가발. '피被'는 '피髲'의 고자古字이다.
僮僮(동동) : 성대한 모양. 다리는 클수록 좋다.
祁祁(기기) : 성대한 모양.

■ 해 제

제후의 제사에 쓸 야채를 캐서 공소에서 제수를 마련하고, 늦게서야 집으로 돌아가는 여인들의 모습을 노래하였다.

甘棠
감 당

蔽芾甘棠, 勿翦勿伐, 召伯所茇.
폐 불 감 당　물 전 물 벌　소 백 소 발

蔽芾甘棠, 勿翦勿敗, 召伯所憩.
폐 불 감 당　물 전 물 패　소 백 소 게

蔽芾甘棠, 勿翦勿拜, 召伯所說.
폐 불 감 당　물 전 물 배　소 백 소 세

팥배나무

덥수룩 감당나무, 자르지도 베지도 말라. 소백께서 초막 치신 곳이니.

덥수룩 감당나무, 자르지도 꺾지도 말라. 소백께서 쉬신 곳이니.

덥수룩 감당나무, 자르지도 휘지도 말라. 소백께서 머무르신 곳이니.

■ 주 석

蔽芾(폐불) : 무성한 모양.
茇(발) : 초막草幕. 풀이나 나뭇가지로 엮은 집.
說(세) : 머무르다.

■ 해 제

서주西周의 소백이 팥배나무 아래서 공평무사하게 재판을 진행하고 정사를 처리하여 민생을 안정시켰다. 후에 사람들이 이 노래를 부르며 그의 업적을 찬양하였다.

摽有梅
표유매

摽有梅, 其實七兮.
표유매 기실칠혜

求我庶士, 迨其吉兮.
구아서사 태기길혜

摽有梅, 其實三兮.
표유매 기실삼혜

求我庶士, 迨其今兮.
구아서사 태기금혜

摽有梅, 頃筐墍之.
표유매 경광기지

求我庶士, 迨其謂之.
구아서사 태기위지

매실이 떨어져

매실 떨어져 그 열매 일곱 남았네.
나를 찾는 여러 남자들, 길일을 놓치지 마셔요.

매실 떨어져 그 열매 셋 남았네.
나를 찾는 여러 남자들, 이 때를 놓치지 마셔요.

매실 떨어져 대바구니에 가득 담았네.
나를 찾는 여러 남자들, 말 난 때를 놓치지 마셔요.

■ 주석

摽有梅(표유매) : 매실이 떨어지다. '有유'는 어조사로 본다.

■ 해 제

매실이 익어 떨어져서 나무에는 일곱 개가 남았다가 다시 세 개가 남았다. 떨어진 매실이 바구니에 가득 차도록 나를 데려갈 남자는 오지 않는다. 속절없이 흘러가는 세월 속에 빨리 짝을 만나기를 기원하는 노래이다.

野有死麕
야 유 사 균

野有死麕, 白茅包之.
야 유 사 균   백 모 포 지

有女懷春, 吉士誘之.
유 녀 회 춘   길 사 유 지

林有樸樕, 野有死鹿.
임 유 박 속   야 유 사 록

白茅純束, 有女如玉.
백 모 순 속   유 녀 여 옥

舒而脫脫兮, 無感我帨兮, 無使尨也吠.
서 이 탈 탈 혜   무 감 아 세 혜   무 사 방 야 폐

들판에는 죽은 고라니

들판에는 죽은 고라니, 하얀 띠풀로 쌌지.

아가씨 봄을 그리니 멋진 남자가 유혹하네.

숲에는 덤불나무, 들에는 죽은 노루.

하얀 띠풀로 묶고 쌌지. 아가씨는 옥 같구나.

천천히 가만가만, 내 앞치마 건드리시 말고, 삽살개 짖지 않게 하셔요.

■ 주 석

吉士(길사) : 멋진 남자.
樸樕(박속) : 덤불나무. 잔 나무.
脫脫(탈탈) : 행동을 느리게 하는 모양.

■ 해 제

청년이 들판에서 고라니와 노루 등을 잡아서 사랑하는 여인에게 바치며 구애한다. 여인도 그 사랑을 은밀히 받아들인다. 사랑하는 사람을 만나며 삽살개 짖을까 염려하는 모습이 한 폭의 풍속화 같다.

何彼襛矣
하 피 농 의

何彼襛矣, 唐棣之華.
하 피 농 의　당 체 지 화

曷不肅雝, 王姬之車.
갈 불 숙 옹　왕 희 지 거

何彼襛矣, 華如桃李.
하 피 농 의　화 여 도 리

平王之孫, 齊侯之子.
평 왕 지 손　제 후 지 자

其釣維何, 維絲伊緡.
기 조 유 하　유 사 이 민

齊侯之子, 平王之孫.
제 후 지 자　평 왕 지 손

어이 저리 고울까

어이 저리 고울까, 산매자나무 꽃이로다.
어이 장엄하면서도 부드럽지 않을까, 공주님의 수레로다.

어이 저리 고울까, 복사꽃 오얏꽃 같구나.
평왕의 손녀와 제나라 공자로다.

낚시질은 어떻게 할까, 실로 낚시줄을 만들어야지.
제나라 공자와 평왕의 손녀로다.

■ 주 석

唐棣(당체) : 산매자나무. 산앵도나무. 꽃잎은 다섯 장이며 길쭉하고 희다.
肅雝(숙옹) : 장엄하면서도 부드럽다. 천자의 딸이 제후에게 시집가면 수레와 의복은 남편의 등급을 따르지 않고 왕후王后보다 한 등급 낮추지만, 부도를 지켜 장엄하면서도 부드러움을 갖춘다.
王姬(왕희) : 주나라 왕 즉 천자의 딸. 주 왕실은 '희姬' 성이므로 '왕희王姬'라고 한다. 후대에는 왕녀, 즉 공주를 가리킨다.
平王(평왕) : 주나라 평왕. 험윤의 침입으로 수도 호경鎬京이 파괴되자 낙읍洛邑으로 천도하여 동주 시대를 열었다.

■ 해 제

'평왕의 손녀'라고 분명히 언급하였으므로 제후에게 시집가는 주나라의 공주를 찬미하는 노래이나.

패풍 邶風

柏舟
백주

汎彼柏舟, 亦汎其流.
범피백주　역범기류

耿耿不寐, 如有隱憂.
경경불매　여유은우

微我無酒, 以敖以遊.
미아무주　이오이유

我心匪鑒, 不可以茹.
아심비감　불가이여

亦有兄弟, 不可以據.
역유형제　불가이거

薄言往愬, 逢彼之怒.
박언왕소　봉피지노

我心匪石, 不可轉也.
아심비석　불가전야

我心匪席, 不可卷也.
아심비석　불가권야

威儀棣棣, 不可選也.
위의체체　불가선야

憂心悄悄, 慍于羣小.
우심초초　온우군소

覯閔旣多, 受侮不少.
구 민 기 다   수 모 불 소

靜言思之, 寤辟有摽.
정 언 사 지   오 벽 유 표

日居月諸, 胡迭而微.
일 거 월 제   호 질 이 미

心之憂矣, 如匪澣衣.
심 지 우 의   여 비 한 의

靜言思之, 不能奮飛.
정 언 사 지   불 능 분 비

잣나무 배

둥실둥실 저 잣나무 배, 물결 따라 둥실 떠 가네.
조마조마 잠 못 드니 깊은 시름 있는 듯.
술이 없지도 않으니 나가서 놀아 볼까.

내 마음 거울이 아니니 남이 헤아려 줄 수도 없고.
형제도 있지만 의지할 수 없구나.
가서 하소연하다가 저들의 노여움만 산다네.

내마음 돌이 아니니 굴릴 수도 없고.
내 마음 돗자리가 아니니 말 수도 없다네.
위엄과 자태 의젓하지만 아무것도 아니라네.

마음은 시름으로 울적하어리, 소인배들 미움만 사네.
근심 걱정 많은데다 수모도 적지 않네.
가만히 생각하며 가슴만 두드린다.

해와 달은 어이 번갈아 이지러지는가.
마음의 시름은 빨지 않은 옷 입은 듯.
가만히 생각하니 훨훨 날아갈 수도 없구나.

■ 주 석

柏舟(백주) : '백柏'은 흔히 잣나무로 옮기지만, 실제로는 편백나무, 측백나무이다. 여기에서도 관례대로 잣나무 배로 옮긴다.

隱憂(은우) : 깊은 시름. 고통과 시름. '은隱'은 '크다', '고통'의 의미로 풀이한다.

棣棣(체체) : 부드럽고 우아한 모양.

靜言(정언) : 가만히. 자세히. '언言'은 '연然'과 같다.

寤辟有摽(오벽유표) : 잠에서 깨어 손으로 가슴을 치다. 시름이 깊음을 말한다. '벽辟'은 '벽擗'과 같아 가슴을 친다는 뜻이다. '유有'는 '우又'와 같다. '표摽'는 친다는 뜻이다.

■ 해 제

버림 받은 여인의 처지를 노래한 듯하다. 속마음을 뒤집어 보여 줄 수도 없고, 부모형제에게도 의지할 수 없다. 그래서 둥둥 떠내려가는 배를 보고 자신의 신세를 연상하였으리라.

燕燕
연연

燕燕于飛, 差池其羽.
연연우비　치지기우

之子于歸, 遠送于野.
지자우귀　원송우야

瞻望弗及, 泣涕如雨.
첨망불급　읍체여우

燕燕于飛, 頡之頏之.
연연우비　힐지항지

之子于歸, 遠于將之.
지자우귀　원우장지

瞻望弗及, 佇立以泣.
첨망불급　저립이읍

燕燕于飛, 下上其音.
연연우비　하상기음

之子于歸, 遠送于南.
지자우귀　원송우남

瞻望弗及, 實勞我心.
첨망불급　실로아심

仲氏任只, 其心塞淵.
중씨임지　기심색연

終溫且惠, 淑愼其身.
종온차혜　숙신기신

先君之思, 以勖寡人.
선군지사　이욱과인

제비떼

제비떼 날고 있네, 들쭉날쭉 그 날개.
이 아가씨 시집가니 들에서 멀리 전송한다.
바라보아도 보이지 않으니 눈물이 빗물 같네.

제비떼 날고 있네, 오르락내리락.
이 아가씨 시집가니 멀리 그를 보낸다.
바라보아도 보이지 않으니 오래 서서 우노라.

제비떼 날고 있네, 위아래에서 지저귀네.
이 아가씨 시집가니 멀리 남쪽에서 전송하네.
바라보아도 보이지 않으니 참으로 내 마음 괴롭구나.

누이는 믿음직하고 그 마음 두텁고 깊다네.
온순하고 또 은혜로우며, 그 몸가짐 착하고 신중하네.
아버님 생각 받들어 과인을 격려하였네.

■ 주 석

差池(치지) : 들쭉날쭉하다. '참치參差'와 같다. 제비의 날개깃이 들쭉날쭉하다. 또는 수많은 제비가 어지럽게 난다고 보기도 한다.
仲氏(중씨) : 형제자매 가운데 둘째를 '중仲'이라고 한다. 여기서는 자매 중 둘째를 가리킨다.
任只(임지) : '임任'은 친밀하여 신의가 있음을 말한다. '지只'는 조사이다.
塞淵(색연) : 성실하고 사려가 깊다. '색塞'은 성실, '연淵'은 깊다는 뜻이다.
淑愼(숙신) : 선량하고 신중하다. 여기서는 뒤의 '기신其身'을 받아 몸가짐을 선량하고 신중하게 하다라는 뜻이다.
先君(선군) : 돌아가신 아버지.

■ 해 제

최초의 송별시로 꼽힌다. 보내는 사람과 떠나는 사람의 정체에 대해서는 설이 분분하다. 마지막 구절에서 작중 화자가 자신을 '과인'이라고 불렀으니 그는 제후임에 틀림없다. 위나라 제후의 누이가 시집갈 때 부른 노래로 보아 무방하다.

擊鼓
격 고

擊鼓其鏜, 踊躍用兵.
격 고 기 당   용 약 용 병

土國城漕, 我獨南行.
토 국 성 조   아 독 남 행

從孫子仲, 平陳與宋.
종 손 자 중   평 진 여 송

不我以歸, 憂心有忡.
불 아 이 귀   우 심 유 충

爰居爰處, 爰喪其馬.
원 거 원 처   원 상 기 마

于以求之, 于林之下.
우 이 구 지   우 림 지 하

死生契闊, 與子成說.
사 생 결 활   여 자 성 설

執子之手, 與子偕老.
집 자 지 수   여 자 해 로

于嗟闊兮, 不我活兮.
우 차 활 혜　　불 아 활 혜

于嗟洵兮, 不我信兮.
우 차 순 혜　　불 아 신 혜

북을 치다

북소리 둥둥둥, 뛰어나가 무기 휘두르네.
도읍의 토목공사, 조읍의 축성 공사, 나 홀로 남으로 왔네.

손자중 장군을 따라 진나라와 송나라 화해 시켰네.
나를 돌려보내지 않으니 마음에는 시름 걱정 쌓이네.

여기서 자고 저기서 머물렀다 말조차 잃어버렸네.
어디서 찾을까, 숲속에 있네.

삶과 죽음 만남과 이별을 그대와 약속하였지.
그대의 손을 잡고 그대와 해로하려 하였네.

아아, 멀리 떠나왔네, 나를 살리지 못하겠네.
아아, 멀리 떨어졌네, 내 약속 지키지 못하겠네.

■ 주 석

孫子仲(손자중) : 위衛나라의 장군 공손문중公孫文仲.
平(평) : 평화를 이루다. 강화를 맺다.
契闊(결활) : 노고. 만남과 이별.

■ 해 제

전장에 나간 남편이 집에 두고 온 아내를 그리워하는 노래이다. 북소리는 진격 신호이다. 위나라의 주우州吁는 이복 형 환공桓公을 죽이고 스스로 즉위하였다. 주우는 진陳나라와 연합하여 정鄭나라를 공격하고, 송宋나라를 맹주盟主로 받들고자 하였다. 이 노래는 그때 전쟁에 동원된 군사의 심정을 표현하였다.

凱風
개 풍

凱風自南, 吹彼棘心.
개 풍 자 남　취 피 극 심

棘心夭夭, 母氏劬勞.
극 심 요 요　모 씨 구 로

凱風自南, 吹彼棘薪.
개 풍 자 남　취 피 극 신

母氏聖善, 我無令人.
모 씨 성 선　아 무 령 인

爰有寒泉, 在浚之下.
원 유 한 천　재 준 지 하

有子七人, 母氏勞苦.
유 자 칠 인　모 씨 로 고

睍睆黃鳥, 載好其音.
현 환 황 조　재 호 기 음

有子七人, 莫慰母心.
유 자 칠 인　막 위 모 심

시경詩經　57

남풍

따뜻한 바람은 남쪽에서 대추나무 싹에 부네.
대추나무 싹 싱싱하니 어머니 고생하셨네.

따뜻한 바람은 남쪽에서 대추나무 가지에 부네.
어머니는 슬기롭고 어질지만 우리 형제 훌륭한 이 없구나.

시원한 샘물이 준浚 고을 아래 있네.
아들 일곱 있으니 어머니 고생하셨네.

어여쁜 곤줄박이 그 소리도 아름답네.
아들 일곱 있지만 어머니 마음 위로하지 못하네.

■ 주 석

凱風(개풍) : 따뜻한 바람. 남풍.
棘心(극심) : 대추나무 싹. '심心'은 초목의 어린 싹을 가리킨다.
棘薪(극신) : 땔감으로 쓸 수 있을 정도로 자란 대추나무.
睍睆(현환) : 새의 모양이나 소리가 맑고 아름다움.
黃鳥(황조) : 여기서는 곤줄박이를 가리킨다.

■ 해 제

아들 칠형제를 기르며 고생한 어머니를 기리는 노래이다. 어머니의 은혜를 초목을 생장 시키는 따뜻한 남풍에 비기고, 그 은혜를 제대로 갚지 못하는 자식들의 불효를 반성한다.

谷風
곡 풍

習習谷風, 以陰以雨.
습 습 곡 풍　　이 음 이 우

黽勉同心, 不宜有怒.
민 면 동 심　　불 의 유 노

采葑采菲, 無以下體.
채 봉 채 비　　무 이 하 체

德音莫違, 及爾同死.
덕 음 막 위　　급 이 동 사

行道遲遲, 中心有違.
행 도 지 지　　중 심 유 위

不遠伊邇, 薄送我畿.
불 원 이 이　　박 송 아 기

誰謂荼苦, 其甘如薺.
수 위 도 고　　기 감 여 제

宴爾新昏, 如兄如弟.
연 이 신 혼　　여 형 여 제

涇以渭濁, 湜湜其沚.
경 이 위 탁　　식 식 기 지

宴爾新昏, 不我屑以.
연 이 신 혼　　불 아 설 이

毋逝我梁, 毋發我笱.
무 서 아 량　　무 발 아 구

我躬不閱, 遑恤我後.
아 궁 불 열　　황 휼 이 후

就其深矣, 方之舟之.
취 기 심 의　　방 지 주 지

就其淺矣, 泳之游之.
취기천의　영지유지

何有何亡, 黽勉求之.
하유하무　민면구지

凡民有喪, 匍匐救之.
범민유상　포복구지

不我能慉, 反以我爲讎.
불아능휵　반이아위수

旣阻我德, 賈用不售.
기조아덕　고용불수

昔育恐育鞫, 及爾顚覆.
석육공육국　급이전복

旣生旣育, 比予于毒.
기생기육　비여우독

我有旨蓄, 亦以御冬.
아유지축　역이어동

宴爾新昏, 以我御窮.
연이신혼　이아어궁

有洸有潰, 旣詒我肄.
유광유궤　기이아이

不念昔者, 伊余來墍.
불념석자　이여래기

동풍

하늘하늘 동풍 부니 흐렸다가 비가 오네.
부지런히 한마음, 화를 내면 아니 되지.
순무 캐고 무를 캐며 뿌리를 버리나요.

언약을 어기지 않는다면 그대와 함께 죽으려 했건만.

가는 길 느릿느릿, 마음에 원한이 맺혔어요.
당신은 멀리 나오지도 않고 문 안에서 나를 보냈지요.
누가 씀바귀를 쓰다 했나요? 냉이처럼 단 것을.
즐거운 신혼살이, 형 같고 아우 같고.

경수가 위수를 흐려도 그 멈춘 곳은 맑답니다.
즐거운 신혼살이, 나를 거들떠보지도 않네요.
내 어량魚梁에 가지 말고, 내 통발 건드리지 마셔요.
내 몸도 쫓겨났거늘 뒷일 걱정할 겨를이 있겠어요?

깊은 물에 이르면 뗏목 타고 배를 타고.
얕은 물에 이르면 자맥질하고 헤엄치고.
무엇이 있든지 무엇이 없든지 부지런히 애썼지요.
이웃에 상사喪事가 생기면 온몸으로 도왔어요.

나를 돌보지 않고 도리어 나를 원수로 삼았군요.
내 덕을 물리치니 팔아도 팔리지 않아요.
옛날 살림할 때는 곤궁해질까 걱정하며 그대와 고생했어요.
살림살이 형편이 피니 나를 독충처럼 여겼어요.

우리 맛있는 나물 장만하여 겨울에 대비했지요.
즐거운 신혼살이, 나를 가난할 때만 썼어요.
우악하고 퉁명하게 내게 고생만 시켰어요.
옛날 나를 사랑했던 때는 생각지도 않아요.

■ 주 석

谷風(곡풍) : 동풍. 골짜기에서 부는 바람.
黽勉(민면) : 격려하다. 진력하다.
葑(봉), 菲(비) : 순무와 무 종류를 가리킨다.
下體(하체) : 식물의 뿌리. 이 구절은 순무나 무를 캐는 사람은 뿌리가 맛이 없다고 해서 그 잎까지 버리지는 않는다는 뜻으로, 집안을 다스리는 법은 아내가 안색이 시들었다고 해서 그 덕까지 버려서는 안됨을 비유한다.
畿(기) : 문안.
涇(경), 渭(위) : 경수涇水와 위수渭水. 옛날에는 경수는 흐리고, 위수는 맑다고 여겨 인품의 우열과 진위 시비를 여기에 비유하였다.
梁(양) : 어량. 돌로 물길을 막아 물고기를 잡는 시설물.
笱(구) : 통발. 대나무를 엮어 만든 물고기를 잡는 도구.
匍匐(포복) : 진력하다.
育鞠(육국) : 늙어서 곤궁하다.
旨蓄(지축) : 저장한 맛있는 식품.

■ 해 제

남편에게 버림 받은 여인의 처지를 노래하였다. 남편은 아내를 내보내며 문밖에도 나오지 않고 바로 새로 들인 후처와 즐겁게 지낸다. 쫓겨난 아내는 조강지처이다. 그러나 그 고생도 아무 소용이 없다.

式微
식 미

式微式微, 胡不歸.
식 미 식 미   호 불 귀

微君之故, 胡爲乎中露.
미 군 지 고   호 위 호 중 로

式微式微, 胡不歸.
식 미 식 미   호 불 귀

微君之躬, 胡爲乎泥中.
미 군 지 궁   호 위 호 니 중

쇠미해지다

쇠미하고 쇠미해졌도다. 어이 돌아가지 않습니까?
임금님 자신 때문이 아니라면 어이하여 이슬 맞으십니까?

쇠미하고 쇠미해졌도다. 어이 돌아가지 않습니까?
임금님 몸 때문만 아니라면 어이하여 진흙 속에 계십니까?

■ 주 석

式微(식미) : 쇠미하다. '식式'은 발어사이다.

■ 해 제

여黎나라 제후가 위衛나라에 망명해 있을 때 수행한 신하가 귀국을 권하면서 이 노래를 불렀다고 한다. 후에 고향, 고국으로 돌아가자는 의미가 되었다.

簡兮
간 혜

簡兮簡兮, 方將萬舞.
간혜간혜　방장만무

日之方中, 在前上處.
일지방중　재전상처

碩人俁俁, 公庭萬舞.
석인우우　공정만무

有力如虎, 執轡如組.
유력여호　집비여조

左手執籥, 右手秉翟.
좌수집약　우수병적

赫如渥赭, 公言錫爵.
혁여악자　공언석작

山有榛, 隰有苓.
산유진　습유령

云誰之思, 西方美人.
운수지사　서방미인

彼美人兮, 西方之人兮.
피미인혜　서방지인혜

씩씩하네

씩씩하네 씩씩해, 만무를 추려 하네.

해는 하늘 가운데, 그이는 앞줄 윗자리.

헌칠하게 키 큰 사람, 궁정 뜰에서 만무를 추네.

범처럼 힘이 있고, 실을 짜듯 고삐 쥐었네.

왼손에 약籥을 쥐고, 오른손에 꿩깃을 쥐었네.
얼굴 붉게 상기되니 임금께서 술잔을 내리시네.

산에는 개암나무, 진펄에는 씀바귀.
누구를 그리워하나, 서방의 미인이지.
저 고운 임은 서방의 사람이지.

■ 주 석

簡兮(간혜) : '간簡'은 '간僩'과 같다. '크다, 대략, 익숙하게, 용맹하게' 등의 뜻을 가진다. 여기서는 '용맹하게'로 풀이한다.
方將(방장) : 이제 곧.
萬舞(만무) : 옛날의 춤 이름. 무무武舞를 먼저 추고, 문무文舞를 춘다.
俁俁(우우) : 얼굴이 큰 모양.
籥(약) : 관악기의 일종. 춤을 출 때 도구로 이용한다.
翟(적) : 꿩깃. 춤을 출 때 도구로 이용한다.
渥赭(악자) : 두껍게 바른 붉은 흙.
言(언) : 어조사.
錫爵(석작) : 술을 내리다.

■ 해 제

키 큰 무용수가 손에 여러 가지 도구를 들고 춤추는 모습을 묘사하였다. 얼굴이 크다고 하였으니 가면을 썼음직하다.

靜女
정 녀

靜女其姝, 俟我於城隅.
정 녀 기 주   사 아 어 성 우

愛而不見, 搔首踟躕.
애 이 불 견   소 수 지 주

靜女其孌, 貽我彤管.
정 녀 기 련   이 아 동 관

彤管有煒, 說懌女美.
동 관 유 위   열 역 녀 미

自牧歸荑, 洵美且異.
자 목 귀 제   순 미 차 이

匪女之爲美, 美人之貽.
비 여 지 위 미   미 인 지 이

얌전한 아가씨

얌전한 아가씨, 아리따운 그 아가씨,
나를 기다리네, 성 모퉁이에서.
사랑하면서도 만나지 못해 머리 긁적이며 서성인다.

얌전한 아가씨, 어여쁜 그 아가씨,
나에게 주네, 붉은 대롱을.
붉은 대롱 빛나고, 아가씨 아름다움 기껍구나.

들판에서 삘기를 가져다주니 정말 예쁘고도 기특하네.
삘기 네가 예쁜 것이 아니라 아름다운 임의 선물이라서.

■ 주 석

彤管(동관) : 붉은 칠을 한 대롱. 붓자루, 악기 등으로 사용한다.
說懌(열역) : 기쁘다. 좋아하다.
牧(목) : 들판. 목초지.
荑(제) : 삘기. 띠풀의 어린 싹. 먹을 수 있다.

■ 해 제

남녀의 밀회를 노래하였다. 애타게 기다리다가 선물을 받으니 선물보다 준 사람의 마음씀이 더 예쁘고 고맙다.

용풍鄘風

柏舟
백 주

汎彼柏舟, 在彼中河.
범 피 백 주   재 피 중 하
髧彼兩髦, 實維我儀. 之死矢靡他.
담 피 량 모   실 유 아 의   지 사 시 미 타
母也天只, 不諒人只.
모 야 천 지   불 량 인 지

汎彼柏舟, 在彼河側.
범 피 백 주   재 피 하 측
髧彼兩髦, 實維我特. 之死矢靡慝.
담 피 량 모   실 유 아 특   지 사 시 미 특
母也天只, 不諒人只.
모 야 천 지   불 량 인 지

잣나무 배

둥실 저 잣나무 배, 저 황하 가운데 떠 있네.
늘어진 저 다팔머리, 진실로 나의 짝, 죽어도 딴 마음 없어요.
어머니, 아버지, 사람 마음 몰라주시나요.

둥실 저 잣나무 배, 저 황하 가에 떠 있네.
늘어진 저 다팔머리, 진실로 나의 짝. 죽어도 변함없어요.

| 어머니, 아버지, 사람 마음 몰라주시나요.

■ 주 석

髧(담), 髦(모) : '담髧'은 늘어진 머리, '모髦'는 다팔머리이다. '담모髧髦'는
   옛날 어린아이들의 머리 모양을 말한다.
兩髦(양모) : 양쪽으로 늘어뜨린 다팔머리.
儀(의) : 짝. 배필.
之死(지사) : 죽음에 이르다. '지之'는 가다, 이르다의 뜻이다.
矢(시) : 맹서하다.
母也天只(모야천지) : '어머니는 하늘이다', '어머니, 하느님', '어머니, 아
   버지' 등으로 풀이한다. '천天' 자는 뒤의 '인人' 자와 운자를 맞추기 위
   해 '부父' 자 대신 썼다고 보아 '천'을 '아버지'로 풀이한다.
諒(양) : 알아주다. 믿다.
特(특) : 짝. 배필. 남성을 말한다.
慝(특) : 변함.

■ 해 제

여인이 마음에 둔 남자 이외의 다른 사람에게는 시집가지 않겠다는 맹세를 노래하였다. 그 남자는 죽었을 수도 있다. 위衛나라의 세자 공백共伯이 일찍 죽자 그의 처 공강共姜은 재가를 강요하는 부모에 맞서 수절하겠다는 자신의 굳은 뜻을 이 노래로 밝혔다고 한다.

君子偕老
군 자 해 로

君子偕老, 副笄六珈.
군 자 해 로 부 계 륙 가

시경詩經 **69**

委委佗佗, 如山如河, 象服是宜.
위위타타　여산여하　상복시의

子之不淑, 云如之何.
자지불숙　운여지하

玼兮玼兮, 其之翟也.
자혜자혜　기지적야

鬒髮如雲, 不屑髢也.
진발여운　불설체야

玉之瑱也, 象之揥也, 揚且之晳也.
옥지진야　상지체야　양차지석야

胡然而天也, 胡然而帝也.
호연이천야　호연이제야

瑳兮瑳兮, 其之展也.
차혜차혜　기지전야

蒙彼縐絺, 是紲袢也.
몽피추치　시설번야

子之淸揚, 揚且之顔也.
자지청양　양차지안야

展如之人兮, 邦之媛也.
전여지인혜　방지원야

군자와 해로를

군자와 해로하리라, 머리 땋아 붙여서 옥장식 비녀 꽂고.

부드럽고 편안하게, 산과 같고 강과 같아 예복이 어울리네.

그대 정숙하지 못함은 무슨 까닭이런가.

곱고도 곱구나, 그 꿩깃 장식은.

구름 같은 검은 머리, 다리가 필요 없네.
옥 귀막이며, 상아 빗치개, 이마는 환하구나.
어이 그리 하늘 같은가, 어이 그리 제왕 같은가.

깨끗하고 깨끗하구나, 그 예복은.
저 가는 갈포 뒤집어쓰고 하얀 옷으로 묶었구나.
그대의 눈매 시원스레 아름답고, 그대 이마 또렷하네.
이와 같은 사람이야말로 나라의 미인이지.

■ 주 석

君子(군자) : 남편에 대한 존칭.
副笄(부계) : 머리를 땋아 올려 비녀를 꽂은 머리 장식. '부副'는 머리를 땋아 만든 가계假髻라고 하니 혹 가발, 즉 다리일 수도 있다.
六珈(육가) : '가珈'는 비녀의 옥장식. 이 옥장식을 여섯 개 붙였으므로 '육가六珈'라고 한다. 이는 후백侯伯 부인의 복식이다.
委委佗佗(위위타타) : 행동거지가 부드럽고 편안한 모양.
象服(상복) : 후비后妃와 귀부인의 예복禮服. 각종 물상으로 장식한다.
玼兮(자혜) : 곱다.
翟(적) : 꿩깃. 예복의 장식으로 쓴다.
鬒髮(진발) : 숱이 많고 검은 머리.
不屑(불설) : 필요가 없다.
髢(체) : 다리. 가발.
瑱(진) : 옥으로 만든 귀막이. 관모 양쪽에 늘어뜨려 귀를 막는 옥추玉墜.
揥(체) : 빗치개. 상아로 만들어 머리에 꽂으며, 머리를 긁는 데 쓴다.
揚(양) : 눈썹과 그 언저리.
瑳(차) : 깨끗하다.
展(전) : 전의展衣. 왕후의 육복六服의 하나. 흰색. 세부世婦와 경대부의 처의 명복命服. '단례'과 통한다.
縐絺(추치) : 가는 갈포葛布.
紲袢(설번) : '설紲'은 묶다, '번袢'은 색깔 없는 옷이다. 예복을 모두 갖추어 입고 마지막에 갈포를 쓰고 하얀 옷을 묶어 치장을 끝낸다고 풀이한다. 또는 '설번褻袢'이라고 보아 여름에 입는 하얀 속옷이라고도 하지만 뜻이 어울리지 않는다.
淸揚(청양) : 눈의 흰자위와 동자의 흑백이 분명하여 아름다운 모양.
顔(안) : 이마가 또렷하다.
展(전) : 참으로.

■ 해 제

위나라 제후 선공宣公의 부인 선강宣姜을 풍자한 시라고 한다. 선강은 남편을 제대로 대하지 않고 음란하였다고 한다. 이 시는 화려하게 치장한 귀족 부인의 아름다움을 읊은 시로 보인다. 예복을 갖춰 입은 모습을 자못 세밀히 묘사하여 당시의 복식과 미에 대한 관념을 엿볼 수 있다. 이런 아름다운 여인이 남편과 백년해로하기를 바라는 시로 보면 좋겠다.

載馳
재 치

載馳載驅, 歸唁衛侯.
재 치 재 구　귀 언 위 후

驅馬悠悠, 言至于漕.
구 마 유 유　언 지 우 조

大夫跋涉, 我心則憂.
대 부 발 섭　아 심 즉 우

旣不我嘉, 不能旋反.
기 불 아 가　불 능 선 반

視爾不臧, 我思不遠.
시이부장　아사불원

旣不我嘉, 不能旋濟.
기불아가　불능선제

視爾不臧, 我思不閟.
시이부장　아사불비

陟彼阿丘, 言采其蝱.
척피아구　언채기맹

女子善懷, 亦各有行.
여자선회　역각유행

許人尤之, 衆穉且狂.
허인우지　중치차광

我行其野, 芃芃其麥.
아행기야　봉봉기맥

控于大邦, 誰因誰極.
공우대방　수인수극

大夫君子, 無我有尤.
대부군자　무아유우

百爾所思, 不如我所之.
백이소사　불여아소지

달리자

달리고 달려서 위나라 제후 위문하러 간다네.

아득히 말을 달려 조 고을에 이르렀네.

대부는 산 넘고 물 건너니 내 마음 시름겹네.

나를 잘 보아주지 않으니 돌아갈 수가 없구나.

그대들 좋게 여겨 주지 않음을 보니 내 생각 멀리 가지 않네.
나를 잘 보아주지 않으니 돌아서 건널 수가 없구나.
그대들 좋게 여겨 주지 않음을 보지만 내 생각 그칠 수 없네.

저 언덕에 올라서 패모貝母를 캘거나.
여자는 시름이 많지만 또한 각각 까닭은 있다네.
허나라 사람들 나를 탓하니 어리석고도 미쳤구나.

내가 위나라 들을 가면 더부룩한 보리.
큰 나라에 호소하려니 누구를 의지하며 누가 정벌해 줄까.
대부 군자들아, 나를 탓하지 마시오.
그대들 생각은 내 생각보다는 못하리니.

■ 주 석

載馳載驅(재치재구) : 달리고 달리다. '재載'는 조사.
衛侯(위후) : 위나라 제후. 위나라 의공懿公이 적인狄人에게 나라를 잃자 의공의 누이로서 허許나라에 출가한 허목부인許穆夫人이 슬퍼하며 지은 노래라고 한다.
漕(조) : 위나라의 고을 이름. 지금의 하남성河南省 골현滑縣에 해당한다. 의공이 나라를 잃고 이곳에서 야숙하고 있었다.
跋涉(발섭) : 산을 넘고 물을 건너다. 풀을 밟고 가는 것을 발跋, 물길을 가는 것을 섭涉이라고 한다.
旋反(선반) : 돌아가다. 돌아오다.
旋濟(선제) : 돌아와 머무르다. '제濟'는 '제霽'와 같고, '제霽'는 '지止'와 같다.
閟(비) : 그치다. 그만두다.
蝱(맹) : 패모貝母. 백합과의 여러해살이 풀. 비늘 같은 껍질과 잎이 안팎으로 조개껍질을 맞추어 놓은 듯한 모양이다. 비늘줄기는 진해鎭咳, 거담去痰, 해열解熱 등의 효능이 있어 약재로 쓴다.

善懷(선회) : 시름이 많다.

有行(유행) : 까닭이 있다.

衆穉且狂(중치차광) : 어리석고도 미치다. 자기를 꾸짖는 허나라 사람들이 어리석고 미쳤다는 뜻이다. '중衆'은 '종終'과 같다. '종終⋯차且⋯'는 '⋯하고도 ⋯하다'라는 뜻이다. '중衆'은 글자 그대로 여럿이라고 풀이하기도 한다.

其野(기야) : 위나라의 들을 말한다.

芃芃(봉봉) : 무성한 모양.

控(공) : 가서 알리다. '부赴'와 같다.

誰因誰極(수인수극) : '인因'은 믿다, 의지하다라는 뜻이다. '극極'은 '극殛'과 같다. '징벌하다, 주살하다'라는 뜻이다.

百爾(백이) : 여러, 모든.

所之(소지) : 생각하는 바. '소사所思'와 같다. '지之'는 생각이 언어로 표현되는 것으로 풀이한다. 〈시詩 대서大序〉에 "시는 뜻이 나오는 바이다(詩者, 志之所之也)"라 하였고, 《석명釋名》에 "시는 나오는 것이다. 뜻이 나오는 것이다.(詩, 之也. 志之所之也)"라고 하였다.

■ 해 제

《시경》의 시는 대부분 작자를 알 수 없지만 이 시는 허목부인許穆夫人이 지었다고 한다. 허목부인은 위衛나라 의공懿公의 종매從妹로 허나라 목공穆公에게 시집갔으므로 허목부인이라고 부른다. 위나라 의공이 적인狄人들에게 나라를 잃고 백성들은 흩어져 조읍漕邑에서 노숙하고 있었다. 허목부인은 모국이 멸망하였으나 허나라가 힘이 약해 구원할 수도 없고, 돌아가 친족을 위로할 수도 없어 이 시를 지었다고 한다.

위풍 衛風

淇奧
기 오

瞻彼淇奧, 綠竹猗猗.
첨 피 기 오 녹 죽 의 의

有匪君子, 如切如磋, 如琢如磨.
유 비 군 자 여 절 여 차 여 탁 여 마

瑟兮僴兮, 赫兮咺兮.
슬 혜 한 혜 혁 혜 훤 혜

有匪君子, 終不可諼兮.
유 비 군 자 종 불 가 훤 혜

瞻彼淇奧, 綠竹靑靑.
첨 피 기 오 녹 죽 청 청

有匪君子, 充耳琇瑩, 會弁如星.
유 비 군 자 충 이 수 영 쾌 변 여 성

瑟兮僴兮, 赫兮咺兮.
슬 혜 한 혜 혁 혜 훤 혜

有匪君子, 終不可諼兮.
유 비 군 자 종 불 가 훤 혜

瞻彼淇奧, 綠竹如簀.
첨 피 기 오 녹 죽 여 책

有匪君子, 如金如錫, 如圭如璧.
유 비 군 자 여 금 여 석 여 규 여 벽

寬兮綽兮, 猗重較兮.
관 혜 작 혜　의 중 각 혜

善戱謔兮, 不爲虐兮.
선 희 학 혜　불 위 학 혜

기수 물굽이

저 기수 물굽이를 바라보니 왕골과 마디풀 우거졌네.

훌륭하신 임이여, 자르고 다듬고 깎고 간 듯하네.

단정하고 씩씩하고, 훤하고 의젓하시네.

훌륭하신 임이여, 끝내 못 잊겠네.

저 기수 물굽이를 바라보니 왕골과 마디풀 푸릇푸릇.

훌륭하신 임이여, 귀막이는 옥돌이며, 관의 구슬 장식은 별 같구나.

단정하고 위엄있고, 훤하고 점잖으시네.

훌륭하신 임이여, 끝내 못 잊겠네.

저 기수 물굽이를 바라보니 왕골과 마디풀 쌓였네.

훌륭하신 임이여, 금도 같고 주석 같고, 옥홀 같고 옥벽 같네.

너그럽고 느긋하게 수레에 기대셨네.

우스개도 잘하시지만 괴롭히지는 않네.

■ 주 석

淇奧(기오) : '기淇'는 하남성河南省 북부를 흐르는 황하의 지류, '오奧'는 깅이 돌아 흐르는 곳의 굽은 안쪽을 말한다.

綠竹(녹죽) : 녹綠은 왕골, 죽竹은 마디풀. 또는 푸른 대나무로 보기도 한다.

有匪(유비) : 문채가 있다. 훌륭하다. '비匪'는 '비斐'와 같다.
切(절), 磋(차), 琢(탁), 磨(마) : 기물을 가공하는 기술의 명칭. 골骨을 다듬는 것을 '절切', 상아象牙를 다듬는 것을 '차磋', 옥玉을 다듬는 것을 '탁琢', 석石을 다듬는 것을 '마磨'라고 한다.
瑟兮(슬혜) : 외모가 장엄하다.
僩兮(한혜) : 용맹하다. 씩씩하다.
咺兮(훤혜) : 점잖다. 의젓하다.
諼(훤) : 잊다.
充耳(충이) : 옛날 관의 양쪽에 다는 장식물. 귀까지 드리워 듣기 싫을 때는 귀를 막을 수 있다.
琇瑩(수영) : 미석美石, 즉 옥돌. 천자의 충이는 옥으로 만들고, 제후는 돌로 만든다.
會弁(쾌변) : '쾌會'는 솔기, '변弁'은 고깔모자로서 '쾌변會弁'은 고깔모자의 솔기이다. 모자의 솔기에 옥 장식을 단다.
猗(의) : 기대다. '의倚'와 같다.
重較(중각) : 옛날 경사卿士가 타는 수레의 앞 좌우에 뻗어나온 굽은 나무. 기대거나 잡을 수 있다.

■ 해 제

위나라 사람들이 위나라의 11대 제후 무공武公(B.C. 약 853-B.C. 758)을 찬미하는 노래이다. 무공은 성은 희姬, 이름은 화和이며, B.C. 812년부터 B.C. 758년까지 재위하였다. 그는 성벽을 수축하고 목축업을 일으켜 치세를 이루었다.

考槃
고 반

考槃在澗, 碩人之寬.
고 반 재 간　석 인 지 관

獨寐寤言, 永矢弗諼.
독 매 오 언　영 시 불 훤

考槃在阿, 碩人之薖.
고 반 재 아　석 인 지 과

獨寐寤歌, 永矢弗過.
독 매 오 가　영 시 불 과

考槃在陸, 碩人之軸.
고 반 재 륙　석 인 지 축

獨寐寤宿, 永矢弗告.
독 매 오 숙　영 시 불 곡

은거

계곡에 숨어사니 어진 사람 마음도 넓구나.

홀로 자다 깨어서 말하네, 영원히 잊지 않겠다 맹세하네.

산언덕에 숨어사니 어진 사람 마음도 크구나.

홀로 자다 깨어 노래하네, 영원히 잘못하지 않겠다 맹세하네.

높은 땅에 숨어사니 어진 사람 병들었네.

홀로 자다 깨어 누워서 영원히 알리지 않겠다 맹세하네.

■ 주 석

考槃(고반) : '고考'는 성成, '반槃'은 낙樂으로 풀이한다. 덕을 이루고 도道를 즐긴다는 뜻이다. 후대에는 은거한다는 뜻으로 사용한다. '고考'는 두드리다, '반槃'은 기명器名으로 보아 반을 두드리며 노래한다고 풀이하기도 한다.

薖(과) : 관대하다. 병들다. 굶주리다.

軸(축) : 병들다.

寤宿(오숙) : 잠에서 깨어 그대로 누워 있다.

告(곡) : 알리다.

■ 해 제

아마 세상일에 지친 사람이 초야에 묻혀 사는 상황을 노래한 듯하다. 안빈낙도安貧樂道를 노래한 작품의 효시로 보아도 좋겠다.

碩人
석 인

碩人其頎, 衣錦褧衣.
석 인 기 기　의 금 경 의

齊侯之子, 衛侯之妻.
제 후 지 자　위 후 지 처

東宮之妹, 邢侯之姨, 譚公維私.
동 궁 지 매　형 후 지 이　담 공 유 사

手如柔荑, 膚如凝脂.
수 여 유 이　부 여 응 지

領如蝤蠐, 齒如瓠犀.
영 여 추 제　치 여 호 서

螓首蛾眉, 巧笑倩兮, 美目盼兮.
진수아미　교소천혜　미목총혜

碩人敖敖, 說于農郊.
석인오오　세우농교

四牡有驕, 朱幩鑣鑣, 翟茀以朝.
사모유교　주분표표　적불이조

大夫夙退, 無使君勞.
대부숙퇴　무사군로

河水洋洋, 北流活活.
하수양양　북류괄괄

施罛濊濊, 鱣鮪發發.
시고활활　전유발발

葭菼揭揭, 庶姜孼孼, 庶士有朅.
가담갈갈　서강얼얼　서사유걸

미인

미인은 헌걸차다, 비단옷에 얇은 겉옷.
제나라 임금의 따님이요, 위나라 임금의 아내로다.
동궁의 누이, 형나라 임금의 처제, 담나라 임금은 형부.

손은 보드라운 삘기 같고, 피부는 엉긴 기름 같네.
목은 굼벵이 같고, 이빨은 박씨 같네.
매미 이마 나방 눈썹, 생긋 웃는 입매 어여쁘고, 아름다운 눈은 서늘해.

미인은 늘씬하다, 농사 짓는 교외에 머무시네.
씩씩한 말 네 마리, 붉은 비단 장식 재갈 물리고, 꿩깃 수레 타고 조정으로 가시네.
　대부들은 일찍 물러나 임금님 괴롭히지 말지어다.

　황하물은 넘실넘실, 북쪽으로 콸콸 흘러간다.
　첨벙첨벙 그물 던지니 전어 유어 팔딱인다.
　갈대 억새 쭉쭉 뻗었고, 시녀들 화사하고, 관원들은 당당하네.

■ 주 석

褧衣(경의) : 모시나 삼베로 만든 홑겹 겉옷. 옛날 여자들이 출가할 때 길에서 먼지를 가리기 위하여 입었다.
蝤蠐(추제) : 굼벵이. 하늘소의 유충. 희고 길어서 미녀의 목을 비유한다.
說(세) : 머물다. 쉬다.
朱幩(주분) : 말의 재갈 양쪽에 다는 붉은 장식.
鑣鑣(표표) : 많은 모양.
翟茀(적불) : 옛날 귀족의 부녀가 타는 수레. 수레의 양변에 꿩깃을 달아 장식하였다.
活活(괄괄) : 물이 세차게 흐르는 소리.
濊濊(활활) : 그물을 물에 던지는 소리.
鱣鮪(전유) : 철갑상어와 심어.
揭揭(갈갈) : 높이 자란 모양.
孼孼(얼얼) : 장식이 화려한 모양.

■ 해 제

위나라 장공莊公의 부인인 장강莊姜을 찬미하는 노래이다. 장강은 제齊나라의 공주이다. 《춘추좌씨전春秋左氏傳》 은공隱公 3년에 "위나라 장공이 제나라의 동궁東宮 득신得臣의 누이에게 장가들었다. 장강이라고 불렸으며 아름다우나 자식이 없었으므로 위나라 사람들이 그를 위하여 〈석인〉을 지었다"고 하였다. 《모시》에서는 자식이 없어 곤경에 처한 장강을 동정하여 이 노래를 지었다고 하였다. 시는 장강의 출신, 미모, 행차 광경 등을 읊고 있어 아마도 제나라에서 위나라로 시집갈 때 부른 노래인 듯하다.

氓
맹

氓之蚩蚩, 抱布貿絲.
맹지치치　포포무사

匪來貿絲, 來卽我謀.
비래무사　내즉아모

送子涉淇, 至于頓丘.
송자섭기　지우돈구

匪我愆期, 子無良媒.
비아건기　자무량매

將子無怒, 秋以爲期.
장자무노　추이위기

乘彼垝垣, 以望復關.
승피궤원　이망복관

不見復關, 泣涕漣漣.
불견복관　읍체련련

旣見復關, 載笑載言.
기견복관　재소재언

爾卜爾筮, 體無咎言.
이복이서　체무구언

以爾車來, 以我賄遷.
이이기래　이아회천

桑之未落, 其葉沃若.
상지미락　기엽옥약

于嗟鳩兮, 無食桑葚.
우차구혜　무식상심

于嗟女兮, 無與士耽.
우차여혜　무여사탐

士之耽兮, 猶可說也.
사지탐혜　유가설야

女之耽兮, 不可說也.
여지탐혜　불가설야

桑之落矣, 其黃而隕.
상지락의　기황이운

自我徂爾, 三歲食貧.
자아조이　삼세식빈

淇水湯湯, 漸車帷裳.
기수탕탕　점거유상

女也不爽, 士貳其行.
여야불상　사이기행

士也罔極, 二三其德.
사야망극　이삼기덕

三歲爲婦, 靡室勞矣.
삼세위부　미실로의

夙興夜寐, 靡有朝矣.
숙흥야매　미유조의

言旣遂矣, 至于暴矣.
언기수의　지우폭의

兄弟不知, 咥其笑矣.
지제부지　질기소의

靜言思之, 躬自悼矣.
정언사지 궁자도의

及爾偕老, 老使我怨.
급이해로 노사아원

淇則有岸, 隰則有泮.
기즉유안 습즉유반

總角之宴, 言笑晏晏.
총각지연 언소안안

信誓旦旦, 不思其反.
신서단단 불사기반

反是不思, 亦已焉哉.
반시불사 역이언재

남자

사람 좋은 장사꾼이 베를 안고 와 실로 바꾸자 하네.
실을 바꾸러 온 것이 아니라 와서는 나를 어찌해 보렴이지.
그 사람을 보내려 기수를 건너고 돈구에 이르렀네.
내가 때를 놓친 것이 아니라 그대에게 좋은 중매쟁이 없었다네.
그대는 화내지 마시고 가을을 기약해요.

저 무너진 담에 올라서 관문에 돌아오나 바라보네.
관문에 돌아오지 않으니 눈물 콧물만 줄줄.
관문에 돌아오니 웃고 얘기하였지.
그대는 거북점 치고 시초점 쳐서 불길한 점괘 없어서
그대의 수레 몰고 와 나를 혼수와 함께 싣고 갔지.

뽕나무 잎이 떨어지기 전에는 그 잎새 반들반들.

아아, 비둘기여, 오디를 먹지 마라.
아아, 여인들이여, 남자에게 홀리지 마라.
남자가 홀리면 그래도 할 말이 있지만,
여자가 홀리면 말도 할 수 없다네.

뽕나무 잎 시들어 누렇게 떨어지네.
나는 그대에게로 가서 삼 년을 굶주렸지.
기수는 넘실넘실, 수레 포장을 적시네.
여인은 잘못이 없으나 남자는 행동이 달라졌네.
남자들 올바르지 않으니 그 마음 여럿이로다.

삼 년을 아내 되어 집안일 하지 않았지.
아침에 일어나고 저녁에 자며 그렇지 않은 날 하루도 없었다네.
언약이 이루어지자 그이는 난폭해졌네.
형제들도 모르고, 허허 웃기만 했지.
가만히 생각하니 내 자신 슬프기만 하네.

그대와 해로하렸더니 늙어서 내가 원망하게 만드네.
기수도 언덕이 있고 진펄에도 기슭이 있다네.
머리 땋은 시절 즐거울 때는 부드럽게 담소하였지요.
믿음으로 맹서할 때도 진실하여 이렇게 뒤바뀔 줄 몰랐어요.
뒤바뀔 줄 몰랐으니 또한 그만이로다.

■ 주 석

氓(맹) : 백성.
蚩蚩(치치) : 돈후하다. 또는 무지하다.

布(포) : 베. 옛날 물물교환할 때 화폐의 기능을 하였다. 길이와 폭에 규격이 있었다.

頓丘(돈구) : 지금의 하남성河南省 청풍현淸豐縣 서남쪽.

復關(복관) : 남자가 살던 고을 이름, 관문으로 돌아오다, 돌아오는 수레 등등으로 풀이한다.

爾卜爾筮(이복이서) : '복卜'은 거북점, '서筮'는 시초점이다.

體無咎言(체무구언) : '체體'는 조상兆象, 괘상卦象. 즉 점괘를 말한다. 어조사로 보는 견해도 있다. '구언咎言'은 불길한 점괘.

賄遷(회천) : 재물을 가지고 옮겨가다. 즉 혼수를 마련하여 시집가다.

帷裳(유상) : 수레에 친 휘장.

罔極(망극) : 바르지 않다.

靡室勞矣(미실로의) : '미靡'는 '무無', '불不'과 같다. 주희朱熹는 집안일을 고생으로 여기지 않는다고 풀이하였다. 왕력王力은 힘든 집안일이 없다, 즉 남편이 아내에게 고생을 시키지 않았다고 풀이하였다.

靡有朝矣(미유조의) : '조朝'는 '일조一朝' 즉 하루아침이다. 하루아침도 없다는 말로써 윗구와 이어 아침부터 밤까지 남편의 사랑을 받지 않은 날이 하루도 없다는 뜻이다.

總角(총각) : 두 갈래로 위로 향하게 묶은 아동들의 머리.

旦旦(단단) : 밝고 분명한 모양.

■ 해 제

남편에게 버림 받은 여인이 슬퍼하는 노래이다. 먼 곳의 남자가 실을 사러 왔다가 자신에게 반하여 기다림과 애태움 끝에 혼인하였다. 어려운 살림살이를 잘 견뎌왔지만 결국 늙어서 버림 받고 만 사연을 애절하게 노래한다.

木瓜
모과

投我以木瓜, 報之以瓊琚.
투 아 이 모 과　보 지 이 경 거

匪報也, 永以爲好也.
비 보 야　영 이 위 호 야

投我以木桃, 報之以瓊瑤.
투 아 이 목 도　보 지 이 경 요

匪報也, 永以爲好也.
비 보 야　영 이 위 호 야

投我以木李, 報之以瓊玖.
투 아 이 목 리　보 지 이 경 구

匪報也, 永以爲好也.
비 보 야　영 이 위 호 야

모과

나에게 모과를 던지니 패물로 보답하였네.
보답이 아니라 영원히 잘 지내자는 뜻이어요.

나에게 복숭아를 던지니 패물로 보답하였네.
보답이 아니라 영원히 잘 지내자는 뜻이어요.

나에게 오얏을 던지니 패물로 보답하였네.
보답이 아니라 영원히 잘 지내자는 뜻이어요.

■ 해 제

친구나 연인 사이에 선물을 주고받으며 부르는 노래이다. 모과나 복숭아 등에 비해 패물은 값이 비싸다. 그래서 단순한 보답이 아니라 영원히 잘 지내자는 뜻으로 준다고 하는 것이리라.

왕풍王風

黍離
서리

彼黍離離, 彼稷之苗.
피서리리 피직지묘

行邁靡靡, 中心搖搖.
행매미미 중심요요

知我者, 謂我心憂,
지아자 위아심우

不知我者, 謂我何求.
부지아자 위아하구

悠悠蒼天, 此何人哉.
유유창천 차하인재

彼黍離離, 彼稷之穗.
피서리리 피직지수

行邁靡靡, 中心如醉.
행매미미 중심여취

知我者, 謂我心憂,
지아자 위아심우

不知我者, 謂我何求.
부지아자 위아하구

悠悠蒼天, 此何人哉.
유유창천 차하인재

彼黍離離, 彼稷之實.
피서리리 피직지실

行邁靡靡, 中心如噎.
행매미미　중심여일

知我者, 謂我心憂,
지아자　위아심우

不知我者, 謂我何求.
부지아자　위아하구

悠悠蒼天, 此何人哉.
유유창천　차하인재

기장

저 기장 다북다북, 저 피 싹도.
멀리 가는 발길 느릿느릿, 마음은 둘 데 없네.
나를 아는 이는 내 마음 시름 있다 하고,
나를 모르는 이는 내게 무얼 찾나 묻네.
아득히 푸른 하늘이여, 이는 누구 탓인가요?

저 기장 다북다북, 저 피 이삭도.
멀리 가는 발길 흐느적흐느적, 마음은 술에 취한 듯.
나를 아는 이는 내 마음 시름 있다 하고,
나를 모르는 이는 내게 무얼 찾나 묻네.
아득히 푸른 하늘이여, 이는 누구 탓인가요?

저 기장 다북다북, 저 피 열매도.
멀리 가는 발길 흐느적흐느적, 마음은 막힌 듯.
나를 아는 이는 내 마음 시름 있다 하고,
나를 모르는 이는 내게 무얼 찾나 묻네.
아득히 푸른 하늘이여, 이는 누구 탓인가요?

■ 주 석

離離(이리) : 다북하게 자란 모양.
靡靡(미미) : 느릿느릿. 천천히.

■ 해 제

평왕平王이 낙읍洛邑으로 도읍을 옮긴 뒤 주나라 대부가 호경에 갔다가 옛날의 도읍지가 농지로 바뀐 상황을 보았다. 나라의 쇠퇴를 슬퍼하며 부른 노래이다.

采葛
채 갈

彼采葛兮. 一日不見, 如三月兮.
피 채 갈 혜   일 일 불 견   여 삼 월 혜

彼采蕭兮. 一日不見, 如三秋兮.
피 채 소 혜   일 일 불 견   여 삼 추 혜

彼采艾兮. 一日不見, 如三歲兮.
피 채 애 혜   일 일 불 견   여 삼 세 혜

칡을 캐세

저리 칡을 캐세, 하루를 못 보면 석 달 같네.

저리 쑥을 캐세, 하루를 못 보면 삼 년 같네.

저리 약쑥을 캐세, 하루를 못 보면 삼 년 같네.

■ 해 제

일일여삼추! 말해서 무엇하랴. 그리운 임을 보고 싶은 마음은 1분 1초인들 어떻게 견디랴!

정풍鄭風

將仲子
장중자

將仲子兮, 無踰我里, 無折我樹杞.
장중자혜　무유아리　무절아수기

豈敢愛之, 畏我父母.
기감애지　외아부모

仲可懷也, 父母之言, 亦可畏也.
중가회야　부모지언　역가외야

將仲子兮, 無踰我牆, 無折我樹桑.
장중자혜　무유아장　무절아수상

豈敢愛之, 畏我諸兄.
기감애지　외아제형

仲可懷也, 諸兄之言, 亦可畏也.
중가회야　제형지언　역가외야

將仲子兮, 無踰我園, 無折我樹檀.
장중자혜　무유아원　무절아수단

豈敢愛之, 畏人之多言.
기감애지　외인지다언

仲可懷也, 人之多言, 亦可畏也.
중가회야　인지다언　역가외야

작은도련님

　작은도련님, 우리 마을에 넘어 오지 마시고, 내가 심은 산버들 꺾지 마셔요.
　나무가 어이 아깝겠어요? 부모님이 두렵지요.
　도련님도 그립지만 부모님 말씀도 두려워요.

　작은도련님, 우리집 담장 넘지 마시고, 내가 심은 뽕나무 꺾지 마셔요.
　나무가 어이 아깝겠어요? 오빠들이 두려워요.
　도련님도 그립지만 오빠들 말도 두려워요.

　작은도련님, 우리집 마당 넘지 마시고, 내가 심은 박달나무 꺾지 마셔요.
　어이 나무가 아깝겠어요? 사람들 말 많을까 두려워요.
　도련님도 그립지만 사람들 말 많음도 두려워요.

■ 주 석

將仲子(장중자) : '장將'은 '청請'과 같고, '중자仲子'는 둘째 아들이다.

■ 해 제

집안 어른과 동네 사람들의 눈을 피해 연인을 만나는 여인의 심정을 표현한 노래이다. 임이 그립기는 하지만 아버지와 오빠의 감시, 동네 사람들의 입방아를 걱정하지 않을 수 없는 소녀의 심성이 곱기만 하다.

女曰雞鳴
여 왈 계 명

女曰雞鳴, 士曰昧旦.
여 왈 계 명   사 왈 매 단

子興視夜, 明星有爛.
자 흥 시 야   명 성 유 란

將翱將翔, 弋鳧與鴈.
장 고 장 상   익 부 여 안

弋言加之, 與子宜之.
익 언 가 지   여 자 의 지

宜言飮酒, 與子偕老.
의 언 음 주   여 자 해 로

琴瑟在御, 莫不靜好.
금 슬 재 어   막 부 정 호

知子之來之, 雜佩以贈之.
지 자 지 래 지   잡 패 이 증 지

知子之順之, 雜佩以問之.
지 자 지 순 지   잡 패 이 문 지

知子之好之, 雜佩以報之.
지 자 지 호 지   잡 패 이 보 지

닭이 울어요

"닭이 울어요." 여자 말하니, "새벽 아직 멀었어." 남자 말한다.

"일어나 밤이 어떤지 보셔요, 샛별이 반짝여요."

"이리지리 다니며 오리 기러기를 쏩으리다."

"주살을 쏘아 맞히시면 당신에게 요리를 해드리겠어요."

요리에 술 마시며 당신과 해로하렵니다.
금과 슬도 곁에 있으니 모두가 편안하고 즐거워요."

"당신 오시는 줄 알아서 여러 패물을 드리겠어요.
당신이 저를 부드럽게 대하는 줄 알아서 여러 패물로 문안 드리겠어요.
당신이 저를 좋아하는 줄 알아서 여러 패물로 보답하겠어요."

■ 주 석

昧旦(매단) : 동이 트기 직전.
子(자) : 그대. 여기서는 아내가 남편을 부르는 호칭.
視夜(시야) : 밤이 얼마나 남았는지 보다.
明星(명성) : 샛별.
弋(익) : 주살. 주살로 사냥하다.
加(가) : '석射'과 같다. 주살을 쏘아 오리나 기러기를 맞히다.
宜之(의지) : '의宜'는 요리. 안주. '의지宜之'는 요리하다, 안주를 만들다.
在御(재어) : 곁에 있다. 시중 들고 있다.
順(순) : 부드럽다. 유순하다.

■ 해 제

부부 사이의 알뜰한 사랑을 노래하였다. 남녀의 대화체로 구성되어 있는데, 각 대화의 발화자에 대해서는 이설이 분분하다.

有女同車
유 녀 동 거

有女同車, 顔如舜華.
유 녀 동 거   안 여 순 화

將翱將翔, 佩玉瓊琚.
장 고 장 상   패 옥 경 거

彼美孟姜, 洵美且都.
피 미 맹 강   순 미 차 도

有女同行, 顔如舜英.
유 녀 동 행   안 여 순 영

將翱將翔, 佩玉將將.
장 고 장 상   패 옥 장 장

彼美孟姜, 德音不忘.
피 미 맹 강   덕 음 불 망

함께 수레 탄 여인

함께 수레 탄 여인, 얼굴이 무궁화 같네.

이리저리 거닐며 아름다운 옥을 찼네.

저 어여쁜 강씨네 맏딸은 진실로 아름답고 곱구나.

함께 걷는 여인, 얼굴이 무궁화 같네.

이리저리 거닐며 패옥 소리 쟁강쟁강.

저 어여쁜 강씨네 맏딸은 칭송이 끊임없네.

■ 주 석

舜華(순화) : 목구화木槿花. 즉 무궁화.

將翱將翔(장고장상) : '장將'은 어조사, '고상翱翔'은 '배회徘徊'이다.

佩玉瓊琚(패옥경거) : 옥으로 만든 패물.

將將(장장) : 쟁쟁. 패물이 서로 부딪쳐 나는 소리.

■ 해 제

부부가 함께 수레를 타고 가며 남편이 아내의 아름다움을 찬미하는 노래이다.

山有扶蘇
산 유 부 소

山有扶蘇, 隰有荷華.
산 유 부 소   습 유 하 화

不見子都, 乃見狂且.
불 견 자 도   내 견 광 차

山有喬松, 隰有游龍.
산 유 교 송   습 유 유 룡

不見子充, 乃見狡童.
불 견 자 충   내 견 교 동

산에는 부소나무

산에는 부소나무, 늪에는 연꽃.
만나기 전에는 자도子都 같은 미남이라더니 만나보니 미친 놈이네.

산에는 키 큰 소나무, 늪에는 하늘거리는 여뀌.
만나기 전에는 자충 같은 미남이라더니 만나보니 교활한 놈이네.

■ 주 석

扶蘇(부소) : 작은 나무의 일종. 무궁화의 별종이라고 한다.

不見(불견) : 만나기 전. 또는 보이지 않다.
子都(자도) : 옛날 미남의 이름.
游龍(유룡) : 여뀌.
子充(자충) : 정나라의 미남.

■ 해 제

중매쟁이의 말에 속은 여인의 하소연이다. 만나고 보니 미남은커녕 미치광이거나 교활한 놈이다. '불견자도不見子都 내견광차乃見狂且'는 "자도는 보이지 않고 미치광이만 만났네"라고 풀이하기도 한다.

子衿
자 금

靑靑子衿, 悠悠我心.
청 청 자 금 유 유 아 심

縱我不往, 子寧不嗣音.
종 아 불 왕 자 녕 불 사 음

靑靑子佩, 悠悠我思.
청 청 자 패 유 유 아 사

縱我不往, 子寧不來.
종 아 불 왕 자 녕 불 래

挑兮達兮, 在城闕兮.
도 혜 달 혜 재 성 궐 혜

一日不見, 如三月兮.
일 일 불 견 여 삼 월 혜

푸른 옷깃

푸르고 푸른 임의 옷깃, 아득하여라 내 마음이여.
나는 못 간다 해도 임은 어이 소식이 없나.

푸르고 푸른 임의 옷띠, 아득하여라 내 그리움이여.
나는 못 간다 해도 임은 어이 오지 않나.

왔다갔다 하다 보니 성의 누각에 올랐네.
하루를 못 보면 석 달 같구나.

■ 주 석

嗣音(사음) : 소식을 유지하다.
佩(패) : 패대佩帶. 패대 또는 패옥佩玉. 남자가 허리에 차는 옥 또는 그 옥을 매다는 띠를 말한다.

■ 해 제

푸른 옷을 입은 남자를 사모하는 여인의 마음이 드러난다. 나는 임에게 갈 수 없고, 임도 오지 않으니 그리움이 사무친다. 이리저리 배회하다 높은 성루에 올랐으나 역시 임은 보이지 않는다. 일일여삼추!

野有蔓草
야 유 만 초

野有蔓草, 零露漙兮.
야 유 만 초　영 로 단 혜

有美一人, 清揚婉兮.
유 미 일 인　청 양 완 혜

邂逅相遇, 適我願兮.
해 후 상 우   적 아 원 혜

野有蔓草, 零露瀼瀼.
야 유 만 초   영 로 양 양

有美一人, 婉如淸揚.
유 미 일 인   완 여 청 양

邂逅相遇, 與子皆臧.
해 후 상 우   여 자 개 장

들판에는 덩굴 풀

들판에는 덩굴 풀, 이슬방울 댕그르르.
아름다운 한 사람, 눈매가 아리따워.
뜻밖에도 만나서 내 소원 풀었네.

들에는 덩굴 풀, 이슬방울 흠치르르.
아름다운 한 사람, 아리땁다 그 눈매.
뜻밖에도 만나서 그대와 함께 다 좋다네.

■ 주 석

零露(영로) : 떨어진 이슬.
淸揚(청양) : 눈동자가 밝고 흑백이 분명한 모양. 《모전》에서는 "미목지간이 곱고 아름답다"고 하였다.

■ 해 제

남녀가 우연히 만나 사랑에 빠졌다. 여인은 특히 눈이 아름다웠던 모양이다.

溱洧
진유

溱與洧, 方渙渙兮.
진여유 방환환혜

士與女, 方秉蕑兮.
사여녀 방병간혜

女曰觀乎. 士曰旣且.
여왈관호 사왈기차

且往觀乎. 洧之外, 洵訏且樂.
차왕관호 유지외 순우차락

維士與女, 伊其相謔, 贈之以勺藥.
유사여녀 이기상학 증지이작약

溱與洧, 瀏其淸矣.
진여유 유기청의

士與女, 殷其盈矣.
사여녀 은기영의

女曰觀乎. 士曰旣且.
여왈관호 사왈기차

且往觀乎. 洧之外, 洵訏且樂.
차왕관호 유지외 순우차락

維士與女, 伊其將謔, 贈之以勺藥.
유사여녀 이기장학 증지이작약

진수와 유수

진수와 유수, 바야흐로 넘실넘실.

처녀 총각 난초를 손에 쥐었네.

처녀가 "구경 갈까요?"하니 총각이 "벌써 갔다 왔어"하네.

"다시 구경 가요. 유수 가는 정말 넓고 즐거워요."
처녀 총각은 희롱하며 작약을 주고받네.

진수와 유수, 맑고도 푸르러요.
처녀 총각 그곳에 가득 찼네.
처녀가 "구경 갈까요?" 하니 총각이 "벌써 갔다 왔어" 하네.
"다시 구경 가요. 유수 가는 정말 넓고 즐거워요."
처녀 총각은 희롱하며 작약을 주고받네.

■ 주 석

溱(진), 洧(유) : 정나라의 강 이름. 지금의 하남성河南省에 있다.
渙渙(환환) : 물이 많이 흐르는 모양.
秉蕑(병간) : '蕑'은 '난蘭'이다. 난초를 손에 쥐어 상대에게 선물하여 사랑을 표시한다. 아래의 작약도 같은 의미이다.

■ 해 제

남녀가 봄에 물가에서 만나는 정경을 노래하였다. 정나라의 풍속에 3월 상사일上巳日에 진수와 유수에 나와 망자의 혼을 불러 위로한다. 이때 손에 난초를 들고 벽사진경辟邪進慶한다. 이런 명절은 청춘 남녀에게 만남의 기회를 제공한다.

제풍齊風

雞鳴
계 명

雞旣鳴矣, 朝旣盈矣.
계 기 명 의　조 기 영 의

匪雞則鳴, 蒼蠅之聲.
비 계 즉 명　창 승 지 성

東方明矣, 朝旣昌矣.
동 방 명 의　조 기 창 의

匪東方則明, 月出之光.
비 동 방 즉 명　월 출 지 광

蟲飛薨薨, 甘與子同夢.
충 비 훙 훙　감 여 자 동 몽

會且歸矣, 無庶予子憎.
회 차 귀 의　무 서 여 자 증

닭은 울고요

"닭이 벌써 울었어요, 조정에는 대신들 모였겠어요."
"닭 울음이 아니라 쉬파리 소리라오."

"동녘이 밝았어요. 조정에는 대신들 많겠어요."
"동녘이 밝은 것이 아니라 달빛이 나왔다오."

"벌레 윙윙 날아도 당신과 단꿈 꾸고 싶지만
대신들 모였다가 돌아갑니다. 나 때문에 당신이 미움 받는 일 없어
야지요."

■ 주 석

朝旣盈矣(조기영의) : 조정에 출근한 대신들이 가득 차다.
蒼蠅(창승) : 쉬파리.

■ 해 제

부부의 대화로 구성된 노래이다. 조금이라도 더 같이 있고 싶어하는 남편을 달래어 조회에 보내는 현명한 부인의 마음씀이 잘 드러나 있다.

猗嗟
의 차

猗嗟昌兮, 頎而長兮.
의 차 창 혜　기 이 장 혜

抑若揚兮, 美目揚兮.
억 약 양 혜　미 목 양 혜

巧趨蹌兮, 射則臧兮.
교 추 창 혜　사 즉 장 혜

猗嗟名兮, 美目淸兮.
의 차 명 혜　미 목 청 혜

儀旣成兮, 終日射侯.
의 기 성 혜　종 일 석 후

不出正兮, 展我甥兮.
불 출 정 혜　전 아 생 혜

猗嗟孌兮, 清揚婉兮.
의 차 련 혜　 청 양 완 혜

舞則選兮, 射則貫兮.
무 즉 선 혜　 사 즉 관 혜

四矢反兮, 以禦亂兮.
사 시 반 혜　 이 어 란 혜

우와

우와, 멋지구나, 훤하고 키도 크네.
내려갔다 올라갔다 아름다운 눈 시원하네.
교묘한 걸음걸이, 활솜씨도 훌륭하네.

우와, 눈부시다. 아름답고 맑기도 해라.
의식을 다 이루고, 종일 과녁을 맞히네.
정곡에서 벗어나지 않으니 참으로 우리 임금님 조카로다.

우와, 고와라. 맑고 시원한 눈매 아리따워라.
춤추면 절주에 맞고, 활 쏘면 과녁을 꿰뚫네.
화살 네 대 한 곳에 박히니 어지러움을 막겠네.

■ 주 석

猗嗟(의차) : 우와. 감탄사.
美目揚兮(미목양혜) : '양揚'은 미목이 아름답다는 뜻이다.
趨蹌(추창) : 걸음걸이가 절도에 맞다. 옛날 조정에서 임금을 배알할 때는 걸음걸이에 규칙이 있었다.
射侯(석후) : 과녁을 쏘아 맞히다. '후侯'는 가죽이나 천으로 만든 과녁.
正(정) : 정곡正鵠.

展(전) : 참으로.

我甥(아생) : 우리 임금의 조카. 노魯 장공莊公을 가리킨다고 한다. 장공의 어머니 문강文姜은 제齊 양공襄公의 누이이다.

孌(연) : 곱다.

選(선) : 가지런하다. 춤출 때 제자리를 잡다.

四矢(사시) : 화살 네 대. 옛날 사례射禮에서 한 번에 화살 네 대를 쏘았다. 이를 일승一乘이라고 한다. 화살 네 대를 쏘는 것은 사방의 어지러움을 막는다는 뜻이 있다.

■ 해 제

인물이 훤칠하고 행동거지가 우아하며, 춤도 잘 추고 활도 잘 쏘는 팔방미인을 찬미한 노래이다. 제나라 사람들이 노魯나라 장공莊公을 찬미한 노래라고 한다.

위풍魏風

園有桃
원유도

園有桃, 其實之殽.
원유도 기실지효

心之憂矣, 我歌且謠.
심지우의 아가차요

不我知者, 謂我士也驕.
불아지자 위아사야교

彼人是哉, 子曰何其.
피인시재 자왈하기

心之憂矣, 其誰知之.
심지우의 기수지지

其誰知之, 蓋亦勿思.
기수지지 개역물사

園有棘, 其實之食.
원유극 기실지식

心之憂矣, 聊以行國.
심지우의 요이행국

不我知者, 謂我士也罔極.
불아지자 위아사야망극

彼人是哉, 子曰何其.
피인시재 자왈하기

心之憂矣, 其誰知之.
심지우의 기수지지

其誰知之, 蓋亦勿思.
기 수 지 지   개 역 물 사

마당의 복숭아나무

마당의 복숭아나무, 그 열매를 먹었네.
마음의 시름이여, 나는 노래하고 흥얼거리네.
나를 모르는 이는 날더러 당신은 교만하다 하네.
그 사람은 옳은데 그대는 왜 그런 말 하느냐고 묻네.
마음의 시름이여, 그 누가 알아줄까?
그 누가 알아줄까, 생각을 말아야지.

마당의 대추나무, 그 열매 먹었네.
마음의 시름이여, 잠시 도읍이나 돌아다닐까.
나를 모르는 이는 날더러 그대는 올바르지 않다고 하네.
그 사람은 옳은데 그대는 왜 그런 말을 하느냐고 묻네.
마음의 시름이여, 그 누가 알아줄까?
그 누가 알아줄까, 생각을 말아야지.

■ 주 석
殽(효) : 먹다.
行國(행국) : '國'은 나라 또는 도성이다. 그러므로 '행국行國'은 '나라 또는 도성을 돌아다니다'라는 뜻이다.

■ 해 제
남으로부터 오해를 산 사람이 울적한 마음을 노래하였다. 남이 누구인지, 어떤 오해를 샀는지는 잘 알 수가 없다.

陟岵
척 호

陟彼岵兮, 瞻望父兮.
척 피 호 혜 첨 망 부 혜

父曰嗟予子行役, 夙夜無已.
부 왈 차 여 자 행 역 숙 야 무 이

上愼旃哉, 猶來無止.
상 신 전 재 유 래 무 지

陟彼屺兮, 瞻望母兮.
척 피 기 혜 첨 망 모 혜

母曰嗟予季行役, 夙夜無寐.
모 왈 차 여 계 행 역 숙 야 무 매

上愼旃哉, 猶來無棄.
상 신 전 재 유 래 무 기

陟彼岡兮, 瞻望兄兮.
척 피 강 혜 첨 망 형 혜

兄曰嗟予弟行役, 夙夜必偕.
형 왈 차 여 제 행 역 숙 야 필 해

上愼旃哉, 猶來無死.
상 신 전 재 유 래 무 사

민둥산에 올라서

저 민둥산에 올라서 아버지를 바라보노라.

아버지 말씀이, "아아 우리 아들, 전장 나가서 밤낮 쉬지도 못하겠지.

부디 조심하여서 머물지 말고 돌아오라."

저 벌거숭이 산에 올라서 어머니를 바라보노라.

어머니 말씀이, "아아 우리 막내야, 전장 나가서 밤낮 잠도 못 자겠지.

부디 조심하여서 우릴 버리지 말고 돌아오너라."

저 산마루에 올라서 형님을 바라보노라.

형님 말씀이, "아아 우리 아우야, 전장 나가서 밤낮 여럿이 고생하겠지.

부디 조심하여서 죽지 말고 돌아오너라."

■ 주 석

行役(행역) : 옛날 나라의 병역兵役이나 노역勞役 또는 다른 공무에 복무하느라 집을 떠나 돌아다니는 일.

上愼旃哉(상신전재) : '상上'은 '상尙'과 같다. 부디. '전旃'은 '지之'와 '언焉'의 합음사合音詞이다.

■ 해 제

국가의 노역에 동원된 사람이 가족을 그리며 부르는 노래이다. 가족의 당부를 직접화법으로 구성하여 호소력이 더욱 강하다.

伐檀
벌 단

坎坎伐檀兮, 寘之河之干兮, 河水淸且漣猗.
감 감 벌 단 혜   치 지 하 지 간 혜   하 수 청 차 련 의

不稼不穡, 胡取禾三百廛兮.
불 가 불 색   호 취 화 삼 백 전 혜

不狩不獵, 胡瞻爾庭有縣貆兮.
불 수 불 렵   호 첨 이 정 유 현 훤 혜

彼君子兮, 不素餐兮.
피 군 자 혜   불 소 찬 혜

坎坎伐輻兮, 寘之河之側兮, 河水淸且直猗.
감 감 벌 폭 혜   치 지 하 지 측 혜   하 수 청 차 직 의

不稼不穡, 胡取禾三百億兮.
불 가 불 색   호 취 화 삼 백 억 혜

不狩不獵, 胡瞻爾庭有縣特兮.
불 수 불 렵   호 첨 이 정 유 현 특 혜

彼君子兮, 不素食兮.
피 군 자 혜   불 소 식 혜

坎坎伐輪兮, 寘之河之漘兮, 河水淸且淪猗.
감 감 벌 륜 혜   치 지 하 지 순 혜   하 수 청 차 륜 의

不稼不穡, 胡取禾三百囷兮.
불 가 불 색   호 취 화 삼 백 균 혜

不狩不獵, 胡瞻爾庭有縣鶉兮.
불 수 불 렵   호 첨 이 정 유 현 순 혜

彼君子兮, 不素飧兮.
피 군 자 혜   불 소 손 혜

박달나무를 베다가

쾅쾅 박달나무 베어서 황하 가에 놓으니 황하물은 맑고도 출렁이네.
뿌리지도 않고 거두지도 않거늘 어이하여 삼백 다발 곡식을 받나?
새도 짐승도 사냥하지 않으면서 어이하여 그대 집 뜰에 걸려 있는 담비가 보이나?
저 군자들은 놀고먹지는 않는다네.

쾅쾅 바퀴살 감 베어서 황하 곁에 놓으니 황하물은 맑고도 평평하네.
뿌리지도 거두지도 않거늘 어이하여 삼백 묶음을 받나?
새도 짐승도 사냥하지 않으면서 어이하여 그대 집 뜰에 큰 짐승 걸려 있나?
저 군자들은 놀고먹지는 않는다네.

쾅쾅 바퀴 감 베어 황하 가에 놓으니 황하물은 맑고도 일렁이네.
뿌리지도 거두지도 않으면서 어이하여 삼백 더미나 받나?
새도 짐승도 사냥하지 않으면서 어이하여 그대 집 뜰에 걸린 메추리가 보이나?
저 군자들은 놀고먹지는 않는다네.

■ 주 석

坎坎(감감) : 쾅쾅. 의성어.
干(간) : 물가.
廛(전) : '전纏'과 같다. 다발. 묶음.
縣貆(현훤) : 잡아서 걸어 놓은 담비. '현縣'은 '현懸'과 같다.
素飱(소잔) : 일하지 않고 먹다.

億(억) : '억繶'과 같다. 묶음. 다발.
囷(균) : '균稇'과 같다. 묶음. 다발. '균囷'은 둥글게 생긴 곡물 창고. 청淸나라 유월兪樾은 《군경평의群經平議 모시삼毛詩三》에서 《광아廣雅 석고釋詁》를 인용하여 '균稇', '억繶', '전纏'은 다발이라고 풀이하였다.

■ 해 제

노역에 시달리는 하층민이 일하지 않고 호의호식하는 귀족을 원망하는 노래이다. 하층민의 실상과 놀고먹는 상층 귀족의 실상을 드러내고, 이에 대해 강렬한 불만을 표출함으로써 《시경》의 현실비판의식을 대표하는 노래로 꼽힌다.

碩鼠
석 서

碩鼠碩鼠, 無食我黍.
석 서 석 서 무 식 아 서

三歲貫女, 莫我肯顧.
삼 세 관 여 막 아 긍 고

逝將去女, 適彼樂土.
서 장 거 여 적 피 락 토

樂土樂土, 爰得我所.
낙 토 락 토 원 득 아 소

碩鼠碩鼠, 無食我麥.
석 서 석 서 무 식 아 맥

三歲貫女, 莫我肯德.
삼 세 관 여 막 아 긍 덕

逝將去女, 適彼樂國.
서 장 거 여 적 피 락 국

樂國樂國, 爰得我直.
낙국락국　원득아직

碩鼠碩鼠, 無食我苗.
석서석서　무식아묘

三歲貫女, 莫我肯勞.
삼세관여　막아긍로

逝將去女, 適彼樂郊.
서장거여　적피락교

樂郊樂郊, 誰之永號.
낙교락교　수지영호

큰쥐

큰쥐야, 큰쥐야, 우리 기장 먹지 마라.
세 해나 너를 섬겼지만 나를 돌보지 않는구나.
이제는 너를 떠나 저 즐거운 땅으로 가련다.
즐거운 땅, 즐거운 땅, 내 살 곳을 얻으리라.

큰쥐야, 큰쥐야, 우리 보리 먹지 마라.
세 해나 너를 섬겼지만 나에게 베풀지 않는구나.
이제는 너를 떠나 저 즐거운 나라로 가련다.
즐거운 나라, 즐거운 나라, 내 펼 곳 얻으리.

큰쥐야, 큰쥐야, 우리 곡식 먹지 마라.
세 해나 너를 섬겼거늘 나를 보살피지 않는구나.
이제는 너를 떠나 저 즐거운 마을로 가련다.
즐거운 마을, 즐거운 마을, 누가 길이 울부짖으리.

■ 주 석

碩鼠(석서) : 큰쥐. 가렴주구하는 통치 계층을 비유한다.

■ 해 제

가렴주구에 시달리는 하층민이 착취 없는 세상을 동경하는 노래이다. 통치 계층을 큰쥐에 비유하였다. 역시 현실비판의식을 대표하는 노래이다.

당풍唐風

蟋蟀
실 솔

蟋蟀在堂, 歲聿其莫.
실 솔 재 당   세 율 기 모
今我不樂, 日月其除.
금 아 불 락   일 월 기 제
無已大康, 職思其居.
무 이 대 강   직 사 기 거
好樂無荒, 良士瞿瞿.
호 락 무 황   양 사 구 구

蟋蟀在堂, 歲聿其逝.
실 솔 재 당   세 율 기 서
今我不樂, 日月其邁.
금 아 불 락   일 월 기 매
無已大康, 職思其外.
무 이 대 강   직 사 기 외
好樂無荒, 良士蹶蹶.
호 락 무 황   양 사 궐 궐

蟋蟀在堂, 役車其休.
실 솔 재 당   역 거 기 휴
今我不樂, 日月其慆.
금 아 불 락   인 일 기 도

無已大康, 職思其憂.
무 이 대 강　 직 사 기 우

好樂無荒, 良士休休.
호 락 무 황　 양 사 휴 휴

귀뚜라미

귀뚜라미 집에 드니 한 해가 저문다.
지금 우리 즐기지 않으면 해와 달은 흘러가리.
지나치게 즐기지 말고, 항상 집안일도 생각하면서.
즐거움 좋아하되 지나치지 않도록 훌륭한 사람은 조심조심.

귀뚜라미 집에 드니 한 해가 흘러간다.
지금 우리 즐기지 않으면 해와 달은 지나가리.
지나치게 즐기지 말고, 항상 바깥 일도 생각하면서.
즐거움 좋아하되 지나치지 않도록 훌륭한 사람은 조마조마.

귀뚜라미 집에 드니 짐수레도 쉬고 있네.
지금 우리 즐기지 않으면 해와 달은 스쳐가리.
지나치게 즐기지 말고, 항상 걱정도 생각하면서.
즐거움 좋아하되 지나치지 않도록 훌륭한 사람은 느긋느긋.

■ 주 석

蟋蟀(실솔) : 귀뚜라미.
其莫(기모) : '莫'는 '暮'와 같다.
良士(양사) : 어진 사람. 훌륭한 사람.
瞿瞿(구구) : 삼가고 조심하는 모양.

蹶蹶(궐궐) : 부지런히 애쓰는 모양.
休休(휴휴) : 편안히 여유 있는 모양.

■ 해 제

집 안에 귀뚜라미가 들어오면 한 해가 다 가고 만다. 한 해가 다 가기 전에 즐겁게 놀되 이런저런 일도 생각하면서 중용을 지키자는 노래이다.

綢繆
주 무

綢繆束薪, 三星在天.
주 무 속 신   삼 성 재 천

今夕何夕, 見此良人.
금 석 하 석   견 차 량 인

子兮子兮, 如此良人何.
자 혜 자 혜   여 차 량 인 하

綢繆束芻, 三星在隅.
주 무 속 추   삼 성 재 우

今夕何夕, 見此邂逅.
금 석 하 석   견 차 해 후

子兮子兮, 如此邂逅何.
자 혜 자 혜   여 차 해 후 하

綢繆束楚, 三星在戶.
주 무 속 초   삼 성 재 호

今夕何夕, 見此粲者.
금 석 하 석   견 차 찬 자

子兮子兮, 如此粲者何.
자 혜 자 혜   여 차 찬 자 하

땔나무 얽어매고

땔나무 다발 얽어매니 삼성이 하늘에 있네.
오늘 밤은 무슨 밤인가, 이 좋은 임을 만났네.
우와우와, 이 좋은 임을 어이할까.

꼴 다발 얽어매니 삼성이 모퉁이에 있네.
오늘 밤은 무슨 밤인가, 이 기쁨을 만났네.
우와우와, 이 기쁨을 어이할까.

싸리나무 다발 얽어매니 삼성이 문 위에 있네.
오늘 밤은 무슨 밤인가, 이 빛나는 임을 만났네.
우와우와, 이 빛나는 임을 어이할까.

■ 주 석

三星(삼성) : 삼수參宿 · 심수心宿 · 하고河鼓에 각각 있다. 근래의 연구에 따르면 이 시의 삼성은 차례대로 삼수 · 심수 · 하고의 삼성이라고 한다.
良人(양인) : 좋은 사람. 임. 남녀 모두 해당한다.

■ 해 제

노동을 마친 밤에 연인을 만나는 기쁨을 노래하였다. 아마 꽁꽁 묶어 놓은 땔나무처럼 연인과 얽히고 싶은 심정이리라.

鴇羽
보 우

肅肅鴇羽, 集于苞栩.
숙 숙 보 우　 집 우 포 허

王事靡盬, 不能蓺稷黍, 父母何怙.
왕 사 미 고　 불 능 예 직 서　 부 모 하 호

悠悠蒼天, 曷其有所.
유 유 창 천　 갈 기 유 소

肅肅鴇翼, 集于苞棘.
숙 숙 보 익　 집 우 포 극

王事靡盬, 不能蓺黍稷, 父母何食.
왕 사 미 고　 불 능 예 서 직　 부 모 하 식

悠悠蒼天, 曷其有極.
유 유 창 천　 갈 기 유 극

肅肅鴇行, 集于苞桑.
숙 숙 보 행　 집 우 포 상

王事靡盬, 不能蓺稻粱, 父母何嘗.
왕 사 미 고　 불 능 예 도 량　 부 모 하 상

悠悠蒼天, 曷其有常.
유 유 창 천　 갈 기 유 상

느시 깃

슥슥 느시 깃, 상수리나무 숲에 앉았네.

나랏일 그침이 없어 찰기장 메기장 못 심었으니 부모님은 무얼 기대나.

아득한 푸른 하늘이여, 어디가 편한 곳일까요?

숙숙 느시 날개, 대추나무 숲에 앉았네.
나랏일 그침이 없어 찰기장 메기장 못 심었으니 부모님은 무얼 드실까.
아득한 푸른 하늘이여, 언제면 끝이 날까요?

숙숙 느시 줄을 지어 뽕나무 숲에 앉았네.
나랏일 그침이 없어 벼와 수수 못 심었으니 부모님은 무얼 먹을까.
아득한 푸른 하늘이여, 언제면 태평할까요?

■ 주 석

肅肅(숙숙) : 새의 날갯짓 소리. 의성어.
苞栩(포허) : 무더기로 자란 상수리나무.
王事(왕사) : 나랏일.
鹽(고) : 그침.

■ 해 제

나랏일에 동원되어 농사를 짓지 못해 부모님을 모실 수 없는 현실을 슬퍼하며 이상향을 꿈꾸는 노래이다.

葛生
갈 생

葛生蒙楚, 蘞蔓于野.
갈생몽초 염만우야

予美亡此, 誰與獨處.
여미무차 수여독처

葛生蒙棘, 蘞蔓于域.
갈생몽극 염만우역

予美亡此, 誰與獨息.
여미무차 수여독식

角枕粲兮, 錦衾爛兮.
각침찬혜 금금란혜

予美亡此, 誰與獨旦.
여미무차 수여독단

夏之日, 冬之夜, 百歲之後, 歸于其居.
하지일 동지야 백세지후 귀우기거

冬之夜, 夏之日, 百歲之後, 歸于其室.
동지야 하지일 백세지후 귀우기실

칡이 자라네

칡이 자라서 싸리나무 덮고, 거지덩굴 들에 뻗었네.
내 임은 여기 없네, 누구와 함께 할꼬, 홀로 살지.

칡은 자라서 대추나무 덮고, 거지덩굴은 무덤에 뻗었네.
내 임은 여기 없네, 누구와 함께 할꼬, 홀로 쉬지.

소뿔 베개 반들하고, 비단이불 반짝인다.
내 임은 여기 없네. 누구와 함께 할꼬, 홀로 밤을 새지.

여름 긴긴 날, 겨울 긴긴 밤, 백 년 뒤 그 무덤으로 돌아가리라.

겨울 긴긴 밤, 여름 긴긴 날, 백 년 뒤 그 널방으로 돌아가리라.

■ 주 석
蘞蔓(염만) : 거지덩굴.
予美(여미) : 내가 사랑하는 사람. 남편을 가리킨다고도 한다.
亡此(무차) : 여기에 없다.
角枕(각침) : 짐승의 뿔로 만든 베개, 또는 뿔로 장식한 베개.
居(거) : 무덤.
室(실) : 현실玄室. 무덤 구덩이.

■ 해 제
전쟁이나 노역에 동원되어 집을 떠난 남편을 그리는 아내의 노래이다. 죽어서라도 함께 있고 싶은 여인의 마음이 애절하다. 살아서는 한이불을 덮고, 죽어서는 한구덩이에 묻히고 싶은 것이 부부이다. 생즉동금生則同衾, 사즉동혈死則同穴!

진풍秦風

車鄰
거린

有車鄰鄰, 有馬白顚.
유거린린　유마백전

未見君子, 寺人之令.
미견군자　시인지령

阪有漆, 隰有栗.
판유칠　습유율

旣見君子, 並坐鼓瑟.
기견군자　병좌고슬

今者不樂, 逝者其耋.
금자불락　서자기질

阪有桑, 隰有楊.
판유상　습유양

旣見君子, 並坐鼓簧.
기견군자　병좌고황

今者不樂, 逝者其亡.
금자불락　서자기망

수레 소리

수레 소리 덜컹덜컹, 말은 이마에 하얀 털이 놓아 있다.
우리 임을 아직 뵙지 못해, 시종에게 명했네.

언덕에는 옻나무, 진펄에는 밤나무.
우리 임을 만나서, 나란히 앉아 슬을 뜯네.
지금 즐기지 않으면, 세월이 흘러가 늙고 말겠지.

언덕에는 뽕나무, 진펄에는 버드나무.
우리 임을 만나서, 나란히 앉아 땡땡이를 타네.
지금 즐기지 않으면, 세월이 흘러가 죽고 말겠지.

■ 주 석

鄰鄰(인린) : 덜컹덜컹. 수레가 움직일 때 나는 소리.
白顚(백전) : 이마 정 중앙에 하얀 털이 돋아 있는 것을 말한다.
君子(군자) : 화자話者인 귀족 여인의 남편을 가리킨다.
寺人(시인) : 왕후 또는 귀족의 시중을 드는 사람. 내시. 시종. 여기서 '지 之'는 '시是'와 같아서 강조의 도치 구문을 만드는 역할을 한다. 따라서 '시인지령寺人之令'은 '영시인令寺人'의 뜻이다.
瑟(슬) : 악기 이름. 거문고와 비슷한데, 춘추시대에 이미 유행했으며 50현, 25현, 15현의 세 종류가 있었다.
簧(황) : 악기 이름. 손잡이가 달린 땡땡이 비슷한 악기인 듯하다.

■ 해 제

이 시는 화자話者인 귀족 여인이 행복한 여건 속에서 남편과 함께 현재를 즐기고자 하는 마음을 표현하였다.

駟驖
사 철

駟驖孔阜, 六轡在手.
사철공부　육비재수

公之媚子, 從公于狩.
공지미자　종공우수

奉時辰牡, 辰牡孔碩.
봉시신모　신모공석

公曰左之, 舍拔則獲.
공왈좌지　사발즉획

遊于北園, 四馬旣閑.
유우북원　사마기한

輶車鸞鑣, 載獫歇驕.
유거란표　재렴헐교

네 마리 검정말

수레를 끄는 거대한 네 마리 검정말, 여섯 고삐를 한 손에 쥐었네.
공이 사랑하는 자식들이, 공을 따라 사냥을 나갔네.
암사슴 수사슴과 맞닥뜨렸는데, 그놈들 모두 크기도 하네.
공이 "왼쪽으로 몰아라"고 하고는, 화살을 쏘아 잡네.
북쪽 동산으로 놀러가는데, 네 마리 말은 길이 잘 들었네.
가벼운 수레를 말이 끄니 재갈에선 방울 소리 나고, 사냥개는 수레에 실려 의젓이 쉬고 있네.

■ 주 석

駟驖(사철) : 네 마리 검정말. '철驖'은 검정말을 가리킨다.

孔阜(공부) : 몹시 크다. 거대하다. '부阜'는 '비대肥大'의 뜻이다.
六轡(육비) : 사마四馬의 고삐는 본래 여덟이나, 양쪽 곁말의 안쪽 고삐는 수레에 매어 두어 여섯 줄만이 수레를 모는 사람의 손에 쥐어지므로 '육비六轡'라고 한 것이다.
公(공) : 진나라 군주를 가리킨다.
媚子(미자) : 사랑하는 자식들. '애자愛子'와 같다.
奉(봉) : 맞닥뜨리다. '봉逢'의 차자借字이다.
時(시) : 강조의 조사로서 '시是'와 같다.
辰牡(신모) : 암사슴과 수사슴. '신辰'은 '신麎'의 차자借字이다.
左之(좌지) : 왼쪽으로 몰다. 공公이 마부에게 내린 명령의 말이다. 그 당시 짐승을 쏠 때는 짐승의 왼쪽을 맞히는 것이 법도였다고 한다.
舍(사) : (화살을) 쏘다. '사舍'는 '사捨'로서, '방방放'과 같다.
拔(발) : 화살의 후미. '괄括'과 같다. 화살을 쏠 때 화살의 후미를 손에서 놓으므로 이렇게 말한 것이다.
閑(한) : 길이 잘 들다. 숙련되다.
輶車(유거) : 가벼운 수레. '경거輕車'와 같다.
鸞鑣(난표) : 수레 방울과 말 재갈.
獫(염) : 주둥이가 긴 개. 사냥개.
歇驕(헐교) : 뽐내며 뛰던 다리를 쉬다. 의젓이 앉아 쉬다.

■ 해 제

이 시는 진나라 통치계층이 쓴 작품으로, 진나라 군주가 자식들을 데리고 나가 사냥하고 돌아오는 모습을 묘사한 것이다.

蒹葭
겸 가

蒹葭蒼蒼, 白露爲霜.
겸 가 창 창　　백 로 위 상

所謂伊人, 在水一方.
소 위 이 인　　재 수 일 방

溯洄從之, 道阻且長.
소 회 종 지　　도 조 차 장

溯游從之, 宛在水中央.
소 유 종 지　　완 재 수 중 앙

蒹葭凄凄, 白露未晞.
겸 가 처 처　　백 로 미 희

所謂伊人, 在水之湄.
소 위 이 인　　재 수 지 미

溯洄從之, 道阻且躋.
소 회 종 지　　도 조 차 제

溯游從之, 宛在水中坻.
소 유 종 지　　완 재 수 중 지

蒹葭采采, 白露未已.
겸 가 채 채　　백 로 미 이

所謂伊人, 在水之涘.
소 위 이 인　　재 수 지 사

溯洄從之, 道阻且右.
소 회 종 지　　도 조 차 우

溯游從之, 宛在水中沚.
소 유 종 지　　완 재 수 중 지

갈대

갈대는 푸르고 무성한데, 흰 이슬은 서리가 되어가네.
바로 그 사람은, 강물 저쪽에 있다네.
물결 거슬러 올라가 그를 찾으려니, 길이 험하고도 멀고
물결 따라 내려가 그를 찾으려니, 완연히 물 가운데 있는 듯하다.

갈대는 푸르고 무성한데, 흰 이슬은 아직 촉촉하네.
바로 그 사람은, 강물 가에 있다네.
물결 거슬러 올라가 그를 찾으려니, 길이 험하고도 높고
물결 따라 내려가 그를 찾으려니, 완연히 물 가운데 모래섬에 있는 듯하다.

갈대는 무성하여 빽빽한데, 흰 이슬은 아직 멎지 않네.
바로 그 사람은, 강물 기슭에 있다네.
물결 거슬러 올라가 그를 찾으려니, 길이 험하고도 굽고
물결 따라 내려가 그를 찾으려니, 완연히 물 가운데 모래톱에 있는 듯하다.

■ 주 석

蒹葭(겸가) : 갈대.
蒼蒼(창창) : 푸르고 무성한 모양.
伊人(이인) : 그 사람. 여기서는 마음속에 품고 있는 사람을 가리킨다.
溯洄(소회) : 물의 흐름을 거슬러 올라가다. 여기서는 물가의 육로를 따라 거슬러 올라가는 것을 가리킨다.
從之(종지) : 그를 따르다. 여기서는 그를 찾는 것을 가리킨다.

阻且長(조차장) : (길이) 험하고 멀다.
溯游(소유) : 물의 흐름을 따라 아래로 내려가다.
宛(완) : 완연히. 분명히.
凄凄(처처) : 푸르고 무성하다. '처처萋萋'와 같다.
晞(희) : 햇볕에 마르다.
湄(미) : 물가. 강가.
躋(제) : 높이 오르다.
坻(지) : 물 가운데 있는 작은 모래섬.
采采(채채) : 무성하여 빽빽한 모양.
涘(사) : 물가. 강가.
右(우) : (길이) 구불구불하다. (위아래로) 구불구불하다.
沚(지) : 물 가운데의 모래톱.

■ 해 제

이 시는 주인공인 화자가 남자인지 여자인지 알 수 없다. 그러나 어쨌든 주인공은 물가에서 자신의 연인을 찾고자 하지만 찾을 수 없어서 마음만 애태우는 간절한 그리움과 쓰라림을 노래하였다.

黃鳥
황조

交交黃鳥, 止于棘.
교교황조 지우극

誰從穆公? 子車奄息.
수종목공 자거엄식

維此奄息, 百夫之特.
유차엄식 백부지특

臨其穴, 惴惴其慄.
임기혈 췌췌기률

彼蒼者天, 殲我良人!
피창자천 섬아량인

如可贖兮, 人百其身!
여가속혜 인백기신

交交黃鳥, 止于桑.
교교황조 지우상

誰從穆公? 子車仲行.
수종목공 자거중항

維此仲行, 百夫之防.
유차중항 백부지방

臨其穴, 惴惴其慄.
임기혈 췌췌기률

彼蒼者天, 殲我良人!
피창자천 섬아량인

如可贖兮, 人百其身!
여가속혜 인백기신

交交黃鳥, 止于楚.
교교황조 지우초

誰從穆公? 子車鍼虎.
수 종 목 공   자 거 침 호

維此鍼虎, 百夫之禦.
유 차 침 호   백 부 지 어

臨其穴, 惴惴其慄.
임 기 혈   췌 췌 기 률

彼蒼者天, 殲我良人!
피 창 자 천   섬 아 량 인

如可贖兮, 人百其身!
여 가 속 혜   인 백 기 신

꾀꼬리

꾀꼴꾀꼴 꾀꼬리가, 대추나무에 앉았네.
누가 목공을 따라갔는가? 자거씨의 엄식이란 분이지.
그 엄식이란 분이야말로, 백 명을 대적해낼 수 있는 분이었지.
산 채로 묘혈 앞에 이르러서는, 그래도 두려움에 전율하셨겠지.
아아 푸른 하늘이여, 어이하여 우리 임을 죽이셨는가!
그분을 되살릴 수만 있다면, 백 명의 목숨이라도 내어 놓으리!

꾀꼴꾀꼴 꾀꼬리가, 뽕나무에 앉았네.
누가 목공을 따라갔는가? 자거씨의 중항이란 분이지.
그 중항이란 분이야말로, 백 명을 대적해낼 수 있는 분이었지.
산 채로 묘혈 앞에 이르러서는, 그래도 두려움에 전율하셨겠지.
아아 푸른 하늘이여, 어이하여 우리 임을 죽이셨는가!
그분을 되살릴 수만 있다면, 백 명의 목숨이라도 내어 놓으리!

꾀꼴꾀꼴 꾀꼬리가, 싸리나무에 앉았네.

누가 목공을 따라갔는가? 자거씨의 침호란 분이지.
그 침호란 분이야말로, 백 명을 대적해낼 수 있는 분이었지.
산 채로 묘혈 앞에 이르러서는, 그래도 두려움에 전율하셨겠지.
아아 푸른 하늘이여, 어이하여 우리 임을 죽이셨는가!
그분을 되살릴 수만 있다면, 백 명의 목숨이라도 내어 놓으리!

■ 주 석

黃鳥(황조) : 꾀꼬리. '황작黃雀'과 같다.
交交(교교) : 꾀꼴꾀꼴. 새 지저귀는 소리의 의성어. '교교咬咬'와 같다.
棘(극) : 대추나무. '조棗'와 같다.
穆公(목공) : 춘추시대春秋時代 진秦나라의 군주로서, 성은 '영嬴'이고 이름은 '임호任好'였다.
子車奄息(자거엄식) : 진나라 목공 때의 세 대신인 자거엄식子車奄息·자거중항子車仲行·자거침호子車鍼虎 중의 한 사람으로, 이들을 합쳐 '삼량三良'이라고 칭했다. 《좌전左傳 문공文公 6년》의 기록에 의하면 이 세 대신이 목공의 유명遺命에 따라 함께 순장殉葬되었다. 《사기史記 진본기秦本紀》에 보면 이때 순장된 사람이 모두 177인이었다고 하는데, 그들 중 자거씨의 세 대신이 가장 훌륭했다고 한다.
百夫之特(백부지특) : 백 명을 대적해낼 수 있는 사람. 그 당시 세 대신의 무예가 뛰어나 한꺼번에 백 명을 대적할 수 있었다고 한다. 뒤에 나오는 '백부지방百夫之防', '백부지어百夫之禦'도 같은 뜻이다.
臨其穴(임기혈) : 그 묘혈에 다다르다. '임臨'은 '도到'와 같다.
惴惴其慄(췌췌기률) : 두려움에 떨다. 두려움에 전율하다.
良人(양인) : 좋은 분. '선인善人'과 같다. 여기서는 '임'이라고 번역하였다.
贖(속) : 죄를 면제받기 위해 대신 바치다. 여기서는 죽은 세 대신을 되살리기 위해 다른 사람의 목숨을 바친다는 뜻으로 사용되었다.

人百其身(인백기신) : 백 명의 목숨으로 보속하다. 앞 구절을 받아 '속贖'
　자가 생략되었다.
楚(초) : 싸리나무.

■ 해 제

《사기》에 의하면 B.C. 621년에 진 목공이 죽고 강공康公이 그 뒤를 잇자 목공의 유명에 따라 177인을 순장하였는데, 그 중에는 목공 때의 세 현신賢臣이었던 자거엄식·자거중항·자거침호가 끼어 있었다. 당시 진나라 사람들은 이 시를 지어 세 대신의 순장을 애도하는 한편 순장제도의 잔혹함과 통치자의 포악함을 고발하였는데, 그 격조가 매우 처절하다.

【참 고】

《左傳 宣公十五年》: "魏武子有嬖妾, 無子. 武子疾, 命顆(武子之子)曰 : '必嫁是.' 疾病, 則曰 : '必以爲殉.' 及卒, 顆嫁之, 曰 : '疾病則亂, 吾從其治也.' 及輔氏之役, 顆見老人結草以亢(遮)杜回, 杜回躓而顚, 故獲之. 夜夢之曰 : '余, 而所嫁婦人之父也. 爾用先人之治命, 余是以報.'" 後因以 '結草' 爲受厚恩而雖死猶報之典.(結草報恩)

無衣
무 의

豈曰無衣? 與子同袍.
기 왈 무 의   여 자 동 포

王于興師, 修我戈矛.
왕 우 흥 사   수 아 과 모

與子同仇.
여 자 동 구

豈曰無衣? 與子同澤.
기 왈 무 의   여 자 동 택

王于興師, 修我矛戟.
왕 우 흥 사   수 아 모 극

與子偕作.
여 자 해 작

豈曰無衣? 與子同裳.
기 왈 무 의   여 자 동 상

王于興師, 修我甲兵.
왕 우 흥 사   수 아 갑 병

與子偕行.
여 자 해 행

옷이 없어도

어찌 옷이 없다고 할까마는, 그대와 군포를 함께 입겠소.
왕께서 군사를 일으키신다면, 내 짧은 창 긴 창 갈고 닦아
그대와 함께 원수를 무찌르겠소.

어찌 옷이 없다고 할까마는, 그대와 속옷을 함께 입겠소.

왕께서 군사를 일으키신다면, 내 긴 창 갈래 창 갈고 닦아
그대와 함께 출정하리다.

어찌 옷이 없다고 할까마는, 그대와 하의를 함께 입겠소.
왕께서 군사를 일으키신다면, 내 갑옷과 병기를 갈고 닦아
그대와 함께 전선에 나가겠소.

■ 주 석

袍(포) : 도포. 겉옷. 여기서는 사병이 입는 군복의 겉옷을 가리킨다. 사병이 입는 겉옷은 일반인이 입는 도포에 비해 조금 짧다.
王于興師(왕우흥사) : 왕께서 군사를 일으키신다면. 여기서 '왕王'은 진나라 군주를 가리키고, '우于'는 '왈曰'과 같고, '사師'는 군대의 뜻이다.
修(수) : 손질하다. 갈고 닦다.
同仇(동구) : 함께 원수를 무찌르다. 여기서 '구仇'는 동사로 사용되었다.
澤(택) : 속옷. '탁襗'의 차자借字이다.
偕作(해작) : 함께하다. '작作'은 '간幹'의 뜻인데, 여기서는 '출정하다'는 뜻으로 사용되었다.
裳(상) : 하의. 군복의 하의를 가리킨다.
甲兵(갑병) : 갑옷과 병기. '병兵'은 병기의 총칭이다.
偕行(해행) : 함께 가다. '동왕同往'과 같다. 여기서는 함께 전선에 나간다는 뜻이다.

■ 해 제

이 시는 나라를 지키는 전쟁에 기꺼이 나서겠다는 진나라 백성의 애국정신을 노래한 것이다. 공동의 적에 대항하기 위해서 함께 군복을 입고 함께 무기를 들고 전선에 뛰어들겠다는 선우애가 소박하게 표현되어 있다.

진풍陳風

宛丘
완구

子之湯兮, 宛丘之上兮.
자 지 탕 혜   완 구 지 상 혜

洵有情兮, 而無望兮.
순 유 정 혜   이 무 망 혜

坎其擊鼓, 宛丘之下.
감 기 격 고   완 구 지 하

無冬無夏, 值其鷺羽.
무 동 무 하   치 기 로 우

坎其擊缶, 宛丘之道.
감 기 격 부   완 구 지 도

無冬無夏, 值其鷺翿.
무 동 무 하   치 기 로 도

완구

그대는 간드러지게 몸을 흔들며, 완구 위에서 춤을 추는구나.
참으로 다정해 보이지만, 명망이 없구나.

둥둥둥 북을 치며, 완구 밑에서 춤추고 있구나.
여름 겨울 가리지 않고, 백로 깃털을 들고 있구나.

둥둥둥 동이 두드리며, 완구 길가에서 춤추고 있구나.
여름 겨울 가리지 않고, 백로 깃 부채를 들고 있구나.

■ 주 석

宛丘(완구) : 언덕 이름. 진陳나라 도성(지금의 하남성河南省 회양현淮陽縣)에서 남쪽으로 3리 떨어진 곳에 있었다.
子(자) : 그대. 2인칭 대명사. 여기서는 무녀巫女를 가리킨다.
湯(탕) : 간드러지게 흔들다. '탕蕩'과 같다. 무녀가 춤추는 자태를 형용한 말이다.
洵(순) : 참으로. 진실로.
無望(무망) : 명망이 없다. 남에게 추앙 받을 점이 없다.
坎(감) : 북치는 소리의 의성어.
値(치) : 들고 있다. '지持'의 차자借字이다.
鷺羽(노우) : 백로의 깃털로 만든 무구舞具.
缶(부) : 동이. 고대에는 '부缶'를 악기로 사용하기도 했다.
鷺翿(노도) : 백로의 깃털로 만든 무구舞具인데, 부채 또는 우산 모양이다.

■ 해 제

당시 진陳나라에서는 무풍巫風이 성행하여 그 폐해가 심했다고 한다. 이 시는 무녀를 풍자한 작품으로 볼 수 있다. 한편 이 시를 무녀에 대한 연모의 정을 표현한 작품으로 보는 설도 있다.

衡門
형 문

衡門之下, 可以棲遲.
형문지하　가이서지

泌之洋洋, 可以樂飢.
필지양양　가이요기

豈其食魚, 必河之魴.
기기식어　필하지방

豈其取妻, 必齊之姜.
기기취처　필제지강

豈其食魚, 必河之鯉.
기기식어　필하지리

豈其取妻, 必宋之子.
기기취처　필송지자

오막살이

오막살이 집일망정, 다리 뻗고 살리로다.

송어가 적지 않으니, 허기를 면할 수 있네.

어찌 물고기를 먹는데, 꼭 황하의 방어라야 하랴?

어찌 장가를 드는데, 꼭 제나라 귀족의 여식이어야 하랴?

어찌 물고기를 먹는데, 꼭 황하의 잉어라야 하랴?

어찌 장가를 드는데, 꼭 송나라 귀족의 여식이어야 하랴?

■ 주 석

衡門(형문) : '횡문橫門'과 같다. 막대기를 세우고 그 위에 나무를 가로 대어 놓은 문이라는 뜻으로 매우 초라한 집을 가리킨다.

棲遲(서지) : 마음 편히 쉬다. '유식遊息'과 같다.

泌(필) : 송어. '鮅鮅'의 차자借字로 보인다.

洋洋(양양) : 많은 모양.

樂飢(요기) : 허기를 면하다. '요樂'는 '요療'의 차자이다.

齊之姜(제지강) : 제나라 귀족의 여식. 제나라 군주의 성이 '강姜'이었으므로 그 종족의 여식을 모두 '강姜'이라고 칭했다.

宋之子(송지자) : 송나라 귀족의 여식. 송나라 군주의 성이 '자子'였으므로 그 종족의 여식을 모두 '자子'라고 칭했다.

■ 해제

춘추시대에도 부귀를 추구하지 않고 빈천을 달게 여기는 선비들이 있었다. 이 시는 좋은 음식에 귀족의 여식을 처로 둘만큼 부귀해야 반드시 즐거운 것이 아니라, 소박한 은자의 생활 속에서도 즐거움이 있음을 노래한 것이다.

墓門
묘문

墓門有棘, 斧以斯之.
묘문유극 부이사지

夫也不良, 國人知之.
부야불량 국인지지

知而不已, 誰昔然矣.
지이불이 수석연의

墓門有梅, 有鴞萃止.
묘문유매 유효췌지

夫也不良, 歌以訊之.
부야불량 가이신지

訊予不顧, 顚倒思予.
신 여 불 고 전 도 사 여

묘문

묘문 밖의 대추나무를, 도끼로 자르고 있네.
저 이가 착하지 않은 것은, 백성들이 다 알고 있네.
아는데도 고치지 않고, 예전대로 그 모양이네.

묘문 밖의 매화나무에, 올빼미가 모여들었네.
저 이가 착하지 못하여, 노래로써 책망하네.
책망해도 돌아보지 않으니, 신세 망치고 나야 나를 생각하리.

■ 주 석

墓門(묘문) : 진나라 도성의 문 이름. 그 당시는 흔히 성 북쪽에 무덤을 조성했으니 북문을 지칭했을 것이다.
棘(극) : 대추나무. '조棗'와 같다.
斯(사) : 자르다. 베다.
夫(부) : 저 사람. 저 이. 화자가 풍자하는 대상을 가리킨다. '피彼'와 같다.
已(이) : 고치다. 바로잡다. '개改'의 차자借字이다.
誰(유) : '유唯'와 같이 읽어서 강조를 나타낸다.
萃(췌) : 모이다. 깃들다.
止(지) : '지之'와 같아서 매화나무를 가리킨다.
訊(신) : 책망하다. 나무라다. '수誶'의 차자이다.
訊予(신여) : 그대를 책망하다. '여予'는 '자子'의 오자誤字로, 책망의 대상인 귀족을 가리킬 것이다.

顚倒(전도) : 넘어지다. 실패하다. 신세를 망치다.

■ 해 제

이 시는 진나라 백성이 품행이 좋지 못한 귀족을 풍자한 작품으로 보인다. 《모시서毛詩序》에서는 이 시가 진타陳佗를 풍자한 것이라고 하였다. 진타는 진나라 공자로서 환공桓公이 병든 틈을 타 그의 태자를 죽이고 군주가 된 사람이다. 이 사건은 《좌전左傳 환공 5년》에 보인다.

防有鵲巢
방 유 작 소

防有鵲巢, 邛有旨苕.
방 유 작 소   공 유 지 초

誰侜予美, 心焉忉忉.
수 주 여 미   심 언 도 도

中唐有甓, 邛有旨鷊.
중 당 유 벽   공 유 지 역

誰侜予美, 心焉惕惕.
수 주 여 미   심 언 척 척

방죽 위의 까치집

"방죽 위에는 까치집이 있고
언덕에는 맛있는 완두가 있지요."
누가 내 여인을 속여 꾀어내는가?
내 마음 근심스럽기 짝이 없네.

"연못에는 늘오리가 놀고 있고

언덕에는 예쁜 부들꽃이 있지요."
　　누가 내 여인을 속여 꾀어내는가?
　　내 마음 걱정스럽기 짝이 없네.

■ 주 석

防(방) : 둑. 방죽. 제방.
邛(공) : 언덕. '구丘'와 같다.
旨苕(지초) : 맛있는 완두. '초苕'는 '초요苕饒'라고도 하는데, 완두 비슷한 콩으로 줄기와 잎을 모두 먹을 수 있다고 한다. 이 두 구절을 뒤의 내용과 직접적인 관계가 없는 '흥興'으로 보기도 하는데, 여기서는 여인을 꾀어내는 남자의 거짓말로 보았다.
予美(여미) : 나의 아름다운 여인. 아내 또는 애인에 대한 미칭이다.
忉忉(도도) : 근심 걱정하는 모양.
中唐(중당) : '당중唐中'과 같다. '당唐'은 '당塘'과 같다.
甓(벽) : '벽鷿'의 차자借字로, 들오리를 뜻하는 '벽체鷿鷈'의 약칭이다. '당唐'을 '정庭'으로 보고, '벽甓'을 뜰의 바닥에 까는 납작 벽돌로 보기도 한다.
旨鷊(지역) : 예쁜 부들꽃. '역鷊'은 '역虉'의 차자借字이다.
惕惕(척척) : 근심 걱정하는 모양.

■ 해 제

다른 남자의 유혹에 마음이 흔들리는 아내 또는 애인 때문에 노심초사하는 남자의 마음을 노래한 작품이다. 남녀간의 애정 문제는 예나 지금이나 별 차이가 없음을 알려주는 흥미로운 작품이다.

月出
월출

月出皎兮, 佼人僚兮.
월출교혜　교인료혜

舒窈糾兮, 勞心悄兮.
서요규혜　노심초혜

月出皓兮, 佼人懰兮.
월출호혜　교인류혜

舒懮受兮, 勞心慅兮.
서우수혜　노심소혜

月出照兮, 佼人燎兮.
월출조혜　교인료혜

舒夭紹兮, 勞心慘兮.
서요소혜　노심조혜

달이 떠올라

달이 떠올라 환하게 비추는데
아름다운 그 사람 꽁꽁 묶였구나.
상수리나무 구불구불하니
마음속 시름겨워 애태우네!

달이 떠올라 환하게 비추는데
아름다운 그 사람 살육 당했구나.
상수리나무에 바람소리 스산하니
마음속 시름겨워 두근거리네!

달이 떠올라 환하게 비추는데
아름다운 그 사람 불살라졌네.
상수리나무 바람에 흔들리니
마음속 시름겨워 어쩔 줄 모르네!

■ 주 석

皎(교) : 달빛이 환하게 비추는 모양.

佼人(교인) : 아름다운 사람. '미인美人'과 같다.

僚(요) : 휘감다. 얽어매다. '요繚'의 차자借字이다. '예쁘다'는 뜻으로 보기도 한다.

舒(서) : 상수리나무. '서栩'와 같다. 뜻이 없는 발성자發聲字로 보기도 한다.

窈糾(요규) : 나무의 줄기와 가지가 구불구불한 모양. '유료蚴蟉'의 차자借字이다. 여인의 모습이 말쑥하고 아리따운 모습으로 보기도 한다. 그 경우의 독음은 '요교'이다.

勞心(노심) : 근심하는 마음. 시름겨운 마음.

悄(초) : 근심하다. 애태우다.

皓(호) : 달빛이 환하게 비추는 모양.

懰(유) : 고본古本에 '유劉'로 되어 있어서, 심방변은 후인이 첨가한 것이다. '유劉'는 '죽이다', '살육하다'의 뜻이다. '아름답다'는 뜻으로 보기도 한다.

懮受(우수) : 바람이 나무에 불어서 나는 소리의 의성어. '소수颾颼'와 같다. 애인의 얌전한 거동을 형용한 말로 보기도 한다. 그 경우의 독음은 '유수'이다.

慅(소) : 근심 걱정으로 가슴이 두근거리다. '고달프다'는 뜻으로 보기도 한다. 그 경우의 독음은 '초'이다.

燎(요) : 불사르다. 여기서는 '교인佼人'의 시체를 태우는 것을 뜻한다. '밝다'는 뜻으로 보기도 한다.
夭紹(요소) : 나무에 바람이 불어 흔들리는 모양. '요소要紹'와 같은 말로서 '자태와 얼굴이 고운 모습'을 뜻한다고 보기도 한다.
懆(조) : 근심으로 불안한 모양. '참慘'으로 되어 있는 판본도 있다.

■ 해 제

이 시는 진陳나라의 통치자가 한 영웅 인물을 살해하자, 그 참극을 목도한 백성이 그의 죽음을 애도하는 한편 그와 같은 일이 되풀이되어서는 안 된다는 것을 호소한 노래인데, 교교한 달빛 아래 구불구불한 고목에 부는 바람소리를 동원하여 비장한 느낌을 효과적으로 전달하고 있다.
그러나 이 시를 밝은 달을 쳐다보며 애인을 생각하는 연인의 노래라고 보는 견해도 적지 않다. 그런 견해를 지닌 사람들의 시 해석을 들어보면 다음과 같다.
"달이 떠 환하게 비치니, 아름다운 임의 얼굴이 떠오르네. 아리따운 그대여! 마음의 시름을 어이하리.
달이 떠 환하게 비치니, 아름다운 임의 얼굴 그립네. 얌전한 그대여! 마음의 시름 끝이 없네.
달이 떠 환하게 비치니, 아름다운 임의 얼굴 보는 듯. 몸매 고운 그대여! 마음의 시름으로 어쩔 줄 모르네."

회풍檜風

素冠
소관

庶見素冠兮, 棘人欒欒兮, 勞心慱慱兮.
서 견 소 관 혜   극 인 란 란 혜   노 심 단 단 혜

庶見素衣兮, 我心傷悲兮, 聊與子同歸兮.
서 견 소 의 혜   아 심 상 비 혜   요 여 자 동 귀 혜

庶見素韠兮, 我心蘊結兮, 聊與子如一兮.
서 견 소 필 혜   아 심 온 결 혜   요 여 자 여 일 혜

흰 관

고맙게도 흰 관을 보았도다.
그 사람 야위고 수척해져서
슬픈 마음 괴롭고 비통하구나.

고맙게도 소복을 보았도다.
내 마음 슬프고 가슴 아프니
기꺼이 그대와 함께 옛날로 돌아가리.

고맙게도 흰 무릎가리개를 보았도다.
내 마음 울적하여 시름 쌓이니
기꺼이 그대와 함께 하나가 되리.

■ 주 석

庶(서) : 다행히. 고맙게도. '행幸'과 같다. 그 당시에 삼년상을 입는 사람이 거의 없었는데, 그런 사람을 보게 되었으므로 이렇게 말한 것이다.

棘(극) : 야위다. 마르다.

欒欒(난란) : 수척한 모양.

慱慱(단단) : 괴롭고 비통한 모양.

聊(요) : 기꺼이. 즐거이.

同歸(동귀) : 함께 옛날 예제禮制로 돌아가다.

韠(필) : 무릎가리개. 중국 고대 관복에 다는 일종의 장식인데, 상복을 입은 사람은 흰 것을 썼다.

蘊結(온결) : 마음이 울적하여 시름이나 한이 맺히다.

■ 해 제

주周 왕조의 예제에 따르면 부모가 죽었을 때 자식이 삼년상을 치르게 되어 있는데, 당시의 귀족들은 대부분 이를 지키지 않았다. 그런데 회檜나라 귀족 중의 한 사람이 이 옛 예제를 지키는 것을 보고, 그의 친구 또는 친척이 이 같은 시를 지었을 것이다. 여기서 화자는 상복 입은 사람에 대해 애도를 표하는 한편, 그의 복상服喪 방법에 찬동을 표시하였다. 따라서 이 시는 효자를 찬미한 시라고 할 수 있다.

匪風
비풍

匪風發兮, 匪車偈兮.
비풍발혜　비거걸혜
顧瞻周道, 中心怛兮.
고첨주도　중심달혜

匪風飄兮, 匪車嘌兮.
비풍표혜　비거표혜
顧瞻周道, 中心弔兮.
고첨주도　중심조혜

誰能亨魚, 溉之釜鬵.
수능팽어　개지부심
誰將西歸, 懷之好音.
수장서귀　회지호음

바람

바람은 쌩쌩 몰아치고,
수레는 질풍처럼 달리네.
머리 돌려 대로를 바라보니,
마음속이 슬퍼지네.

바람은 쌩쌩 휘몰아치고,
수레는 나는 듯이 달리네.
머리 돌려 대로를 바라보니,
마음속이 슬퍼지네.

누가 물고기를 삶을 때,
가마솥에 물을 부을 건가?
누가 서쪽으로 돌아가,
좋은 소식 전해주려나?

■ 주 석

匪(비) : '피彼'와 통하여, 뜻이 없는 조사助詞로 사용되었다.
發(발) : 빠른 바람소리를 형용하는 의성어. 쌩쌩. '발발發發'과 같다.
偈(걸) : 질주하는 모양. 빨리 달리는 모양.
顧瞻(고첨) : 머리 돌려 멀리 바라보다.
周道(주도) : 주周나라의 관도官道. 넓은 길. 대로.
怛(달) : 슬퍼하다.
嘌(표) : 경쾌하게 달리는 모양. 빠르게 달리는 모양.
弔(조) : 슬퍼하다. 가슴 아파하다.
亨(팽) : 삶다. '팽烹'의 본자本字이다.
漑(개) : (가마솥에) 물을 (알맞게) 붓다.
釜鬵(부심) : 가마솥과 큰 가마솥.
懷(회) : 전해주다. '궤饋'의 차자借字이다. 따라서 이 글자를 '궤'로 읽기도 한다.

■ 해 제

이 시는 벗이 멀리 서쪽 지방에 가 있는 회檜나라 사람이 지은 것이다. 그는 대로를 빠르게 오가는 수레를 바라보며 멀리 떨어져 있는 벗이 생각났을 것이다. 그가 주나라의 관도官道인 대로를 오가는 수레를 바라보며 슬픔에 잠긴 정황으로 볼 때 서주西周 말년 견융犬戎이 주나라를 침범하자 주周 왕조의 쇠락과 회나라의 앞날을 가슴 아파하고 걱정하는 마음을 표현한 것으로도 볼 수 있다.

조풍曹風

蜉蝣
부 유

蜉蝣之羽, 衣裳楚楚.
부유지우　의상초초
心之憂矣, 於我歸處.
심지우의　오아귀처

蜉蝣之翼, 采采衣服.
부유지익　채채의복
心之憂矣, 於我歸息.
심지우의　오아귀식

蜉蝣掘閱, 麻衣如雪.
부유굴열　마의여설
心之憂矣, 於我歸說.
심지우의　오아귀세

하루살이

하루살이의 날개처럼
그 옷이 곱고 깨끗하구나.
마음의 시름이여!
어디로 나는 가서 살아야 하나?

하루살이의 날개처럼
그 옷이 화려하고 아름답구나.
마음의 시름이여!
어디로 나는 가서 쉬어야 하나?

하루살이가 굴 파고 나오듯이
그 베옷이 눈처럼 새하얗구나.
마음의 시름이여!
어디로 나는 가서 머물러야 하나?

■ 주 석

楚楚(초초) : 곱고 깨끗한 모양.
於(오) : '오烏'의 고자古字로, '하何'와 같다. 이 구절을 여인이 마음에 드는 남자에게 "내게로 와 사세요."라고 유혹하는 것으로 보기도 한다.
采采(채채) : 화려하고 아름다운 모양.
閱(열) : 굴. '혈穴'의 차자借字이다.
說(세) : 머물러 쉬다.

■ 해 제

당시 조曹나라를 통치하는 귀족 집단이 하루살이처럼 곧 죽을 운명에 처했는데도 사치와 향락에 빠져 지내는 것을 보고 이를 비판하는 동시에 자신은 앞으로 어디로 가 살아야 할지 모르겠다고 한탄한 작품이다. 이 작품을 한 여인이 마음에 드는 남자에게 자신의 집으로 와 살라고 대담하고 열정적으로 유혹하는 내용으로 보기도 한다.

下泉
하 천

洌彼下泉, 浸彼苞稂.
열 피 하 천　침 피 포 랑

愾我寤嘆, 念彼周京.
개 아 오 탄　염 피 주 경

洌彼下泉, 浸彼苞蕭.
열 피 하 천　침 피 포 소

愾我寤嘆, 念彼京周.
개 아 오 탄　염 피 경 주

洌彼下泉, 浸彼苞蓍.
열 피 하 천　침 피 포 시

愾我寤嘆, 念彼京師.
개 아 오 탄　염 피 경 사

芃芃黍苗, 陰雨膏之.
봉 봉 서 묘　음 우 고 지

四國有王, 郇伯勞之.
사 국 유 왕　순 백 로 지

낮은 곳의 샘물

차가운 저 낮은 곳의 샘물이,
저 무성한 가라지를 적시네.
나는 잠 못 이루고 탄식하며,
주나라 도읍을 생각하네.

차가운 저 낮은 곳의 샘물이,

저 무성한 쑥대를 적시네.
나는 잠 못 이루고 탄식하며,
주나라 도성을 생각하네.

차가운 저 낮은 곳의 샘물이,
저 무성한 시초를 적시네.
나는 잠 못 이루고 탄식하며,
저쪽 서울을 생각하네.

무성한 기장 싹을,
단비가 내려 기름지게 해주네.
사방의 제후국 중에서 왕이 있게 되었으니,
순백이 세운 공로로다.

■ 주 석

下泉(하천) : 낮은 곳의 샘물. 낮은 땅의 샘물.
苞稂(포랑) : 무성한 가라지.
愾(개) : 한숨 쉬다. 탄식하다.
寤(오) : 잠 못 이루다.
周京(주경) : 동주東周의 도읍.
京周(경주) : '주경周京'과 같다. 협운協韻을 위해 도치한 것이다.
芃芃(봉봉) : 무성한 모양.
四國(사국) : 사방의 제후국. 왕자王子 조朝와 경왕敬王이 다툴 때는 왕위가 정해지지 않아서 왕이 없는 것과 같지만 경왕이 승리하고 나서는 비로소 왕이 있게 되었다는 말이다.
郇伯(순백) : '순백荀伯'으로, '순력荀躒'을 가리킨다.

勞之(노지) : 공로를 세우다. 순력이 군대를 이끌고 가 경왕을 도와 왕자 조를 격파하여 주왕周王을 위해 공로를 세웠다는 말이다.

■ 해 제

춘추春秋 말기에 주周나라 경왕이 죽자 왕조의 귀족 일파가 왕자 맹猛을 왕으로 세웠으니, 그가 도왕悼王이다. 7개월 후에 도왕이 죽자 다시 왕자 개匃를 왕으로 세웠는데, 그가 경왕敬王이다. 그러자 다른 일파가 왕자 조朝를 왕으로 옹립하고 왕위 쟁탈전을 벌이니, 이에 5년의 내전이 벌어졌다. 결국 진晉나라의 대부 순력荀躒이 군대를 이끌고 가 왕자 조 일파를 격파하니 왕자 조는 초楚나라로 달아나고 경왕의 지위가 비로소 공고해졌다. 조曹나라 사람들이 동주東周 왕조를 그리워하여 왕조의 전란을 개탄하고 순력의 공로를 찬양하기 위해 이 시를 지었을 것이다.

빈풍豳風

七月
칠월

七月流火, 九月授衣.
칠월류화　구월수의

一之日觱發, 二之日栗烈.
일지일필발　이지일율렬

無衣無褐, 何以卒歲?
무의무갈　하이졸세

三之日于耜, 四之日擧趾.
삼지일우사　사지일거지

同我婦子, 饁彼南畝, 田畯至喜.
동아부자　엽피남무　전준지희

칠월

칠월은 황혼 무렵에 화성이 지고
구월에는 겨울옷을 장만해준다네.
동짓달에는 찬바람 일고
섣달에는 추위가 맵다.
거친 털옷이나마 없다면
어떻게 겨울을 나겠는가?
정월에는 쟁기를 손질하고

이월에는 밭을 가는데
아내가 자식들과 함께
남쪽 전답으로 들밥을 날라 오면
권농관은 이를 보고 기뻐한다네.

■ 주 석

七月(칠월) : 음력 7월. 빈력豳曆은 4월부터 10월까지 하력夏曆(음력陰曆)
과 같다.
流火(유화) : 대화성大火星이 서쪽으로 지다. '유流'는 아래로 내려가다는
뜻이고, '화火'는 대화성(심수心宿. 특히 심수의 둘째 곧 천갈좌天蝎座의
성星)을 가리킨다. 빈력 5월 황혼 무렵에 대화성은 하늘의 중앙에 있
지만 6월에는 서쪽으로 기울어 있고, 7월에는 더욱 서쪽으로 내려가
있다.
授衣(수의) : (겨울) 옷을 장만해주다. 그 당시에는 농노들의 옷을 주군이
제복처럼 장만하여 배급했던 것 같다.
一之日(일지일) : 음력 11월. 빈력의 '일지일一之日'은 주력周曆의 정월正月
과 같아서 이때를 세시歲始로 치는데, 하력으로는 11월이다.
觱發(필발) : 바람이 차다. 찬바람이 일다.
二之日(이지일) : 하력 12월. 주력의 2월과 같다.
栗烈(율렬) : 추위가 맵다. 한기가 뼈를 에는 듯하다. '늠렬凜冽'과 같다.
褐(갈) : 거친 털옷. 또는 마로 짠 거친 단의短衣.
卒歲(졸세) : 한 해를 마치다. '종세終歲'와 같다.
三之日(삼지일) : 하력 정월. 주력의 3월과 같다.
于耜(우사) : 쟁기를 손질하다. '우于'는 '위爲'의 뜻으로, 여기서는 농사를
위해 창고에 보관해두었던 쟁기를 손질하는 것을 말한다.
四之日(사지일) : 하력 2월. 주력의 4월과 같다.

擧趾(거지) : 밭을 갈다. 발을 들어가며 밭을 가는 것을 뜻한다.
饁(엽) : 들밥. 농부에게 들밥을 갖다 주다.
田畯(전준) : 농노의 농사를 감독하는 권농관. '전관田官'과 같다.

七月流火, 九月授衣.
칠월류화　구월수의

春日載陽, 有鳴倉庚.
춘일재양　유명창경

女執懿筐, 遵彼微行, 爰求柔桑.
여집의광　준피미행　원구유상

春日遲遲, 采蘩祁祁.
춘일지지　채번기기

女心傷悲, 殆及公子同歸!
여심상비　태급공자동귀

칠월은 황혼 무렵에 화성이 지고
구월에는 겨울옷을 장만해준다네.
봄날 햇살이 따뜻해져서
꾀꼬리가 울기 시작하면
아가씨들은 움푹한 대광주리 들고
오솔길 따라 길을 나서 부드러운 뽕잎을 딴다네.
봄날이 길어져서
여럿이 함께 쑥을 뜯노라면
아가씨 마음 서글퍼지니
공자와 함께 돌아가게 될까 두렵다네.

■ 주 석

載陽(재양) : 따뜻해지다. '재載'는 '즉則', '시始'와 같고, '양陽'은 따뜻하다는 뜻이다.
倉庚(창경) : 꾀꼬리. '창경鶬鶊'과 같다.
懿筐(의광) : 속이 깊은 대광주리. 움푹한 대광주리. '의懿'는 '심深'과 같다.
遵(준) : 따르다. 좇다. '연沿'과 같다.
微行(미행) : 오솔길. '소도小道'와 같다.
爰(원) : 이에. '내乃'와 같다.
遲遲(지지) : 날이 길어지다. '완완緩緩'과 같다.
蘩(번) : 쑥. 흰 쑥. 이것을 따다가 누에 치는 섶에 깔아준다.
祁祁(기기) : 많은 모양. 여기서는 쑥을 따는 아가씨가 많은 것을 형용한다.
殆(태) : 두려워하다. 겁내다. '공恐', '파怕'와 같다. 이것을 '장차(將)'의 뜻으로 보기도 한다.
及(급) : 함께. '여與'와 같다.
公子(공자) : 귀족 공자. 또는 '빈공豳公'의 아들.
同歸(동귀) : 함께 (집으로) 돌아가다. 이것을 '시집가다'의 뜻으로 보기도 한다.

七月流火, 八月萑葦.
칠 월 류 화　팔 월 환 위

蠶月條桑, 取彼斧斨,
잠 월 조 상　취 피 부 장

以伐遠揚, 猗彼女桑.
이 벌 원 양　의 피 녀 상

七月鳴鵙, 八月載績.
　　　칠 월 명 격　　 팔 월 재 적
　　載玄載黃, 我朱孔陽, 爲公子裳.
　　　재 현 재 황　　 아 주 공 양　　 위 공 자 상

칠월은 황혼 무렵에 화성이 지고
팔월에는 갈대를 벤다네.
삼월에는 뽕나무 가지를 골라서
도끼를 가져다가
길게 위로 뻗은 가지를 베고
부드러운 뽕잎을 골라 딴다네.
칠월에는 때까치가 울고
팔월에는 길쌈을 하는데
검붉은 천 누런 천 짜고
제일 고운 붉은 천으로
공자의 하의를 지어야지.

■ 주 석

萑葦(환위) : 갈대를 베다. '환萑'은 '완刓'의 차자借字로서, 벤다는 뜻이다. '환위萑葦'를 '다 자란 갈대'의 뜻으로 보기도 한다.

蠶月(잠월) : 하력夏曆(음력) 3월. 양잠을 시작하는 달이기 때문에 붙여진 이름이다.

條桑(조상) : 뽕나무 가지를 고르다. '조條'는 '도挑'의 차자借字로 '선택하다'는 뜻이다.

斧斨(부장) : 도끼. 도끼자루의 구녕이 둥근 것을 '부斧'라 하고 구멍이 네모진 것을 '상斨'이라 한다.

遠揚(원양) : 길게 위로 뻗은 가지. 길고 높게 자란 가지. '원遠'은 '장長'과
 같고, '양揚'은 '조고條高'의 뜻이다.
猗(의) : 골라 따다. 적취하다. '기掎'의 차자借字이다.
女桑(여상) : 어리고 부드러운 뽕잎. '이상夷桑'과 같다.
鵙(격) : 때까치. '백로伯勞'라고도 한다.
載績(재적) : 길쌈을 하다. '재載'는 '즉則'과 같고, '적績'은 '직織'의 뜻이다.
載玄載黃(재현재황) : 검붉은 천과 누런 천을 짜다. '현玄'은 검붉은 색을
 가리킨다.
孔陽(공양) : 대단히 선명하다. '공孔'은 '심甚'과 같고, '양陽'은 '선명하다'
 는 뜻이다.

四月秀葽, 五月鳴蜩.
사 월 수 요 　 오 월 명 조

八月其穫, 十月隕蘀.
팔 월 기 확 　 시 월 운 탁

一之日于貉, 取彼狐貍, 爲公子裘.
일 지 일 우 학 　 취 피 호 리 　 위 공 자 구

二之日其同, 載纘武功,
이 지 일 기 동 　 재 찬 무 공

言私其豵, 獻豜于公.
언 사 기 종 　 헌 견 우 공

사월에는 유채 이삭이 패고
오월에는 매미가 운다네.
팔월에는 작물을 거두고
시월에는 낙엽이 진다네.
동짓달에 오소리를 잡고

여우와 살쾡이를 잡아서
　　공자의 갖옷을 지어야지.
　　섣달에는 모두 모여 사냥하며
　　계속 무술을 연마하는데
　　작은 짐승은 개인이 갖고
　　큰 짐승은 주군께 바친다네.

■ 주 석

秀葽(수요) : 유채油菜 이삭이 패다. '수秀'는 이삭이 패는 것이고, '요葽'는 '유채'이다. 유채는 3월에 개화하여 4월에 이삭이 팬다. 이것을 '원지遠志'(영신초靈神草, 일종의 약초)로 보기도 한다.

蜩(조) : 매미.

穫(확) : 작물을 수확하다.

隕蘀(운탁) : 낙엽이 지다. 낙엽이 떨어지다.

于貉(우학) : 오소리를 잡다. '우于'는 '취取'의 뜻이다.

同(동) : 모이다, 회합하다. 여기서는 무리를 지어 사냥하는 것을 말한다.

纘(찬) : 계속하다. 잇다.

武功(무공) : 무술을 연마하다. 농노들에게 사냥은 일종의 무술 연마 방법이다.

言(언) : '내乃'와 같다.

豵(종) : 6개월 내지 1년 미만의 새끼 돼지. 여기서는 작은 짐승을 가리킨다.

豜(견) : 3년이 된 큰 돼지. 여기서는 큰 짐승을 가리킨다.

五月斯螽動股, 六月莎雞振羽.
오 월 사 종 동 고   유 월 사 계 진 우

七月在野, 八月在宇,
칠 월 재 야   팔 월 재 우

九月在戶, 十月蟋蟀入我牀下.
구 월 재 호   시 월 실 솔 입 아 상 하

穹窒熏鼠, 塞向墐戶.
궁 질 훈 서   색 향 근 호

嗟我婦子, 曰爲改歲, 入此室處.
차 아 부 자   왈 위 개 세   입 차 실 처

오월에는 메뚜기가 뛰고

유월에는 베짱이가 우네.

귀뚜라미는 칠월에는 들에,

팔월에는 처마 밑에,

구월에는 창문 밑에 있다가,

시월에는 침상 밑으로 든다네.

벽 구멍 막고 연기로 쥐를 쫓아내며

북창을 막고 방문을 진흙으로 바르네.

아아 아내와 아이들이여,

해가 바뀌니

이 방으로 들어와 편히 쉬기를!

■ 주 석

斯螽(사종) : 메뚜기. '부종阜螽'과 같다.
動股(동고) : 넓적다리를 움직이다. 즉, '뛰다', '뛰어오르다'는 뜻이다.
莎雞(사계) : 베짱이.

振羽(진우) : 날개를 떨어 소리를 내다.
宇(우) : 처마. 여기서는 처마 밑을 가리킨다.
穹窒(궁질) : 벽에 난 구멍을 막다. '궁穹'은 '공空'과 같아서 '공동空洞'을 가리킨다.
熏鼠(훈서) : 불을 때서 연기를 일으켜 쥐를 쫓아내다.
塞向(색향) : 북으로 난 창문을 막다. '향向'은 '북쪽으로 난 창문'이다.
墐戶(근호) : 방문을 진흙으로 바르다. 농노의 방문은 대나무나 나무를 엮어 만든 것이어서 겨울에는 진흙을 발라 찬바람을 피한다.
曰(왈) : 발어사.
處(처) : 거처하다. 거주하다.

六月食鬱及薁, 七月亨葵及菽.
유월식울급욱　칠월팽규급숙

八月剝棗, 十月穫稻.
팔월박조　시월확도

爲此春酒, 以介眉壽.
위차춘주　이개미수

七月食瓜, 八月斷壺.
칠월식과　팔월단호

九月叔苴, 采荼薪樗, 食我農夫.
구월숙저　채도신저　사아농부

유월에는 돌배와 머루 따먹고
칠월에는 아욱과 콩을 삶아먹네.
팔월에는 대추를 떨어내고
시월에는 벼를 베어 늘여,
이것으로 약주를 담가서

장수를 기원하네.
칠월에는 참외 따먹고
팔월에는 표주박을 따며,
구월에는 어저귀 뜯고
씀바귀 캐고 가죽나무 베어
우리 농부들에게 먹이네.

■ 주 석

鬱及薁(울급욱) : 돌배와 머루.
亨(팽) : 삶다. '팽亨'은 '팽烹'의 본자本字이다.
葵及菽(규급숙) : 아욱과 콩. '규葵'는 '동규冬葵'를 가리킨다.
剝棗(박조) : 대추를 떨어내다. '박剝'은 '박撲'의 차자借字로, 대추나무의 가지를 쳐서 대추를 떨어낸다는 뜻이다.
春酒(춘주) : 봄술. 대추나 쌀로 술을 빚어서 겨울 동안 숙성시킨 다음 봄에 꺼내 마시므로 '춘주'라고 하였다.
介(개) : 기원하다. 빌다. '개丐'의 차자借字이다.
眉壽(미수) : 장수. 눈썹이 하얗게 세도록 오래 살다.
斷壺(단호) : 표주박을 따다. '호壺'는 '호瓠'의 차자借字이다. 표주박을 따려면 그 덩굴을 끊어야 하므로 '단호'라고 하였다.
叔苴(숙저) : 어저귀를 뜯다. '숙叔'은 '취取'와 같고, '저苴'는 마麻의 일종으로 '청마靑麻'라고 한다.
荼(도) : 씀바귀.
薪樗(신저) : 가죽나무를 베다. '신薪'은 여기서 동사로 사용되어 '땔감을 마련하기 위해 베다'는 뜻이다.
食(사) : 먹이다. '향餉'과 같다.

九月築場圃, 十月納禾稼,
구 월 축 장 포　시 월 납 화 가

黍稷重穋, 禾麻菽麥.
서 직 중 륙　화 마 숙 맥

嗟我農夫, 我稼旣同, 上入執宮功.
차 아 농 부　아 가 기 동　상 입 집 궁 공

晝爾于茅, 宵爾索綯,
주 이 우 모　소 이 삭 도

亟其乘屋, 其始播百穀.
극 기 승 옥　기 시 파 백 곡

구월에 타작마당을 마련하여
시월에 곡식을 그곳에 들이는데,
찰기장, 메기장, 수수와 메벼
벼, 삼, 콩과 보리 같은 것이라네.
아아 농부들이여,
우리 곡식 다 거두었으니
궁궐에 들어가 궁실을 세우고 보수하세.
낮에는 띠풀을 거두어들이고
밤에는 새끼를 꼬아,
서둘러 지붕을 이어야지
내년 봄에 오곡을 파종한다네.

■ 주 석

場圃(장포) : 타작마당. 농민들은 가을에 채마밭을 평평하게 만들어서 타
　자마당으로 사용하는데, 이것을 '장포場圃'라고 한다.

禾稼(화가) : 오곡의 통칭. 곡식.

重穋(중륙) : 수수와 메벼. '중重'은 '출秫'로 '수수'이고, '육穋'은 '육稑'의 차자借字로 '메벼'이다.

同(동) : 다 거두다. '취聚'와 같다.

上入(상입) : 군주가 거주하는 집에 들어가다. '입상지가入上之家'의 뜻.

宮功(궁공) : 궁실을 건축하고 보수하는 일을 가리킨다.

爾(이) : 조사助詞.

于茅(우모) : 띠풀(삘기)을 거두어들이다. '우于'는 '취取'의 뜻이다.

索綯(삭도) : 새끼를 꼬다.

亟(극) : 서두르다. '급急'과 같다.

乘屋(승옥) : 지붕에 올라가 띠풀을 잇는 것을 말한다. '승乘'을 '등登'의 뜻으로 보기도 하고, '수선修繕'의 뜻으로 풀이하기도 한다.

其始(기시) : 세시歲始. 여기서는 내년 봄을 말한다. '기其'는 '기稘'의 차자借字이다.

二之日鑿冰冲冲, 三之日納于凌陰.
이 지 일 착 빙 충 충 　삼 지 일 납 우 릉 음

四之日其蚤, 獻羔祭韭.
사 지 일 기 조 　헌 고 제 구

九月肅霜, 十月滌場.
구 월 숙 상 　시 월 척 장

朋酒斯饗, 曰殺羔羊,
붕 주 사 향 　왈 살 고 양

躋彼公堂, 稱彼兕觥, 萬壽無疆!
제 피 공 당 　칭 피 시 굉 　만 수 무 강

섣달에 탕탕 얼음을 깨어서

정월에 얼음 창고에 넣어두네.

이월에는 초하루에
　　염소와 부추를 바쳐 제사 지내고,
　　구월에는 서리 내리고
　　시월에 타작마당을 치우는데,
　　두어 통 술 마련하여 대접하고
　　염소를 잡아서
　　주군의 청사에 올라가
　　술잔을 높이 치켜들어
　　만수무강을 기원하네.

■ 주 석

冲冲(충충) : 얼음 깨는 소리의 의성어. '冲冲'은 고대에 '통通'과 같이 읽었다.
凌陰(능음) : 얼음 창고. '능凌'은 '빙冰'과 같고, '음陰'은 '음窨'의 차자借字이다.
蚤(조) : 초하루. '조蚤'는 '조早'의 차자借字로서 '월조月早'는 곧 '월조月朝'인데, 고대에는 월초月初를 '월조月朝'라고 했다.
韭(구) : 부추. 고대에는 4월 초에 염소와 부추를 바쳐 추위를 관장하는 신에게 제사를 지냈다.
肅霜(숙상) : 서리가 내리다. '숙肅'은 '축縮'과 같아서 '하下'의 뜻이다.
滌場(척장) : 타작마당을 치우다. 일 년 농사가 끝났음을 뜻한다.
朋酒(붕주) : 두 통의 술. '양준兩樽'을 '붕朋'이라고 한다.
斯饗(사향) : '시향是饗'과 같다. '시是'는 강조를 표시하고, '향饗'은 술과 음식을 대접하는 것을 뜻한다.
躋(제) : 올라가다. '등登'과 같다.
公堂(공당) : 주군의 정사.

稱(칭) : 치켜들다. '칭偁'의 차자借字이다.
兕觥(시굉) : 엎드려 있는 무소 모양의 청동 술잔.

■ 해 제

이 작품은 서주시대西周時代 빈豳 지역 농노들이 함께 불렀던 일종의 농사시이다. 이 시는 서주시대 농노들의 일 년에 걸친 노동과정과 생활상황을 구체적으로 묘사하여 당시의 잘못된 사회제도와 농노들의 힘겨운 생활모습을 반영하고 있는데, 그들이 농사뿐만 아니라 양잠·방직·염색·양조·사냥·얼음의 채취와 보관·제사·축수 등등의 노역에 동원되고 있으며, 젊은 여인들은 또한 귀족 자제들의 노리갯감에 노출되어 있음을 알 수 있다.
또한 이 시를 통해 그 당시의 농업 생산도구가 이미 상당히 발달하였고 생산기술도 축적되어 그들의 생산물이 이미 어느 정도 풍부한 수준에 도달해 있지만, 그것을 향유하는 계층은 지배자와 귀족에 한정되어 있어서 계층간의 갈등이 이미 심각한 상황임을 알 수 있다.

鴟鴞
치 효

鴟鴞鴟鴞, 旣取我子, 無毀我室.
치 효 치 효 기 취 아 자 무 훼 아 실

恩斯勤斯, 鬻子之閔斯.
은 사 근 사 국 자 지 민 사

迨天之未陰雨, 徹彼桑土, 綢繆牖戶.
태 천 지 미 음 우 철 피 상 토 주 무 유 호

今此下民, 或敢侮予.
금 차 하 민 혹 감 모 여

予手拮据, 予所捋荼.
여 수 길 거 여 소 랄 도

予所蓄租, 予口卒瘏.
여소축조　여구졸도

曰予未有室家.
왈여미유실가

予羽譙譙, 予尾翛翛.
여우초초　여미소소

予室翹翹, 風雨所漂搖.
여실교교　풍우소표요

予維音嘵嘵.
여유음효효

부엉이

부엉아, 부엉아!
내 자식 잡아먹었으니,
내 집은 헐지 마라.
알뜰살뜰 길렀건만
어린 새끼가 가엾구나.

하늘에 장맛비 오기 전에
뽕나무 가지와 진흙 가져다가
창과 문을 얽어 만들었는데
이제는 밑에 있는 사람들이
나를 능멸할지도 모르겠네.

내 손이 아파 움직이기 힘들어도
나는 여전히 갈대꽃을 따고
건초를 모아들이느라

입이 해지고 부르텄지만
내 집을 다 짓지 못했다네.

내 깃털은 누렇게 말라비틀어지고
내 꼬리는 닳아서 갈라져버렸네.
내 집은 높이 있어 위태로운데
비바람에 흔들리고 있으니
두려움에 짹짹거리며 소리치네.

■ 주 석

室(실) : 새의 둥지를 가리킨다.
恩勤(은근) : 알뜰살뜰 애쓰는 모양. '은근殷勤'과 같다.
斯(사) : 어기사語氣詞로 사용되었다.
鬻子(국자) : 어린아이. 어린 새끼.
閔(민) : 가엾다. 가엾이 여기다. '민憫'과 같다.
迨(태) : 이르다. 미치다. '급及'과 같다.
陰雨(음우) : 장맛비.
徹(철) : 취하다. 가져가다. '철撤'과 같다.
桑土(상토) : 뽕나무 가지와 진흙. 둥지를 만드는 데 쓰는 재료.
綢繆(주무) : 얽다. (둥지를) 만들다.
下民(하민) : (나무) 밑에 있는 사람들.
侮(모) : 능멸하다. 여기서는 둥지를 침해한다는 뜻이다.
拮据(길거) : 손이 아파 자유롭게 움직이지 못하다.
捋荼(날도) : 갈대꽃을 따다.
蓄租(축조) : 건초를 모아들이다. '적차積苴'와 같다.
卒瘏(졸도) : 일에 지쳐 병이 나다. '졸卒'은 '췌瘁'의 차자借字이다.
曰(왈) : 여기서는 문두조사로 쓰여 뜻이 없다.

譙譙(초초) : 쇠하여 누렇게 마른 모양.
翛翛(소소) : 깃털이 닳아서 갈라진 모양.
翹翹(교교) : 높이 있어서 위태로운 모양.
嘵嘵(효효) : 두려움으로 인해 내는 소리.

■ 해제

이 작품은 일종의 우언시寓言詩이다. 어미새가 부엉이로 인해 어린 새끼를 강탈당한 후 외부의 침입을 막고 자신의 새끼를 보호하기 위해 온갖 고생을 무릅쓰고 높은 곳에 새로 둥지를 짓는 과정을 묘사했는데,《상서尙書 금등金縢》에 의하면 주周나라 무왕武王이 주왕紂王을 멸한 뒤 그의 아들 무경武庚을 죽이지 않고 은殷나라의 고지故地에 봉하여 제사를 잇게 하였다. 그리고 자기의 형제인 관숙管叔·채숙蔡叔·곽숙霍叔 세 사람을 삼감三監이라 하여 무경을 감독하도록 했다. 무왕이 죽으니 어린 성왕成王이 즉위하여 그의 숙부인 주공周公이 성왕을 보좌하였다. 이때 무경은 주공의 형제인 삼감을 꾀어 주공이 왕위를 탐낸다는 헛소문을 퍼뜨리게 했다. 그리하여 주공은 세상 사람들의 의혹을 피하기 위해 동쪽 땅으로 갔는데, 그 뒤 2년 만에 누가 헛소문을 퍼뜨렸는지 판명되었다. 주공은 이에〈치효鴟鴞〉시를 지어 성왕에게 보냄으로써 우국의 충정을 밝혔다고 한다.

東山
동산

我徂東山, 慆慆不歸.
아 조 동 산   도 도 불 귀

我來自東, 零雨其濛.
아 래 자 동   영 우 기 몽

我東曰歸, 我心西悲.
아 동 왈 귀   아 심 서 비

制彼裳衣, 勿士行枚.
제 피 상 의   물 사 행 매

蜎蜎者蠋, 烝在桑野.
연 연 자 촉   증 재 상 야

敦彼獨宿, 亦在車下.
돈 피 독 숙   역 재 거 하

동산

우리는 동산에 가서,
오랫동안 돌아오지 못했었네.
우리가 동산에서 돌아올 때,
부슬비가 부슬부슬 내렸다네.
우리는 동쪽에서 돌아갈 날 그리며,
서쪽의 고향 생각에 슬펐다네.
돌아가 입을 평복 지으니,
하무 물 일 없게 되었네.
꿈틀꿈틀 뽕나무벌레 기는,
바로 뽕나무 밭에서
웅크리고 홀로 지새우며,
병거 밑에서 밤을 보냈네.

■ 주 석

東山(동산) : 동쪽에 있는 산 이름인데, 구체적인 지점은 알 수 없다.
慆慆(도도) : 오랫동안. '유유悠悠'와 같다.
零雨(영우) : 부슬비. 가랑비.
西悲(서비) : 서쪽에 있는 고향 집이 그리워 슬퍼하다.
裳衣(상의) : 집에 돌아가 입을 평복.

勿士(물사) : …할 필요 없다. …할 일이 없게 되었다. '사士'는 '사事'와 같아서 '물사勿士'는 '불용不用'의 뜻이다.
行枚(행매) : 입에 하무를 물다. '행行'은 '함銜'과 같다. 그 당시 군인이 행군할 때는 소리를 내지 않게 하기 위해 입에 하무를 물렸다. 따라서 하무 물 일이 없게 되었다는 것은 전쟁에 승리하여 고향에 돌아가게 되었다는 말이다.
蜎蜎(연연) : 꿈틀거리다. 꿈틀대다.
烝(증) : 바로. 지금 바로.
敦(돈) : 몸을 둥글게 웅크리다. '단團'의 차자借字이다.

我徂東山, 慆慆不歸.
아 조 동 산   도 도 불 귀
我來自東, 零雨其濛.
아 래 자 동   영 우 기 몽
果臝之實, 亦施于宇.
과 라 지 실   역 이 우 우
伊威在室, 蠨蛸在戶.
이 위 재 실   소 소 재 호
町畽鹿場, 熠燿宵行.
정 탄 록 장   습 요 소 항
不可畏也, 伊可懷也.
불 가 외 야   이 가 회 야

우리는 동산에 가서,

오랫동안 돌아오지 못했었네.

우리가 동산에서 돌아올 때,

부슬비가 부슬부슬 내렸다네.

시경詩經 175

열매 달린 하눌타리 덩굴이,
처마 밑에 뻗어 있었네.
방안에는 쥐며느리 기고,
문에는 말거미 줄이 쳐져 있었네.
전답은 사슴 놀이터가 되었고,
반딧불이 번쩍이지만
두려운 것이 아니라,
다만 슬플 뿐이라네.

■ 주 석

果臝(과라) : 하눌타리. '괄루栝樓' 또는 '과루瓜蔞'라고도 한다.
施(이) : (덩굴이) 뻗다. 번지어 퍼지다.
宇(우) : 처마.
伊威(이위) : 쥐며느리. 몸길이 1cm 정도의 작은 벌레로, 타원형이며 여러 개의 발이 달려 있는데, 썩은 나무나 마루 밑 같은 습한 곳에 서식한다.
蠨蛸(소소) : 다리가 긴 말거미.
町畽(정탄) : 구획 정리가 되어 있는 전답. '휴전畦田'의 옛말이다.
熠燿(습요) : 반짝반짝 빛나는 모양.
宵行(소항) : 반딧불이의 일종. 전답에 잡초가 우거졌으므로 반딧불이가 날아다닌다는 말이다.
伊(이) : 이것. '시是'와 같다.
懷(회) : 슬프다. 가슴 아프다.

我徂東山, 慆慆不歸.
아 조 동 산   도 도 불 귀

我來自東, 零雨其濛.
아 래 자 동   영 우 기 몽

鸛鳴于垤, 婦歎于室.
관 명 우 질   부 탄 우 실

洒掃穹窒, 我征聿至.
쇄 소 궁 질   아 정 율 지

有敦瓜苦, 烝在栗薪.
유 돈 과 고   증 재 율 신

自我不見, 于今三年.
자 아 불 견   우 금 삼 년

우리는 동산에 가서,
오랫동안 돌아오지 못했었네.
우리가 동산에서 돌아올 때,
부슬비가 부슬부슬 내렸다네.
개밋둑에서는 황새가 울고,
아내는 집에서 탄식하며
부엌을 쓸고 닦고 있을 때,
출정했던 내가 돌아왔다네.
둥근 여주가,
쌓아 놓은 땔나무 위에 널브러져 있네.
그러고 보니 내가 떠난 지,
벌써 삼 년이 되었네.

■ 주 석

垤(질) : 개밋둑. 조그만 흙더미.
婦(부) : 출정한 병사의 아내.
穹窒(궁질) : 불 때는 곳. 부엌. '궁실穹窒'로, '홍실烘室'의 뜻이다.
聿(율) : 이에. 바로. '내乃'와 같다.
敦(돈) : 둥글다. '단團'의 차자借字이다.
瓜苦(과고) : 여주. '고과苦瓜'와 같다.
烝(증) : 바로. 지금 바로.
栗(율) : 쌓다. 퇴적하다.

我徂東山, 慆慆不歸.
아 조 동 산　도 도 불 귀
我來自東, 零雨其濛.
아 래 자 동　영 우 기 몽
倉庚于飛, 熠燿其羽.
창 경 우 비　습 요 기 우
之子于歸, 皇駁其馬.
지 자 우 귀　황 박 기 마
親結其縭, 九十其儀.
친 결 기 리　구 십 기 의
其新孔嘉, 其舊如之何.
기 신 공 가　기 구 여 지 하

우리는 동산에 가서,
오랫동안 돌아오지 못했었네.
우리가 동산에서 돌아올 때,
부슬비가 부슬부슬 내렸다네.

꾀꼬리가 날고 있는데,
그 날개가 빛나는구나.
아내가 시집올 때,
누런 말 얼룩말이 수레를 끌었었지.
장모께서 아내 허리에 수건 매주며,
온갖 예절 갖추어 시집보내셨지.
신혼 때 그토록 즐거웠으니,
오래된 지금이야 어떠하리오!

■ 주 석

倉庚(창경) : 꾀꼬리. '황조黃鳥'와 같다.
于(우) : …하고 있다. '재在'와 같다.
熠燿(습요) : 반짝반짝 빛나는 모양.
之子(지자) : 출정한 병사가 장가들 아내. '차자此子'와 같다.
于歸(우귀) : 시집가다. 시집오다.
皇(황) : 누렇다. '황黃'과 같다.
駁(박) : 얼룩말.
縭(이) : 결혼할 때 부인이 허리에 차는 수건. 신부의 어머니가 그것을 채워준다. 따라서 '친親'은 신부의 어머니를 가리킨다.
九十(구십) : 아홉 가지, 열 가지. 그 수가 많음을 형용한 말이다.
孔嘉(공가) : 무척 기쁘다. 매우 즐겁다.

■ 해 제

이 시는 병사가 삼 년 동인의 출정을 마치고 고향 집으로 돌아오며 지은 것이다. 그들이 고향 집으로 돌아오는 도중 및 돌아오고 나서의 상황과 신전을 소박히고 핍진하게 묘사하였다.

破斧
파 부

既破我斧, 又缺我斨.
기 파 아 부　우 결 아 장
周公東征, 四國是皇.
주 공 동 정　사 국 시 황
哀我人斯, 亦孔之將.
애 아 인 사　역 공 지 장

既破我斧, 又缺我錡.
기 파 아 부　우 결 아 의
周公東征, 四國是吪.
주 공 동 정　사 국 시 와
哀我人斯, 亦孔之嘉.
애 아 인 사　역 공 지 가

既破我斧, 又缺我銶.
기 파 아 부　우 결 아 구
周公東征, 四國是遒.
주 공 동 정　사 국 시 주
哀我人斯, 亦孔之休.
애 아 인 사　역 공 지 휴

깨어진 도끼

내 도끼 깨어졌고,
내 싸움도끼도 이가 다 빠졌으나
주공께서 동쪽 지방 정벌하니,
네 나라가 두려움에 떨었네.

우리 사람들 생각하니 슬프고,
또한 무척 장하도다.

내 도끼 깨어졌고,
내 싸움 끌도 이가 다 빠졌으나
주공께서 동쪽 지방 정벌하니,
네 나라가 바뀌었네.
우리 사람들 생각하니 슬프고,
또한 무척 경사스럽도다.

내 도끼 깨어졌고,
내 창도 이가 다 빠졌으나
주공께서 동쪽 지방 정벌하니,
네 나라가 순순히 따랐네.
우리 사람들 생각하니 슬프고,
또한 무척 훌륭하도다.

■ 주 석

缺(결) : 이가 빠지다. '결구缺口'의 뜻이다.
斨(장) : 싸움도끼. '부斧'와 같은데, '부斧'는 자루를 박는 구멍이 둥근데 비해 '장斨'은 자루를 박는 구멍이 네모져 있다.
四國(사국) : 주나라에 반기를 든 은殷·동東·서徐·엄奄의 네 나라를 가리킨다.
皇(황) : 두려워 떡다. '황慌'이 키고借字이다.
我人(아인) : 우리 사람. 함께 성벌에 참여했다가 죽은 전우들과 오랫동안 헤어져 있는 고향의 가족과 친지 등을 가리킨다.

斯(사) : 어기사로 별 뜻이 없다.
將(장) : 장하다. '장壯'의 차자借字이다.
錡(의) : 싸움용 끌. 일종의 병기로 양쪽에 날이 있고, 자루가 달려 있다.
吪(와) : 변하다. 바뀌다. 주나라에 대한 태도가 바뀌었다는 말이다.
嘉(가) : 경사스럽다.
銶(구) : 창의 종류로, 세 면에 뾰족한 날이 있다.
遒(주) : 순순히 따르다.
休(휴) : 아름답다. 훌륭하다.

■ 해 제

이 시는 서주西周 초기의 작품이다. 주周 무왕武王이 은殷을 멸하고 주紂를 죽인 후 주紂의 아들 무경武庚을 은殷나라에 봉하였다. 그리고 관숙管叔 · 채숙蔡叔 · 곽숙霍叔에게 명하여 무경武庚을 감시토록 했다. 무왕武王이 죽고 성왕成王이 뒤를 잇자 무경 · 관숙 · 채숙 및 서국徐國 · 엄국奄國 등이 주나라에 반기를 들었다. 이에 주공周公이 군대를 이끌고 동쪽으로 가 3년에 걸쳐 이들을 정벌하고 나서 군대를 거두어 돌아왔다. 이 시는 주공이 군대를 이끌고 돌아올 때 병사들이 부른 노래이다.

아雅

소아小雅

鹿鳴
녹 명

呦呦鹿鳴, 食野之苹.
유유록명　식야지평

我有嘉賓, 鼓瑟吹笙.
아유가빈　고슬취생

吹笙鼓簧, 承筐是將.
취생고황　승광시장

人之好我, 示我周行.
인지호아　시아주행

呦呦鹿鳴, 食野之蒿.
유유록명　식야지호

我有嘉賓, 德音孔昭.
아유가빈　덕음공소

視民不恌, 君子是則是傚.
시민부조　군자시칙시효

我有旨酒, 嘉賓式燕以敖.
아유지주　가빈식연이오

呦呦鹿鳴, 食野之芩.
유유록명　식야지금

我有嘉賓, 鼓瑟鼓琴.
아유가빈　고슬고금

鼓瑟鼓琴, 和樂且湛.
고 슬 고 금　화 락 차 담
我有旨酒, 以燕樂嘉賓之心.
아 유 지 주　이 연 락 가 빈 지 심

사슴이 우네

매애매애 사슴이 짝을 찾아 울더니
들판의 다북쑥을 함께 뜯고 있구나.
우리 집에 반가운 손님이 오셨기에
슬도 뜯고 생황도 불어 주누나.
얇다란 혀를 울려 생황을 불고
광주리를 받들어 선물을 드리누나.
손님들이 나를 무척 좋아하셔서
지극한 도리를 내게 보여주는구나.

매애매애 사슴이 짝을 찾아 울더니
들판의 쑥을 함께 뜯고 있구나.
우리 집에 반가운 손님이 오셨는데
점잖은 목소리가 정말 맑구나.
백성들을 정성스레 돌보아주니
백성들이 군자들을 본받고 배우누나.
우리 집에 맛있는 술이 있어서
반가운 손님들과 마시면서 노누나.

매애매애 사슴이 짝을 찾아 울더니
들판의 황금초를 함께 뜯고 있구나.

우리 집에 반가운 손님이 오셨기에
슬도 뜯고 거문고도 울려 주누나.
슬도 뜯고 거문고도 울려 가면서
즐거움에 잠시 동안 탐닉하누나.
우리 집에 맛있는 술이 있어서
잔치 벌여 손님 마음 즐겁게 해주누나.

■ 주 석

呦呦(유유) : 사슴이 우는 소리.
鹿鳴(녹명) : 사슴이 짝을 찾느라 신호를 보내는 것을 가리킨다. 다음 구절의 '반가운 손님'을 초청하는 일과 호응한다.
苹(평) : 다북쑥.
瑟(슬) : 거문고와 비슷하면서 그보다 큰 고대의 현악기로 50현·25현·15현짜리 등 여러 가지가 있으며 대개 거문고 또는 생황과 합주한다.
笙(생) : 생황. 바가지로 만든 바탕에 여러 개의 가는 대나무를 꽂고 주전자 귀때 비슷한 부리로 부는 관악기의 일종.
簧(황) : 생황의 부리에 부착하여 그 진동으로 소리를 내는 얇은 조각.
承筐(승광) : 손님에게 줄 선물이 담긴 광주리를 두 손으로 받든다는 뜻이다.
是(시) : '이而'와 같다.
將(장) : 바치다.
周行(주행) : 주나라의 국도라는 뜻으로 대도大道, 즉 임금이 나라를 다스리는 데 필요한 훌륭한 도리를 가리킨다.
德音(덕음) : 훌륭한 말.
孔(공) : 매우. 심히.

恍(조) : 경박하다. 무성의하다.
君子(군자) : 지위가 높은 벼슬아치. '가빈嘉賓'과 가리키는 바가 같다. '가
  빈'은 임금의 관점에서 한 말이고 '군자'는 백성의 관점에서 한 말이다.
是(시) : 강조효과를 위하여 목적어를 동사 앞에 놓을 경우 목적어와 동사
  사이에 쓰는 조사.
旨酒(지주) : 맛있는 술.
式(식) : …로써. 뒤에 목적어가 생략되어 있다.
燕(연) : 잔치를 벌이다. '연宴'과 같다.
芩(금) : 황금黃芩. 속서근풀.
且(차) : 잠시.
湛(담) : 탐닉하다.

■ 해제

《모시서毛詩序》에 "〈사슴이 우네(鹿鳴)〉는 여러 신하들과 귀한 손님들에게 연회를 베푸는 것이다(〈鹿鳴〉, 燕羣臣嘉賓也)"라고 한 바와 같이, 사슴이 맛있는 풀을 보고 짝을 불러 함께 즐기는 일에 비유하여 임금이 훌륭한 신하들을 초청하여 정성껏 대접하며 그들에게서 국정에 관한 조언을 듣기도 하고 함께 즐기기도 하는 모습을 노래한 것이다.

采薇
채 미

采薇采薇, 薇亦作止.
채 미 채 미   미 역 작 지

曰歸曰歸, 歲亦莫止.
왈 귀 왈 귀   세 역 모 지

靡室靡家, 玁狁之故.
미 실 미 가   험 윤 지 고

不遑啓居, 玁狁之故.
불황계거　험윤지고

采薇采薇, 薇亦柔止.
채미채미　미역유지

曰歸曰歸, 心亦憂止.
왈귀왈귀　심역우지

憂心烈烈, 載飢載渴.
우심렬렬　재기재갈

我戍未定, 靡使歸聘.
아수미정　미사귀빙

采薇采薇, 薇亦剛止.
채미채미　미역강지

曰歸曰歸, 歲亦陽止.
왈귀왈귀　세역양지

王事靡盬, 不遑啓處.
왕사미고　불황계처

憂心孔疚, 我行不來.
우심공구　아행불래

彼爾維何, 維常之華.
피이유하　유상지화

彼路斯何, 君子之車.
피로사하　군자지거

戎車旣駕, 四牡業業.
융거기가　사모업업

豈敢定居, 一月三捷.
기감정거　일월삼첩

駕彼四牡, 四牡騤騤.
가피사모　사모규규

君子所依, 小人所腓.
군자소의　소인소비

四牡翼翼, 象弭魚服.
사모익익　상미어복

豈不日戒, 玁狁孔棘.
기불일계　험윤공극

昔我往矣, 楊柳依依.
석아왕의　양류의의

今我來思, 雨雪霏霏.
금아래사　우설비비

行道遲遲, 載渴載飢.
행도지지　재갈재기

我心傷悲, 莫知我哀.
아심상비　막지아애

고사리를 캐러 가세

고사리를 캐러 가세 고사리를 캐러 가세.
올해도 또 고사리가 돋아났다네.
돌아간다 돌아간다 입만 열면 말하건만
한 해가 또 이렇게 저물었다네.
집도 없고 방도 없이 이렇게 사는 것은
저 못된 험윤들 때문이라네.
편안하게 꿇어앉아 있을 틈이 없는 것은
저 못된 험윤들 때문이라네.

고사리를 캐러 가세 고사리를 캐러 가세.
올해도 또 고사리가 연한 싹을 틔웠다네.

돌아간다 돌아간다 입만 열면 말하건만
마음은 또 이렇게 근심에 빠진다네.
근심으로 바싹바싹 속이 다 타니
그건 바로 굶주리고 갈증이 난 꼴이네.
나라를 지키는 일 끝나지 않고
돌아가서 문안 드릴 심부름꾼도 없네.

고사리를 캐러 가세 고사리를 캐러 가세.
올해도 또 고사리가 억세졌다네.
돌아간다 돌아간다 입만 열면 말하건만
올해도 시월이 닥쳐왔다네.
임금님이 시키신 일 끝나지 않아
무릎 꿇고 앉아 있을 겨를이 없네.
근심하는 마음이 몹시 크건만
나는 출정할 줄만 알았지 귀향할 줄 모르네.

저 환하고 무성한 게 무엇이려나?
그것은 다름 아닌 산앵두꽃이라네.
저 크고 높다란 게 무엇이려나?
그것은 다름 아닌 장군님의 수레라네.
출정할 전차가 다 갖추어지니
네 필의 수말이 우람하고 늠름하네.
어찌 감히 한곳에 머무를 수 있겠나?
한 달에 세 번이나 싸워서 이긴다네.

저 네 필의 수말이 끄는 전차를 몰고 가니
네 필의 수말이 참으로 씩씩하네.
저 전차는 장군님이 타고 가시고
병사들이 자기 몸을 비호하는 것이네.
네 필의 수말이 가지런히 걷는데
상아 활과 물고기 가죽 화살통을 차고 있네.
어찌 날로 경계하지 않을 수가 있겠나
험윤들이 쉴새없이 침범하는데?

옛날 내가 여기로 떠나올 때엔
버드나무 가지가 치렁치렁했는데
이제 내가 여길 떠나 귀향길에 오르면
함박눈이 온 하늘에 자욱하겠네.
가는 길이 더디고 너무 멀어서
굶주리고 갈증난 꼴이 되겠네.
나의 마음 이리도 아프고 슬프건만
나의 슬픔 아는 이 아무도 없네.

■ 주 석

薇(미) : 고비. 고사리목 고비과에 속하는 여러해살이풀로 어린잎과 줄기는 식용으로 쓰인다.

作(작) : 돋다.

止(지) : 의미 없는 조사.

莫(모) : 저물다. '모暮'와 같다.

靡(미) : 없다. 이 구절은 집을 떠나 멀리 변새지방에서 지낸다는 뜻이다.

玁狁(험윤) : 중국의 서북쪽에 살면서 자주 중국을 침범하던 민족의 이름.

주나라 때는 험윤이라 불렀고, 춘추시대에는 북적北狄이라 불렀으며, 진한秦漢 때에는 흉노匈奴라 불렀다.

不遑(불황) : 겨를이 없다.

啓居(계거) : 무릎을 꿇고 앉다. 주나라 사람들은 꿇어앉는 습관이 있었기 때문에 편안하게 앉아 있는 것을 가리킨다. '계啓'는 '궤跪'와 같다.

烈烈(열렬) : 불꽃이 타오르는 모양. 근심으로 애가 타는 모양.

載(재) : '즉則'과 같다.

定(정) : 끝나다.

靡使(미사) : 심부름꾼이 없다.

聘(빙) : 문안하다.

陽(양) : 음력 10월의 별칭. 한 해가 저물어간다는 뜻이다.

靡盬(미고) : 끝이 없다.

啓處(계처) : 무릎을 꿇고 편안하게 앉아 있다. '계거' 참조.

孔(공) : 매우. 심히.

疚(구) : 아프다. 괴롭다.

行(행) : 변방으로 나가는 것을 가리킨다.

來(내) : 귀향하는 것을 가리킨다. 이것은 가족들의 관점에서 한 말이지 화자가 이미 고향으로 돌아왔다는 뜻이 아니다.

爾(이) : 꽃이 무성하다. '이薾'와 같다.

維(유) : 이다. '위爲'와 같다.

常(상) : 산앵두나무. 산이스랏나무. '당棠'과 같다.

路(노) : 크다. 도로 또는 수레로 보기도 하지만 제1-2구와 제3-4구가 대우를 이루고 있으므로 제1구의 '이爾'와 호응하는 형용사일 가능성이 더 커 보인다.

斯(사) : 이다.

君子(군자) : 관직을 맡고 있는 사람이라는 뜻으로 지휘관을 가리킨다.

戎車(융거) : 전차戰車.

四牡(사모) : 네 마리의 수말. 전차를 끄는 네 필의 말을 가리킨다.

業業(업업) : 크고 늠름한 모양.

騤騤(규규) : 말이 씩씩하게 걸어가는 모양.

小人(소인) : 병사들을 가리킨다.

腓(비) : 몸을 비호庇護하다. '비庇'와 같다. 옛날에는 전쟁할 때 전차 한 대에 병사 72명이 따라갔는데, 전차는 화살로부터 병사들을 비호해주는 역할을 했다.

翼翼(익익) : 가지런한 모양. 반듯한 모양.

象弭(상미) : 상아로 장식한 활고자. 활고자는 활 양쪽 끝의 시위를 메우는 곳이다.

魚服(어복) : 물고기 껍질로 만든 화살통. '복服'은 '복箙'과 같다. '어복'에 대해서는 이밖에도 물고기 모양의 화살통이라는 설, 물고기 비늘이 그려져 있는 화살통이라는 설, 어수魚獸라는 짐승의 가죽으로 만든 화살통이라는 설 등이 있지만 어느 쪽이든 '상미象弭'와 더불어 장수의 여유작작한 모습을 형용한 것으로 불쌍한 병사들의 모습과 대조를 이룬다.

棘(극) : 급박하다. '극亟'과 같다.

依依(의의) : 초목이 무성한 모양.

思(사) : 의미 없는 조사.

霏霏(비비) : 눈비가 자욱이 내리는 모양.

遲遲(지지) : 동작이 굼뜬 모양.

■ 해제

주나라 때에는 북방에 있는 험윤이 자주 침범했기 때문에 병사들이 출정하여 이를 막았다. 이 시는 이때 병사들이 부른 노래로 자신들을 괴롭히는 험윤에 대한 증오심과 하루 빨리 고향으로 돌아가고 싶은 향수를 노래한 것이다. 구체적인 시기는 서주西周 선왕宣王 때일 가능성이 크지만 서수 이왕夷王 때일 가능성도 있다. 다만,

왕국유王國維의 〈귀방곤이험윤고鬼方昆夷玁狁考〉에 의하면 서주 중엽 이후에 험윤이라는 이름이 생겼기 때문에 문왕 때의 작품이라는 설은 설득력이 별로 없다.

魚麗
어 리

魚麗于罶, 鱨鯊.
어 리 우 류　　상 사

君子有酒, 旨且多.
군 자 유 주　　지 차 다

魚麗于罶, 魴鱧.
어 리 우 류　　방 례

君子有酒, 多且旨.
군 자 유 주　　다 차 지

魚麗于罶, 鰋鯉.
어 리 우 류　　언 리

君子有酒, 旨且有.
군 자 유 주　　지 차 유

物其多矣, 維其嘉矣.
물 기 다 의　　유 기 가 의

物其旨矣, 維其偕矣.
물 기 지 의　　유 기 해 의

物其有矣, 維其時矣.
물 기 유 의　　유 기 시 의

물고기가 걸렸네

통발에 물고기가 가득 걸렸네.
자가사리와 모래무지가 가득 걸렸네.
주인장은 술 있는데
맛있고 풍성하네.

통발에 물고기가 가득 걸렸네.
방어와 가물치가 가득 걸렸네.
주인장은 술 있는데
풍성하고 맛있네.

통발에 물고기가 가득 걸렸네.
메기와 잉어가 가득 걸렸네.
주인장은 술 있는데
맛있고 풍성하네.

음식이 풍성하고
감칠맛 나네.

음식이 맛있고
빠진 게 없네.

음식이 풍성하고
제철에 맞네.

■ 주 석

麗(이) : 걸리다. '이罹'와 같다.
君子(군자) : 주인을 가리킨다.
有(유) : 많다.
旨(지) : 맛있다.
其(기) : 의미 없는 조사.
維(유) : 의미 없는 조사.
嘉(가) : 맛있다.
偕(해) : 빠짐없이 두루 갖추다. 구비하다.
時(시) : 철이 맞다.

■ 해 제

물산이 풍부하여 각종 의례를 갖추기에 좋음을 노래한 것이라는 설과, 연회의 풍성함을 노래한 것이라는 설이 있는데 후자가 더 타당해 보인다.

南有嘉魚
남 유 가 어

南有嘉魚, 烝然罩罩.
남 유 가 어　증 연 조 조
君子有酒, 嘉賓式燕以樂.
군 자 유 주　가 빈 식 연 이 락

南有嘉魚, 烝然汕汕.
남 유 가 어　증 연 산 산
君子有酒, 嘉賓式燕以衎.
군 자 유 주　가 빈 식 연 이 간

南有樛木, 甘瓠纍之.
남유규목　감호류지

君子有酒, 嘉賓式燕綏之.
군자유주　가빈식연수지

翩翩者鵻, 烝然來思.
편편자추　증연래사

君子有酒, 嘉賓式燕又思.
군자유주　가빈식연우사

남방에 미끈한 물고기가 있어서

남방에 미끈한 물고기가 있어서
옹기종기 떼를 지어 헤엄치고 다니네.
주인장에게 맛있는 술이 있어서
귀한 손님 모셔 놓고 잔치 벌여 즐겁게 하네.

남방에 미끈한 물고기가 있어서
와글와글 떼를 지어 헤엄치고 다니네.
주인장에게 맛있는 술이 있어서
귀한 손님 모셔 놓고 잔치 벌여 기쁘게 하네.

남방에 커다란 나무가 서 있어서
박덩굴이 얼키설키 칭칭 감고 올라가네.
주인장에게 맛있는 술이 있어서
귀한 손님 모셔 놓고 잔치 벌여 편안케 하네.

하늘에 훨훨 나는 비둘기가 있어서
서 벌리서 떼를 지어 이리로 날아오네.

주인장에게 맛있는 술이 있어서
　　귀한 손님 모셔 놓고 잔치 벌여 술 권하네.

■ 주 석

烝然(증연) : 많다. '증烝'은 '중衆'과 같다.
罩罩(조조) : 헤엄치는 모양.
君子(군자) : 주인을 가리킨다.
式(식) : …로써. 뒤에 목적어가 생략되어 있다.
燕(연) : 잔치를 벌이다. '연宴'과 같다.
汕汕(산산) : 헤엄치는 모양.
衎(간) : 즐겁게 하다.
樛木(규목) : 키가 큰 나무. 고목
甘瓠(감호) : 박의 일종으로 단맛이 난다. 박에는 단맛이 나는 감호와 쓴 맛이 나는 고호苦瓠가 있다.
綏(수) : 편안하게 하다.
翩翩(편편) : 경쾌하게 나는 모양.
思(사) : 의미 없는 조사.
又(우) : 술을 권하다. '유侑'와 같다.
思(사) : 의미 없는 조사.

■ 해 제

표면적으로는 주인이 손님들에게 잔치를 베푸는 모습을 노래한 것이고, 이면적으로는 물고기가 모여 드는 모습, 큰 나무에 박덩굴이 감고 올라가는 모습, 비둘기가 떼를 지어 날아드는 모습에 비유하여 사람들이 덕망 있는 인물에게 귀의하는 모습을 형용한 것이다.

鴻鴈
홍 안

鴻鴈于飛, 肅肅其羽.
홍 안 우 비   숙 숙 기 우

之子于征, 劬勞于野.
지 자 우 정   구 로 우 야

爰及矜人, 哀此鰥寡.
원 급 긍 인   애 차 환 과

鴻鴈于飛, 集于中澤.
홍 안 우 비   집 우 중 택

之子于垣, 百堵皆作.
지 자 우 원   백 도 개 작

雖則劬勞, 其究安宅.
수 즉 구 로   기 구 안 택

鴻鴈于飛, 哀鳴嗸嗸.
홍 안 우 비   애 명 오 오

維此哲人, 謂我劬勞.
유 차 철 인   위 아 구 로

維彼愚人, 謂我宣驕.
유 피 우 인   위 아 선 교

기러기

기러기는 날아가며
푸덕푸덕 요란하게 날갯짓을 하는데
그대들은 머나먼 길 떠나와
들판에서 힘들여 일하는 것을 보고

불쌍하게 여기기에 이르렀나니
이 늙고 갈 데 없는 사람들이 안쓰럽네.

기러기는 날아가며
연못에 내려앉아 쉬고 있는데
그대들은 힘들여 담장을 쌓아
백 도나 되는 담을 다 쌓았나니
이렇게 온갖 고생 다하였건만
끝내 어찌 그 집에서 살 수 있으리?

기러기는 날아가며
기럭기럭 소리 내어 슬피 우나니
이 세상 이치에 밝은 사람은
우리가 고생이 심하다고 말하고
저 세상 모르는 어리석은 사람은
우리가 주제넘게 건방지다 말하네.

■ 주 석

鴻鴈(홍안) : 큰 기러기와 작은 기러기.
于(우) : 의미 없는 조사.
肅肅(숙숙) : 새의 날개가 흔들리는 소리.
之子(지자) : 이 사람. 힘든 노역에 종사하는 사람들 자신을 가리킨다.
劬勞(구로) : 노고하다.
爰(원) : 이에. 이리하여.
矜(긍) : 불쌍하게 여기다.
鰥寡(환과) : 홀아비와 과부. 원래 늙어서 아내가 없는 사람과 남편이 없는 사람을 가리키지만, 늙고 의지할 데 없는 불쌍한 사람을 두루 가리키기도 한다. 이 구절을 통하여 노역에 종사한 사람들이 젊은이가 아니라 늙은이였음을 짐작할 수 있다.

百堵(백도) : 백 조각의 담장. 옛날에는 담을 쌓을 때 일정한 크기의 나무판자 사이에 흙을 다져 넣어서 한 조각씩 쌓았는데 그 한 조각을 '도堵'라고 했다. 1도는 일반적으로 높이와 길이가 각각 1장丈씩이었다. '백도百堵'는 막연한 길이로 아주 길다는 뜻이다.

其究(기구) : 그들의 최후.

安宅(안택) : 어찌 거기에 살겠는가.

嗸嗸(오오) : 기러기가 우는 소리.

維(유) : 의미 없는 조사.

哲人(철인) : 세상 이치에 밝은 사람.

宣驕(선교) : 거만하다. 유랑민 주제에 이런 노래로 불만을 토로하는 것은 분에 넘치는 건방진 짓이라는 말이다.

■ 해 제

고향을 떠나 다른 지방에 가서 힘든 노역에 종사하는 불쌍한 백성들이 자신들의 고생스러운 생활과 서글픈 심경을 하소연한 민가이다. 따뜻한 곳으로 돌아가는 기러기를 보면서 문득 자신들의 신세가 저 기러기만도 못하다고 생각하기에 이른 것이다.

庭燎
정 료

夜如何其, 夜未央, 庭燎之光.
야 여 하 기　야 미 앙　정 료 지 광

君子至止, 鸞聲將將.
군 자 지 지　난 성 장 장

夜如何其, 夜未艾, 庭燎晣晣.
야 여 하 기　야 미 애　정 료 절 절

君子至止, 鸞聲噦噦.
군 자 지 지　난 성 홰 홰

夜如何其, 夜鄕晨, 庭燎有煇.
야 여 히 기　야 향 신　정 료 유 휘

君子至止, 言觀其旂.
군 자 지 지　언 관 기 기

마당의 횃불

밤이 얼마나 깊어졌는가?
밤이 아직까지 끝나지 않았는데
마당의 횃불이 훤히 빛나네.
나리들이 조회에 참석하러 가느라
쟁그랑쟁그랑 방울 소리 울리네.

밤이 얼마나 깊어졌는가?
밤이 아직까지 다하지 않았는데
마당의 횃불이 반짝거리네.
나리들이 조회에 참석하러 가느라

달랑달랑 떨렁떨렁 방울 소리 울리네.

밤이 얼마나 깊어졌는가?
밤이 새벽으로 다가가는데
마당의 횃불이 빛나고 있네.
나리들이 조회에 참석하러 가느라
그들의 깃발이 눈에 뜨이네.

■ 주 석

如何(여하) : 어떠하다.
其(기) : 의미 없는 조사.
央(앙) : 끝나다.
君子(군자) : 공경대부公卿大夫를 가리킨다.
止(지) : 의미 없는 조사.
將將(장장) : 방울이 울리는 소리. '장장鏘鏘'과 같다.
艾(애) : 다하다.
晣晣(절절) : 맑고 밝은 모양.
噦噦(홰홰) : 방울이 울리는 소리.
鄕晨(향신) : 새벽을 향해 나아가다. '향鄕'은 '향向'과 같다.
言(언) : 의미 없는 조사.

■ 해 제

고관대작들이 아침 일찍 조회에 참석하는 모습을 그린 것이다.

鶴鳴
학 명

鶴鳴于九皐, 聲聞于野.
학 명 우 구 고　성 문 우 야

魚潛在淵, 或在于渚.
어 잠 재 연　혹 재 우 저

樂彼之園, 爰有樹檀, 其下維蘀.
낙 피 지 원　원 유 수 단　기 하 유 탁

它山之石, 可以爲錯.
타 산 지 석　가 이 위 착

鶴鳴于九皐, 聲聞于天.
학 명 우 구 고　성 문 우 천

魚在于渚, 或潛在淵.
어 재 우 저　혹 잠 재 연

樂彼之園, 爰有樹檀, 其下維榖.
낙 피 지 원　원 유 수 단　기 하 유 곡

它山之石, 可以攻玉.
타 산 지 석　가 이 공 옥

학 울음

구불구불 굽이진 늪에서 학이 울어
그 소리가 온 들판에 들리는구나.
물고기가 심연에서 헤엄치는데
가끔씩 물가로 나오기도 하는구나.
즐거움이 넘치는 그분의 정원
거기에 심어놓은 박달나무가 있고
그 아래에 개암나무가 자라고 있네.

다른 이의 산에 있는 돌일지라도
내 칼 가는 숫돌이 될 수 있다네.

구불구불 굽이진 늪에서 학이 울어
그 소리가 온 들판에 들리는구나.
물고기가 물가에서 헤엄치는데
가끔씩 심연으로 들어가기도 하는구나.
즐거움이 넘치는 그분의 정원
거기에 심어놓은 박달나무가 있고
그 아래에 닥나무가 자라고 있네.
다른 이의 산에 있는 돌일지라도
그것으로 내 옥을 다듬을 수 있다네.

■ 주 석

九皐(구고) : 여러 번 굽이진 늪.
彼(피) : 은거 중인 현인을 가리킨다.
爰(원) : 거기에.
樹檀(수단) : 심어 놓은 박달나무.
維(유) : 이다. '위爲'와 같다.
蘀(탁) : 개암나무. '석櫟'과 같다.
它山之石(타산지석) : 다른 사람의 산에 있는 돌. '타산지석他山之石'과 같다.
錯(착) : 숫돌. '착厝'과 같다. 이 구절은 은거하는 현인에게도 국사에 대하여 자문을 구하거나 도움을 받을 수 있다는 말이다.
穀(곡) : 닥나무.

■ 해 제

임금에게 초야에 묻혀 사는 현인을 찾아서 등용할 것을 권유한 것이다. 각 장의 앞 일곱 구절에서는 은거지의 환경을 묘사했고, 뒤 두 구절에서는 적극적인 은자의 등용을 권유했다. 타산지석이라는 성어는 이 시에서 비롯되었다.

黃鳥
황 조

黃鳥黃鳥, 無集于穀, 無啄我粟.
황 조 황 조   무 집 우 곡   무 탁 아 속

此邦之人, 不我肯穀.
차 방 지 인   불 아 긍 곡

言旋言歸, 復我邦族.
언 선 언 귀   복 아 방 족

黃鳥黃鳥, 無集于桑, 無啄我粱.
황 조 황 조   무 집 우 상   무 탁 아 량

此邦之人, 不可與明.
차 방 지 인   불 가 여 명

言旋言歸, 復我諸兄.
언 선 언 귀   복 아 제 형

黃鳥黃鳥, 無集于栩, 無啄我黍.
황 조 황 조   무 집 우 허   무 탁 아 서

此邦之人, 不可與處.
차 방 지 인   불 가 여 처

言旋言歸, 復我諸父.
언 선 언 귀   복 아 제 부

노랑 참새

참새야 참새야,
닥나무에 앉아 있다
우리 밭의 조를 쪼아 먹지 말아라.
이 나라 사람들은
나에게 따뜻하게 대하려 않네.
돌아가자 돌아가
겨레붙이 살고 있는 고국으로 돌아가자.

참새야 참새야,
뽕나무에 앉아 있다
우리 밭의 수수를 쪼아 먹지 말아라.
이 나라 사람들은
더불어 약속을 할 수가 없네.
돌아가자 돌아가
형님들이 계시는 고국으로 돌아가자.

참새야 참새야,
상수리나무에 앉아 있다
우리 밭의 기장을 쪼아 먹지 말아라.
이 나라 사람들은
오순도순 어울려서 살 수가 없네.
돌아가자 돌아가
아버지들 계시는 고국으로 돌아가자.

■ 주 석

黃鳥(황조) : 황작黃雀. 참새의 일종인데 깃털이 노랗다. 이 시에서 곡식을 쪼아 먹는다고 한 것으로 보아 꾀꼬리와는 다른 새일 것으로 보인다. 화자의 노동력을 착취하는 주인을 상징한다.
集(집) : 내려앉다.
穀(곡) : 닥나무.
此邦之人(차방지인) : 주로 타국에서 남의집살이를 하는 화자의 주인을 가리킨다.
不我肯穀(불아긍곡) : 나를 먹여 살리려고 하지 않다. 부정문에서 대명사 목적어 '아我'가 동사 '곡穀'의 앞에 놓인 형태이다. '곡穀'은 후대厚待한다는 뜻이다.
言(언) : 의미 없는 조사.
旋(선) : 돌아가다.
復(복) : 돌아가다.
邦族(방족) : 한 나라에 사는 같은 겨레. 옛날에는 한 겨레가 한 나라를 이루었기 때문에 '방족邦族'이라고 한 것이다.
與明(여명) : …와 맹약하다. '여與' 뒤에 목적어가 생략되어 있으며 '명明'은 '맹盟'과 같다.

■ 해 제

고향에서의 생활이 여의치 않아 고향을 떠나 다른 나라에 가서 떠돌이생활을 하는 화자가 그곳의 지주에게 가혹하게 착취당하는 서러움과 그로 인하여 배가된 향수를 노래한 것이다.

無羊
무 양

誰謂爾無羊, 三百維羣.
수 위 이 무 양　삼 백 유 군
誰謂爾無牛, 九十其犉.
수 위 이 무 우　구 십 기 순
爾羊來思, 其角濈濈.
이 양 래 사　기 각 즙 즙
爾牛來思, 其耳濕濕.
이 우 래 사　기 이 습 습

或降于阿, 或飮于池, 或寢或訛.
혹 강 우 아　혹 음 우 지　혹 침 혹 와
爾牧來思, 何蓑何笠, 或負其餱.
이 목 래 사　하 사 하 립　혹 부 기 후
三十維物, 爾牲則具.
삼 십 유 물　이 생 즉 구

爾牧來思, 以薪以蒸, 以雌以雄.
이 목 래 사　이 신 이 증　이 자 이 웅
爾羊來思, 矜矜兢兢, 不騫不崩.
이 양 래 사　긍 긍 긍 긍　불 건 불 붕
麾之以肱, 畢來旣升.
휘 지 이 굉　필 래 기 승

牧人乃夢, 衆維魚矣, 旐維旟矣.
목 인 내 몽　중 유 어 의　조 유 여 의
大人占之, 衆維魚矣, 實維豐年.
태 인 점 지　중 유 어 의　실 유 풍 년
旐維旟矣, 室家溱溱.
조 유 여 의　실 가 진 진

양이 없다

그대에게 양이 없다 그 누가 말하는가?
삼백 마리가 무리를 짓고 있는데.
그대에게 소가 없다 그 누가 말하는가?
커다란 살진 소가 아흔 마리 있는데.
그대의 양들이 돌아오는데
옹기종기 그것들의 뿔이 모여 있구나.
그대의 소들이 돌아오는데
그것들의 두 귀가 흔들흔들하는구나.

어떤 놈은 언덕에서 내려가는 중이고
어떤 놈은 못에서 물을 마시고
어떤 놈은 자고 있고 어떤 놈은 걷고 있네.
그대의 목동들이 돌아오는데
도롱이를 걸치고 삿갓을 쓰고
등에 마른 먹이를 진 애도 있네.
서른 가지 색깔이 두루 있으니
그대의 제물은 이미 다 갖춰졌네.

그대의 목동들이 돌아오는데
갖가지 땔감도 다 주워 오고
암컷 수컷 짐승도 다 잡아오네.
그대의 양들이 돌아오는데
질서 있게 조심조심 얌전하게 오는지라
혼자 길을 잃지도 않고 마구 흩어지지도 않네.

팔로써 손짓하면 눈치가 빨라
모두 와서 일제히 우리로 올라가네.

목동이 자다가 꿈을 꿨더니
수많은 누리가 물고기로 변하고
거북과 뱀을 그린 기가 송골매 기로 변했다네.
해몽하는 관리가 점쳐 말하네.
"수많은 누리가 물고기로 변했으니
이는 실로 풍년이 들 징조일 테고
거북과 뱀을 그린 기가 송골매 기로 변했으니
집집마다 식구가 버글버글하겠네."

■ 주 석

維(유) : 이다. '위爲'와 같다.
犉(순) : 키가 일곱 자나 되는 큰 소. 보통의 큰 소를 가리킨다.
思(사) : 의미 없는 조사.
濈濈(즙즙) : 한데 모여 있는 모양. 이 구절은 수많은 양들이 서로 뿔을 부딪치지 않고 질서정연하게 공존한다는 말이다.
濕濕(습습) : 귀가 움직이는 모양. 이 구절은 수많은 소들이 느긋하게 되새김질을 하고 있다는 말이다.
訛(와) : 움직이다. '와吪'와 같다.
何(하) : 메다. 쓰다. '하荷'와 같다.
三十(삼십) : 지극히 많은 수를 뜻하는 허수虛數이다.
物(물) : 털 색깔. 가축의 종류를 가리킨다. 옛날에는 제사의 종류에 따라 털 색깔이 다른 희생을 바쳤다.
牲(생) : 희생. 제물로 바치는 가축.

以(이) : 잡다. 손에 들다.
薪(신) : 굵고 억센 땔감.
蒸(증) : 가늘고 연한 땔감. 이 세 구절은 목동들이 양과 소를 먹이면서 틈틈이 나무도 하고 사냥도 했다는 말이다.
矜矜(긍긍) : 조심하는 모양.
兢兢(긍긍) : 조심하는 모양.
騫(건) : 한 마리가 대오에서 이탈하는 것을 가리킨다.
崩(붕) : 여러 마리가 각기 다른 방향으로 흩어지는 것을 가리킨다.
麾(휘) : 손짓하여 부르다.
畢(필) : 다. 모두.
旣(기) : 다. 모두.
衆(중) : 누리. 메뚜깃과의 곤충으로 떼를 지어 날아다니며 농작물을 뜯어먹는다. '종螽'과 같다. 옛날 중국 사람들은 물고기 알이 비가 충분히 내리면 물고기로 변하지만, 날이 가물면 누리로 변한다고 믿었다. 그러므로 누리가 물고기로 변하는 것은 풍년이 들 징조이다.
旐(조) : 거북이와 뱀을 그려놓은 기.
旟(여) : 송골매를 그려놓은 기. 이 구절은 의미가 분명하지 않은데 축민철祝敏徹 등의 《시경역주詩經譯注》(蘭州 : 甘肅人民出版社, 1984, 410쪽)에 "교외에는 거북이와 뱀을 그린 기를 세우고 고을에는 송골매를 그린 기를 세우는데, 고을이 교외보다 인구가 많기 때문에 거북이와 뱀을 그린 기가 송골매를 그린 기로 바뀌는 것은 인구가 부쩍 늘어날 길조이다"라고 한 말이 참고할 만하다.
大人(태인) : 주나라 때 꿈을 풀이하던 관리.
室家(실가) : 가가호호家家戶戶.
溱溱(진진) : 많이 모여 있는 모양.

■ 해제

극도로 번성한 목축 상황을 찬양하고 풍년에 대한 염원을 노래한 시로, 경제적 번영을 기원하는 마음이 주조를 이루고 있다.

巷伯
항 백

萋兮斐兮, 成是貝錦.
처혜비혜　성시패금

彼譖人者, 亦已大甚.
피참인자　역이대심

哆兮侈兮, 成是南箕.
치혜치혜　성시남기

彼譖人者, 誰適與謀.
피참인자　수적여모

緝緝翩翩, 謀欲譖人.
집집편편　모욕참인

愼爾言也, 謂爾不信.
신이언야　위이불신

捷捷幡幡, 謀欲譖言.
첩첩번번　모욕참언

豈不爾受, 旣其女遷.
기불이수　기기여천

驕人好好, 勞人草草.
교인호호　노인초초

蒼天蒼天, 視彼驕人, 矜此勞人.
창천창천　시피교인　긍차로인

彼譖人者, 誰適與謀.
피참인자 수적여모
取彼譖人, 投畀豺虎.
취피참인 투비시호
豺虎不食, 投畀有北.
시호불식 투비유북
有北不受, 投畀有昊.
유북불수 투비유호

楊園之道, 猗于畝丘.
양원지도 의우묘구
寺人孟子, 作爲此詩.
시인맹자 작위차시
凡百君子, 敬而聽之.
범백군자 경이청지

항백

알록달록 울긋불긋
이 조개무늬의 비단을 짰네.
헐뜯기를 좋아하는 저 모함쟁이
하는 짓이 아무래도 너무너무 심하네.

입을 크게 쫙 벌리니
기성이 되는구나.
헐뜯기를 좋아하는 저 모함쟁이
누가 함께 정사를 꾀하려고 하겠나?

수군수군 쑥덕쑥덕
툭하면 다른 이를 모함하려고 하네.

그대의 말을 좀 신중히 할 일
남들이 그대를 못 미덥다 할 것이네.

달콤하게 주절주절
모함하는 말을 자꾸 하려고 하네.
어떻게 그대 말을 안 받아들이랴만
미구에 그대를 회피하게 될 것이네.

거만 떠는 사람은 시시덕대고
근심에 찬 사람은 안절부절못하네.
하늘이여 하늘이여
거만 떠는 저 사람을 살펴보시고
근심에 찬 이 사람을 불쌍히 여기소서.

헐뜯기를 좋아하는 저 모함쟁이
누가 함께 정사를 꾀하려고 하겠나?
저 모함쟁이를 붙잡아와서
승냥이와 호랑이에게 던져 줄거나.
승냥이와 호랑이가 먹지 않으면
차디찬 북방에다 내던질거나.
차디찬 북방에서 받지 않으면
저 높은 하늘에다 내던질거나.

양원으로 가는 길은
묘구의 옆으로 뻗어 있는데
내시인 맹사가

이 시를 짓나니
이 세상 모든 군자들이여
조심하여 내 말을 들어주소서.

■ 주 석

巷伯(항백) : '시인寺人' 즉 내시의 우두머리. 이 시의 끝부분에서 말한 '시인맹자寺人孟子'를 가리킨다.
萋(처) : 여러 가지 무늬가 뒤섞여 있는 모양.
斐(비) : 여러 가지 무늬가 뒤섞여 있는 모양.
貝錦(패금) : 조개 모양의 무늬가 있는 비단.
譖人(참인) : 참소하는 사람.
者(자) : 의미 없는 조사.
已(이) : 너무. 지나치게.
哆(치) : 입을 벌리다.
侈(치) : 크다.
南箕(남기) : 기성箕星. 이십팔수의 하나로 네 개의 별이 남쪽 하늘에서 사다리꼴을 이루고 있어서 마치 곡식을 까불 때 쓰는 키와 같기 때문에 남기라고 한다. 이것은 또 입을 크게 벌리고 있는 형상이기 때문에 구설口舌과 시비是非를 관장하는 것으로 알려져 있다.
適(적) : 좋아하다.
謀(모) : 꾀하다.
緝緝(집집) : 귀에 대고 속삭이는 모양. '집집咠咠'과 같다.
翩翩(편편) : 말을 번지르르하게 잘하는 모양. '편편諞諞'과 같다.
爾(이) : 너. 그대. 참소하는 사람을 가리킨다.
捷捷(첩첩) : 말을 번지르르하게 잘하는 모양. '전전諓諓'과 같다.
幡幡(번번) : 반복해서 말하는 모양.

旣(기) : 얼마 안 있어서.
其(기) : 장차 …할 것이다.
女(여) : 그대. '여汝'와 같다.
遷(천) : 떠나다. 회피하다. 이상의 두 구절은 임금이 처음에는 참소하는 말을 믿겠지만 머지 않아 자신의 잘못을 깨닫고 더 이상 참소하는 말을 듣지 않을 것이라는 말이다.
驕人(교인) : 참소가 성공하여 교만해진 모함꾼을 가리킨다.
好好(호호) : 기뻐하는 모양.
勞人(노인) : 근심하는 사람. 참소당하는 사람을 가리킨다.
草草(초초) : 근심하는 모양.
投畀(투비) : 던져 주다.
有北(유북) : 북방. 춥고 황량한 불모지라는 뜻이다. '유有'는 명사 접두사이다.
有昊(유호) : 하늘. '유有'는 명사 접두사이다. 이 구절은 하늘의 심판을 받게 한다는 뜻이다.
楊園(양원) : 정원 이름. '시인맹자寺人孟子'의 거처였을 것으로 보인다.
猗(의) : 가깝다. '의倚'와 같다.
畝丘(묘구) : 언덕 이름. 이상의 두 구절은 자기 거처로 돌아가면서 이 시를 지었음을 밝힌 것으로 보인다.
寺人(시인) : 궁중에 거처하면서 여러 가지 작은 일을 처리하던 관리. 내시內侍.
孟子(맹자) : 내시의 이름. 내시의 우두머리로 이 시의 화자이다.
君子(군자) : 통치자를 가리킨다.
敬(경) : 삼가다.

■ 해제

서주西周의 항백巷伯인 맹사孟子가 참소의 위해성을 지적하고 그것이 금방 간파된

다는 사실을 설파함으로써 참소하는 사람에게 그런 짓을 하지 말 것을 권고하고,
아울러 위정자들에게 참소를 멀리할 것을 호소한 시이다.

谷風
곡 풍

習習谷風, 維風及雨.
습 습 곡 풍 유 풍 급 우

將恐將懼, 維予與女.
장 공 장 구 유 여 여 여

將安將樂, 女轉棄予.
장 안 장 락 여 전 기 여

習習谷風, 維風及頹.
습 습 곡 풍 유 풍 급 퇴

將恐將懼, 寘予于懷.
장 공 장 구 치 여 우 회

將安將樂, 棄予如遺.
장 안 장 락 기 여 여 유

習習谷風, 維山崔嵬.
습 습 곡 풍 유 산 최 외

無草不死, 無木不萎.
무 초 불 사 무 목 불 위

忘我大德, 思我小怨.
망 아 대 덕 사 아 소 원

계곡에 부는 바람

계곡에서 바람이 쏴아쏴아 불어오네.

바람과 비가 섞여 휘몰아치네.
한창 두려울 때나 한창 무서울 때에
오로지 나만이 그대를 도왔거늘
한창 편안해지고 한창 즐거워지자
그대는 도리어 나를 버리네.

계곡에서 바람이 솨아솨아 불어오네.
바람과 회오리가 번갈아 몰아치네.
한창 두려울 때나 한창 무서울 때엔
나를 그대 품안에 안고 있더니
한창 편안해지고 한창 즐거워지자
마치 헌신짝인양 나를 버리네.

계곡에서 바람이 솨아솨아 불었으면.
우뚝 솟은 산으로 몰아쳤으면.
말라 죽지 않은 풀이 하나도 없고
나무라는 나무가 다 시들었으면.
나의 큰 은덕일랑 잊어버리고
나의 작은 잘못만 생각하고 있으니.

■ 주 석

習習(습습) : 바람이 부는 소리.
谷風(곡풍) : 계곡에서 부는 바람. 동풍이라는 설도 있으나 시의 내용으로 볼 때 결코 온난한 봄바람이라고 하기는 어려우므로 동풍으로 볼 이유가 없다.

維(유) : 의미 없는 조사.

將(장) : 바야흐로. 한창.

維予與女(유여여) : 오직 나만이 그대를 돕다. '유維'는 '유唯'와 같고, '여女'는 '여汝'와 같다.

轉(전) : 도리어.

頹(퇴) : 회오리바람.

寘(치) : 두다. '치置'와 같다.

遺(유) : 광주리. 대개 '버리다', '잊다'로 풀이하지만 이 경우 '기棄'를 비유하는 말로 적절하지 않다. 삼태기라는 뜻의 '궤蕢'자를 차용한 것으로 본 고형高亨의 설이 타당해 보인다.(고형, 《시경금주詩經今注》, 상해 : 상해고적출판사, 1984, 307쪽 참조)

崔嵬(최외) : 산이 높고 험준한 모양.

怨(원) : 탓. 원망을 살 만한 잘못을 가리킨다.

■ 해 제

폭풍우가 몰아치는 것처럼 어려운 시기에는 자기를 한없이 좋아하다가, 어려운 시기가 지나가고 안락한 시기가 오자 그만 자기를 헌신짝처럼 내버린 남편을 원망한 시이다.

蓼莪
육 아

蓼蓼者莪, 匪莪伊蒿.
육 륙 자 아　비 아 이 호

哀哀父母, 生我劬勞.
애 애 부 모　생 아 구 로

蓼蓼者莪, 匪莪伊蔚.
육 륙 자 아　비 아 이 위

哀哀父母, 生我勞瘁.
애애부모 생아로췌

缾之罄矣, 維罍之恥.
병지경의 유뢰지치

鮮民之生, 不如死之久矣.
선민지생 불여사지구의

無父何怙, 無母何恃.
무부하호 무모하시

出則銜恤, 入則靡至.
출즉함휼 입즉미지

父兮生我, 母兮鞠我.
부혜생아 모혜국아

拊我畜我, 長我育我.
부아휵아 장아육아

顧我復我, 出入腹我.
고아복아 출입복아

欲報之德, 昊天罔極.
욕보지덕 호천망극

南山烈烈, 飄風發發.
남산렬렬 표풍발발

民莫不穀, 我獨何害.
민막불곡 아독하해

南山律律, 飄風弗弗.
남산률률 표풍불불

民莫不穀, 我獨不卒.
민막불곡 아독부졸

더부룩한 쑥

더부룩이 돋아 있는 어린 쑥인 줄 알았더니
어린 쑥이 아니라 크게 자란 쑥이네.
슬프고 슬프도다 부모님께선
나를 낳아 기르느라 고생하셨네.

더부룩이 돋아 있는 어린 쑥인 줄 알았더니
어린 쑥이 아니라 다 자란 쑥이네.
슬프고 슬프도다 부모님께선
나를 낳아 기르느라 병이 나셨네.

술병이 비는 것은
술독의 치욕이요
부모 없는 가난한 사람의 삶은
오래 전에 죽어버린 것만 못하네.
아버지가 안 계시니 누구에게 의지하리?
어머니가 안 계시니 누구에게 기대리?
문 밖으로 나가면 근심이 가득하고
집으로 들어와도 웃음이 없네.

아버지 날 낳으시고
어머니 날 기르시어
쓰다듬고 아끼고
키우고 가르치고
돌보고 감싸주며

나나 드나 품으셨네.
나 이제 그 은덕에 보답하고 싶건만
하늘이 너무나 불공평하네.

높고 험한 저 남산에
폭풍이 휙휙 부네.
부모를 모시지 않는 사람 없는데
나만 유독 무슨 일로 해를 입었나?

높고 험한 저 남산에
폭풍이 쌩쌩 부네.
부모를 봉양하지 않는 사람 없는데
나만 유독 끝까지 모실 수 없네.

■ 주 석

蓼蓼(육륙) : 풀이 길게 자란 모양.
莪(아) : 어린 쑥.
伊(이) : 바로 …이다.
蒿(호) : 크게 자란 쑥. 굴만리屈萬里의 《시경석의詩經釋義》에 "'아莪'가 자라서 '호蒿'가 된다(莪長大爲蒿)"라고 했다.
蔚(위) : 더욱 크게 자라 억세게 된 쑥. 굴만리의 《시경석의》에 "'위蔚'는 일명 마신호라고도 하는 것으로 '호蒿'가 더욱 큰 것이다(蔚, 一名馬薪蒿, 蒿之尤粗大者)"라고 했다. '아莪', '호蒿', '위蔚'는 사람의 성장과정을 비유한 것이다.
瘁(췌) : 병들다.
罍之恥(뇌지치) : 술병으로 술을 떠서 술독에 담는데, 술병이 미번 술녹을

채울 수 없기 때문에 술독에게도 부끄러운 일이 생긴다는 뜻으로, 백성이 부모를 봉양할 수 없을 정도로 가난하게 되는 것은 위정자에게도 수치스러운 일이라는 말이다.

鮮民(선민) : 부모 없이 외롭고 곤궁하게 사는 사람.

銜恤(함휼) : 근심을 품다.

至(지) : 웃음. '쯜咥'과 같다.

拊(부) : 어루만지다.

畜(훅) : 좋아하다.

復(복) : 덮어주다. 비호하다. '복覆'과 같다.

之德(지덕) : 그 은덕. 부모님의 은덕을 가리킨다.

罔極(망극) : 곧고 바른 준칙이 없다. 부모가 일찍 돌아가시게 하여 봉양할 기회를 빼앗았다는 말이다.

烈烈(열렬) : 산이 높고 험준한 모양.

發發(발발) : 바람이 세차게 부는 모양.

穀(곡) : 봉양하다.

律律(율률) : 산이 높고 험준한 모양.

弗弗(불불) : 바람이 세차게 부는 모양.

■ 해 제

위정자의 핍박으로 부모가 일찍 돌아가셔서 끝까지 모실 수 없게 된 것을 안타까워한 효자의 노래이다.

大東
대동

有饛簋飧, 有捄棘匕.
유몽궤손 유구극비

周道如砥, 其直如矢.
주도여지 기직여시

君子所履, 小人所視.
군자소리 소인소시

睠言顧之, 潸焉出涕.
권언고지 산언출체

小東大東, 杼柚其空.
소동대동 저축기공

糾糾葛屨, 可以履霜.
규규갈구 가이리상

佻佻公子, 行彼周行.
조조공자 행피주행

既往既來, 使我心疚.
기왕기래 사아심구

有冽氿泉, 無浸穫薪.
유렬궤천 무침확신

契契寤歎, 哀我憚人.
계계오탄 애아탄인

薪是穫薪, 尚可載也.
신시확신 상가재야

哀我憚人, 亦可息也.
애아탄인 역가식야

東人之子, 職勞不來.
동인지자 직로불래

西人之子, 粲粲衣服.
서인지자　찬찬의복

舟人之子, 熊羆是裘.
주인지자　웅비시구

私人之子, 百僚是試.
사인지자　백료시시

或以其酒, 不以其漿.
혹이기주　불이기장

鞙鞙佩璲, 不以其長.
현현패수　불이기장

維天有漢, 監亦有光.
유천유한　감역유광

跂彼織女, 終日七襄.
기피직녀　종일칠양

雖則七襄, 不成報章.
수즉칠양　불성보장

睆彼牽牛, 不以服箱.
환피견우　불이복상

東有啓明, 西有長庚.
동유계명　서유장경

有捄天畢, 載施之行.
유구천필　재시지행

維南有箕, 不可以簸揚.
유남유기　불가이파양

維北有斗, 不可以挹酒漿.
유북유두　불가이읍주장

維南有箕, 載翕其舌.
유남유기　재흡기설

維北有斗, 西柄之揭.
유북유두   서병지게

대동

그릇에 수북이 담긴 쌀밥을
기다란 대추나무 주걱으로 푸고 있네.
숫돌처럼 평평한 넓은 한길은
커다란 화살인양 곧기도 하네.
그것은 귀족들이 밟고 다니고
평민들이 멀리서 바라보는 것이네.
고개를 돌려서 그것을 바라보니
주루룩 두 눈에서 눈물이 나네.

주나라의 동쪽 땅 여기저기에
베틀의 북과 바디 텅텅 비었네.
얼키설키 칡껍질로 짠 신을 신고
어떻게 찬 서리를 밟을 수가 있으리?
까불까불 으스대는 공자님들이
주나라로 통하는 저 국도를 다니네.
저만치로 갔다가 다시 돌아오는 모습
그 모습이 내 속을 상하게 하네.

옆으로 새 나오는 맑은 샘물아
베이 놓은 땔나무를 적시지 마라.
근심으로 잠 못든 채 장탄식하며
고생하는 사람들을 애달파하네.

베어 놓은 이 나무를 땔감으로 삼으려고
그래도 수레에다 실어야 하네.
고생하는 사람들을 애달프게 여기나니
저들도 이제는 좀 쉴 만도 하네.

동쪽 나라 사람들의 젊은 자제는
고생만 실컷 할 뿐 위로 받지 못하네.
서쪽 나라 사람들의 젊은 자제는
찬란하고 산뜻한 옷을 입었네.
주나라 고관들의 젊은 자제는
곰과 말곰 가죽으로 옷을 해 입네.
평범한 개인의 젊은 자제는
이런저런 종살이를 두루 다 하네.

어떤 이는 맛있는 술을 보고도
맛있는 음료라고 여기지 않네.
치렁치렁 패옥을 길게 차고도
그다지 길다고 여기지 않네.
저 높은 하늘에 은하수가 있어서
바라보니 반짝반짝 빛을 뿌리네.
발돋움을 하고서 직녀를 보니
하루에 일곱 번 베틀에 올라가네.

하루에 일곱 번 베틀에 오르건만
조금도 무늬를 짜지 못하네.

훤하게 빛나는 저 견우성은
도무지 수레를 끌지 못하네.
새벽이면 동쪽에 계명성이 떠 있고
저녁이면 서쪽에 장경성이 떠 있네.
자루가 기다란 토끼 잡는 그물을
사람들이 오가는 길에다 쳐놓았네.

남쪽에는 키 같은 기성이 떠 있건만
그것으로 곡식을 까부르지 못하네.
그 북쪽에 국자 같은 남두성이 떠 있건만
그것으로 술과 음료 뜨지 못하네.
남쪽에는 키 같은 기성이 떠 있어서
그 혀 위에 있는 물건 빨아들이네.
그 북쪽에 국자 같은 남두성이 있어서
서쪽으로 향한 자루 늘 들려 있네.

■ 주 석

有饛(유몽) : 수북하다. '有유'는 형용사 접두사이다.
簋(궤) : 제사 지낼 때 기장을 담던 둥근 그릇.
有捄(유구) : 길고 굽이지다. '有유'는 형용사 접두사이다.
棘匕(극비) : 멧대추나무로 만든 주걱.
周道(주도) : 주나라의 도성으로 통하는 국도. 대로. 당시에는 귀족들만이 대로를 다닐 수 있었다.
君子(군자) : 고관대작의 지위에 있는 귀족을 가리킨다.
睠言(권언) : 돌아보다. '言언'은 의미 없는 조사이다.

之(지) : '주도周道'를 가리킨다.
潸焉(산언) : 눈물을 흘리는 모양. '언焉'은 형용사 접미사이다.
小東大東(소동대동) : 동방에 있는 제후국으로 주나라 도성으로부터의 거리에 따른 구분이라는 설과 나라의 크기에 따른 구분이라는 설, 동도東都 낙양洛陽에 있는 두 지역의 속칭이라는 설 등이 있으며, 부사년傅斯年은 〈대동소동설大東小東說〉을 지어서 소동은 지금의 산동성 복현濮縣 일대이고, 대동은 노동魯東 일대라고 주장했다.
杼柚(저축) : 북과 바디. 각각 베를 짤 때 씨줄을 넣는 기구와 날줄을 고르는 기구이다. 이 구절은 백성들의 생활이 곤궁하다는 말이다.
糾糾(규규) : 이리저리 얽힌 모양.
葛屨(갈구) : 칡덩굴의 껍질로 짠 신.
可(가) : 어찌.
佻佻(조조) : 경박한 모양.
公子(공자) : 권세 있는 사람.
周行(주행) : 주나라의 도성으로 통하는 국도. '주도周道'와 같다.
有洌(유렬) : 맑다. 차다. '유有'는 형용사 접두사이다.
氿泉(궤천) : 위가 막혀서 옆으로 흘러나오는 샘.
穫薪(확신) : 베어 놓은 땔감.
契契(계계) : 근심에 빠진 모양.
可(가) : …해야 하다.
憚人(탄인) : 고생하는 사람. '탄憚'은 '단癉'과 같다.
東人(동인) : 동방 제후국 사람을 가리킨다.
職(직) : 단지. '지只'와 같다.
來(내) : 위로하다.
西人(서인) : 주나라 사람을 가리킨다.
粲粲(찬찬) : 선명한 모양.
舟人(주인) : 주나라의 고관대작을 가리킨다. '주舟'는 '주周'와 같다.

是(시) : 강조효과를 위하여 목적어를 동사 앞에 놓을 경우 목적어와 동사 사이에 쓰는 조사.
裘(구) : 짐승의 털가죽으로 만든 가죽옷. 여기서는 동사로 쓰였다.
私人(사인) : 일반 백성.
百僚(백료) : 각종 관노官奴.
或(혹) : 혹자. 주나라의 고관대작을 가리킨다.
鞙鞙(현현) : 패옥을 길게 늘어뜨린 모양. 지위가 높을수록 패옥을 길게 늘어뜨린다.
維(유) : 의미 없는 조사.
亦(역) : 의미 없는 조사.
跂(기) : 발돋움하고 바라보다.
織女(직녀) : 직녀성. 은하수의 북쪽에 세 개의 별이 삼각형을 이루고 있다. 별 이름이 '베 짜는 여자'로 풀이될 수 있다.
雖則(수즉) : 비록 …라고 할지라도.
七襄(칠양) : 일곱 번 베를 짜다. 직녀성이 묘시卯時(아침 6시 전후)에서 유시酉時(저녁 6시 전후) 사이에 일곱 번 위치를 바꾸는 현상을 베 짜는 여자가 하루에 일곱 번 베틀에 오르는 것에 비유한 것이다.
不成報章(불성보장) : 베의 무늬를 이루지 못하다. 베를 짜지 못하다. '보報'는 '부紼'와 같다.(고형高亨, 《시경금주詩經今注》, 상해 : 상해고적출판사, 1984, 312쪽 참조) 이상의 두 구절은 직녀성이 일곱 번이나 자리를 옮기면서도 결코 베를 짜지 못하는 것처럼, 주나라 관리들이 여기저기로 벼슬자리를 옮겨 다니며 국록만 축낼 뿐 결코 아무 일도 하지 못함을 풍자한 것이다.
睆(환) : 별이 빛나는 모양.
牽牛(견우) : 견우성. 은하수의 남쪽에 있는 세 개의 별로 은하수 건너편의 직녀성과 마주보고 있다. 별 이름이 '수레 끄는 소'로 풀이될 수 있다.

以(이) : …로써. …을 써서. 뒤에 목적어 '견우牽牛'가 생략된 형태이다.
服箱(복상) : 수레를 끌다. '상箱'은 차에서 사람을 태우거나 물건을 싣는 곳인 '거상車箱'이라는 뜻으로 수레를 가리킨다.
啓明(계명) : 새벽에 동쪽 하늘에 나타나는 금성. 샛별.
長庚(장경) : 저녁에 서쪽 하늘에 나타나는 금성. 태백성. 이 두 구절은 무능한 사람이 경우에 따라 다른 관직에 앉아 있지만 어느 경우나 유명무실하여 자기 할 일을 제대로 못함을 풍자한 것으로 보인다.
天畢(천필) : 필성畢星. 이십팔수 중의 열두 번째 별자리. '필畢'은 토끼를 잡을 때 사용하는 긴 자루가 달린 그물을 가리키는데, 여덟 개의 별로 이루어진 필성은 별자리 모양이 이 그물처럼 생겼기 때문에 이런 이름을 얻었다.
載(재) : 의미 없는 조사.
施(시) : 설치하다.
行(행) : 길. 토끼 잡는 그물을 길에다 친다는 것은 아무런 효용도 없다는 말이다.
箕(기) : 기성. 이십팔수 중의 일곱 번째 별자리. 네 개의 별이 곡식을 까부르는 기구인 키 모양을 이루고 있다.
簸揚(파양) : 키로 까불러서 곡식에 섞여 있는 티끌 따위를 날려 보내다.
斗(두) : 남두성을 가리킨다. 이십팔수 중의 여덟 번째인 남두성은 기성의 북쪽에 있는 별자리로 여섯 개의 별이 국자 모양을 이루고 있다.
翕(흡) : 빨아들이다. '흡吸'과 같다. 키는 앞부분이 얕고 뒷부분이 깊어서 물건을 빨아들일 것 같은 느낌을 준다. 이 두 구절은 주나라 왕실의 동방 제후국 백성에 대한 착취를 풍자한 것이다.
舌(설) : 키의 앞부분을 가리킨다. 여기에 곡식을 놓고 까부른 다음 뒷부분의 깊숙한 곳으로 옮겨서 보관하거나, 다른 용기에 옮겨 담는다.
西柄(서병) : 남두성은 자루가 항상 서쪽으로 뻗어 있다. 이것은 서쪽에 있는 주나라가 동방 제후국의 재물을 퍼가는 것을 연상시킨다.

之(지) : 강조효과를 위하여 목적어를 동사 앞에 놓을 경우 목적어와 동사 사이에 쓰는 조사. 앞에 나온 '是시'와 같은 역할을 한다.
揭(게) : 남두성은 자루 부분이 늘 서쪽을 향하여 들려 있는 형상이다.

■ 해 제

서쪽에 있는 주나라 왕실 직할지에 비하여 여러 모로 경제적 환경이 열악한 동방 제후국 백성들의 도탄에 빠진 생활상을 고발하고, 동방 제후국에 대한 수탈과 착취를 그치지 않는 주나라 귀족들의 무능하고 비인간적인 작태를 풍자한 시이다.

北山
북 산

陟彼北山, 言采其杞.
척 피 북 산　언 채 기 기

偕偕士子, 朝夕從事.
해 해 사 자　조 석 종 사

王事靡盬, 憂我父母.
왕 사 미 고　우 아 부 모

溥天之下, 莫非王土.
보 천 지 하　막 비 왕 토

率土之濱, 莫非王臣.
솔 토 지 빈　막 비 왕 신

大夫不均, 我從事獨賢.
대 부 불 균　아 종 사 독 현

四牡彭彭, 王事傍傍.
사 모 팽 팽　왕 사 방 방

嘉我未老, 鮮我方將.
가 아 미 로　선 아 방 장

旅力方剛, 經營四方.
여력방강　경영사방

或燕燕居息, 或盡瘁事國.
혹연연거식　혹진췌사국

或息偃在牀, 或不已于行.
혹식언재상　혹불이우행

或不知叫號, 或慘慘劬勞.
혹부지규호　혹참참구로

或棲遲偃仰, 或王事鞅掌.
혹서지언앙　혹왕사앙장

或湛樂飲酒, 或慘慘畏咎.
혹탐락음주　혹참참외구

或出入風議, 或靡事不爲.
혹출입풍의　혹미사불위

북산

저 북산에 올라가
구기자를 따노라.
튼튼한 이 벼슬아치
하루 종일 일하건만
나랏일이 끝이 없어
부모 걱정 시키네.

이 세상 온 천하에
임금님 땅 아닌 것이 하나도 없고
이 나라 온 국토에

임금님의 신하가 아닌 사람 없건만
대부님이 불공평해
나만 유독 일이 많아 고생스럽네.

수레 끄는 튼튼한 네 필의 수말
수두룩한 나랏일이 산더미 같네.
내가 늙지 않았다고 칭찬하다가
내가 한창 튼튼하다 대견해 하네.
나는 한창 근력이 왕성한지라
사방으로 여기저기 뛰어다니네.

어떤 이는 편안하게 앉아서 쉬고
어떤 이는 몸을 바쳐 나라 섬기네.
어떤 이는 침대에 누워서 쉬고
어떤 이는 쉬지 않고 돌아다니네.

어떤 이는 목놓아 우는 뜻도 모르고
어떤 이는 애처로이 고생만 하네.
어떤 이는 드러누워 하늘 보며 빈둥대고
어떤 이는 나랏일로 허둥거리네.

어떤 이는 즐겁게 술을 마시고
어떤 이는 애처로이 실수할까 겁내네.
어떤 이는 들락대며 큰소리치고
어떤 이는 일복 많아 하지 않는 일이 없네.

■ 주 석

言(언) : 의미 없는 조사.
偕偕(해해) : 건장한 모양.
士子(사자) : 경卿·대부大夫·사士 중의 최하급 관리인 사. 화자 자신을 가리킨다.
朝夕(조석) : 아침부터 저녁까지.
王事(왕사) : 국사.
靡盬(미고) : 끝이 없다. 그침이 없다.
溥天(보천) : 온 천하. '보천普天'과 같다.
率土之濱(솔토지빈) : 육지와 바다가 맞닿는 해안선 안쪽에 있는 땅 전체. 옛날 중국 사람들은 중국의 사방에 바다가 있다고 생각했기 때문에 '솔토지빈'은 온 나라를 가리킨다.
賢(현) : 고생스럽다.
四牡(사모) : 한 대의 수레를 함께 끄는 네 필의 수말.
彭彭(팽팽) : 튼튼한 모양.
傍傍(방방) : 일이 많은 모양.
嘉(가) : 가상히 여기다. 칭찬하다.
鮮(선) : 훌륭하다고 여기다. '선善'과 같다.
將(장) : 건장하다. '장壯'과 같다.
旅力(여력) : 근력. 체력. '여旅'는 '여膂'와 같다.
經營(경영) : 왕래하다.
燕燕(연연) : 편안한 모양.
盡瘁(진췌) : 몸과 마음을 다해 일한 나머지 병이 날 지경이 되다.
叫號(규호) : 절규하며 호곡號哭하다. 이 구절은 남의 불행을 이해하지 못한다는 말이다.
慘慘(참참) : 슬픔에 빠진 모양.
棲遲(서지) : 빈둥빈둥 놀다.

鞅掌(앙장) : 일이 많은 모양.
湛樂(탐락) : 즐거움을 탐하다. '탐湛'은 '탐耽'과 같다.
畏咎(외구) : 잘못을 저지를까봐 두려워하다.
風議(풍의) : 거리낌 없이 자유분방하게 말하다. '풍風'은 '방放'과 같다.

■ 해 제

노역에 시달리는 하급관리의 불평을 하소연한 것이다. 자기 자신도 지배계급이면서 상층계급의 핍박을 심하게 원망하는 이 시를 통하여 당시의 계급갈등 양상을 엿볼 수 있다.

靑蠅
청 승

營營靑蠅, 止于樊.
영 영 청 승　지 우 번

豈弟君子, 無信讒言.
개 제 군 자　무 신 참 언

營營靑蠅, 止于棘.
영 영 청 승　지 우 극

讒人罔極, 交亂四國.
참 인 망 극　교 란 사 국

營營靑蠅, 止于榛.
영 영 청 승　지 우 진

讒人罔極, 構我二人.
참 인 망 극　구 아 이 인

쉬파리

쉬파리가 윙윙 날다
울타리에 앉았군요.
인자하신 군자께선
헐뜯는 말일랑 믿지 마셔요.

쉬파리가 윙윙 날다
대추나무에 앉았군요.
헐뜯는 사람이 끝없이 나타나서
온 나라를 통째로 교란하네요.

쉬파리가 윙윙 날다
개암나무에 앉았군요.
헐뜯는 사람이 끝없이 나타나서
우리 둘의 사이를 이간하네요.

■ 주 석

靑蠅(청승) : 쉬파리. 길이는 1~1.5cm 정도 되고 빛은 회색인 파리로 여름에 육류나 부패한 식품에 알을 낳는다. 참소하는 사람을 가리킨다.
營營(영영) : 파리가 왔다갔다 하면서 내는 소리.
豈弟(개제) : 인자하고 후덕하다. '개제愷悌'와 같다.
君子(군자) : 임금을 가리킨다.
讒言(참언) : 참소하는 말.
罔極(망극) : 끝이 없다.
交(교) : 모두. 다.

四國(사국) : 사방의 제후국들.
構(구) : 이간하다.

■ 해 제

더럽고 밉살스러운 짓을 잘하는 쉬파리에 비유하여 참소하는 사람을 풍자하고 아울러 임금에게 그런 말에 현혹되지 말 것을 당부한 것이다.

何草不黃
하 초 불 황

何草不黃, 何日不行.
하 초 불 황   하 일 불 행

何人不將, 經營四方.
하 인 부 장   경 영 사 방

何草不玄, 何人不矜.
하 초 불 현   하 인 불 관

哀我征夫, 獨爲匪民.
애 아 정 부   독 위 비 민

匪兕匪虎, 率彼曠野.
비 시 비 호   솔 피 광 야

哀我征夫, 朝夕不暇.
애 아 정 부   조 석 불 가

有芃者狐, 率彼幽草.
유 봉 자 호   솔 피 유 초

有棧之車, 行彼周道.
유 잔 지 거   행 피 주 도

시경詩經 **239**

무슨 풀이 안 시들리

무슨 풀이 안 시들리?
어느 날에 안 걸으리?
어느 누가 안 걸으리?
사방을 쏘다니네.

무슨 풀이 안 검으리?
어느 누가 안 아프리?
아아 슬프도다 우리네 일꾼들은
무엇 때문에 인간도 아니라는 말인가?

저기 저 외뿔소와 호랑이들은
저 광야를 유유히 어슬렁거리는데
아아 슬프도다 우리네 일꾼들은
아침부터 저녁까지 쉴 틈이 없네.

온몸에 텁수룩이 털이 난 여우들은
저 깊숙한 풀숲을 어슬렁거리는데
흙과 돌을 나르는 높다란 수레들은
저 넓은 대로를 달리고 있네.

■ 주 석

何草不黃(하초불황) : 온갖 풀이 다 시드는 겨울이 되었음을 뜻한다.
將(장) : 걷다.
經營(경영) : 왕래하다. 돌아다니다.

玄(현) : 거무칙칙하다. 풀이 시드는 것을 가리킨다.
矜(관) : 병들다. '환鰥'과 같다.
征夫(정부) : 요역에 종사하는 사람.
獨爲(독위) : 무엇 때문에. 누구를 위하여. '독獨'은 '숙孰'과 같은 뜻이다.
匪民(비민) : 사람이 아니다. 인간 대접을 못 받는다는 말이다. '비匪'는 '비非'와 같다.
匪兕(비시) : 저 외뿔소. '비匪'는 '피彼'와 같다.
率(솔) : 빙빙 돌다.
朝夕(조석) : 아침부터 저녁까지. 온종일.
有芃(유봉) : 텁수룩하다. '유有'는 형용사 접두사이다.
幽草(유초) : 깊숙한 풀숲.
有棧(유잔) : 높다랗다. 요역에 사용하는 수레가 매우 높다는 말이다. '유有'는 형용사 접두사이다.
周道(주도) : 대로.

■ 해 제

먼 곳으로 나가 그칠 줄 모르는 요역傜役에 종사하는 사람이 인간 이하의 대접을 받으면서도 어떻게 해 볼 도리가 없는 괴로운 신세를 하소연한 것이다.

대아大雅

緜
면

緜緜瓜瓞.
면 면 과 질

民之初生, 自土沮漆.
민 지 초 생 자 토 저 칠

古公亶父, 陶復陶穴, 未有家室.
고 공 단 보 도 복 도 혈 미 유 가 실

끝없이 뻗음

끝없이 뻗은 오이 덩굴이여!
우리 부족의 발상은
두수杜水에서 시작하여 칠수漆水로 옮겨갔네.
고공단보께서는
굴을 파고 지내셨고,
아직 살 집이 없으셨네.

■ 주 석

緜緜(면면) : 끊임없이 이어진 모양. 끝없이 뻗은 모양.
瓜瓞(과질) : 큰 오이와 작은 오이. 이 구절은 주周 부족의 자손이 끝없이 이어져 번성했음을 비유한 것이다.

民(민) : 주 부족을 가리킨다.

初生(초생) : 주 부족 발전의 초기 단계. 발상.

自土沮漆(자토저칠) : 두수杜水에서 시작하여 칠수漆水로 옮겨가다. '토土'는 두수로 빈豳 땅에 있었다. '저沮'는 '조徂'의 차자借字로 '가다'는 뜻이다. '칠漆'은 '칠수漆水'로 기산岐山 구역에 있었다. 이 구절은 주 부족이 삶의 터전을 빈 땅에서 기산 구역으로 옮겨 갔다는 말이다.

古公亶父(고공단보) : '단보亶父'는 인명人名으로, 왕계王季의 부친이며 문왕文王의 조부이다. 그가 서주西周 이전의 '공公'이었으므로 '고공古公'이라는 칭호를 앞에 붙인 것이다. 후에 주나라 사람들은 그를 태왕太王이라고도 불렀다.

陶復陶穴(도복도혈) : '도陶'는 '도掏'의 차자借字로 '파다'는 뜻이다. '복復'은 '복(穴+復)'의 차자借字로 옆에서 파들어간 굴이고, '혈穴'은 아래로 파들어간 굴이다.

家室(가실) : 여기서는 땅 위에 지은 집을 말한다.

古公亶父, 來朝走馬,
고공단보 내조주마

率西水滸, 至于岐下.
솔서수호 지우기하

爰及姜女, 聿來胥宇.
원급강녀 율래서우

고공단보께서
그날 아침에 말을 달려
서수 가를 따라
기산 밑에 이르셨다네.
이에 강씨 부인과 함께 와서

집 지을 곳을 살피셨다네.

■ 주 석

來朝(내조) : 그날 아침. '내來'는 '시是'와 같다.
率(솔) : …를 따라서. '연沿'과 같다.
西水(서수) : 빈성豳城 서쪽으로 흐르는 물 이름.
爰(원) : 이에. '내乃'와 같다.
姜女(강녀) : 성이 강姜인 여자. 단보亶父의 처로, 태강太姜이라고도 부른다.
聿(율) : 발어사로, 뜻이 없다.
胥宇(서우) : 거처를 살피다. 집 지을 곳을 살피다.

周原膴膴, 菫荼如飴.
주 원 무 무 　 근 도 여 이

爰始爰謀, 爰契我龜.
원 시 원 모 　 원 계 아 구

曰止曰時, 築室于玆.
왈 지 왈 시 　 축 실 우 자

주 들판은 비옥하여
바곳과 씀바귀도 엿처럼 달다네.
이에 기뻐서 계획을 세우시고
거북점을 치셨네.
점괘에 "머물러 살만 하니
여기에 집을 지으라"고 하였네.

■ 주 석

周(주) : 기산岐山 밑에 있는 지명地名. 주周 부족의 이름은 이로 인해 얻어진 것이다.

膴膴(무무) : 비옥한 모양.

菫荼(근도) : 바곳과 씀바귀. 모두 쓴맛이 나는 채소이다.

始(시) : 기뻐하다. '이怡'의 차자借字로 보는 것이 좋을 듯하다.

契龜(계구) : 거북점을 치다. 고대 중국에서는 거북점을 칠 때 먼저 칼로 껍질에 조그만 구멍을 뚫은 다음에 그 구멍을 불로 지져 갈라진 무늬의 형태를 보고 길흉을 단정했다. 여기서는 고공단보가 주 들판에 거주할 것인지의 여부를 점쳤다는 말이다.

曰(왈) : 거북점의 결과를 말한 것이다.

時(시) : 머물러 살다. '치峙'의 차자借字로, '지止'와 뜻이 같다.

迺慰迺止, 迺左迺右.
내 위 내 지　내 좌 내 우

迺疆迺理, 迺宣迺畝.
내 강 내 리　내 선 내 무

自西徂東, 周爰執事.
자 서 조 동　주 원 집 사

이에 안심하고 그곳에 머물러
구역을 좌우로 정했네.
지역의 경계를 나누고 정리한 후
도랑 파고 밭 일구었네.
서쪽으로부터 동쪽에 이르기까지
모두 함께 일했네.

■ 주 석

慰止(위지) : (거북점의 결과가 부족의 희망과 합치되어) 안심하고 머물러
　　살기로 하다. '위慰'는 '안安'과 같다.

左右(좌우) : 구역을 좌우로 획정하다.

疆理(강리) : 지역의 경계를 나누고 정리하다.

宣畝(선무) : 도랑을 파고 밭을 일구다. '선宣'은 '설泄'로 '도랑을 파다'는
　　뜻이고, '무畝'도 '밭을 일구다'는 동사로 사용되었다.

周(주) : 모두 함께. '편徧'의 뜻이다. 이 구절은 모두가 다 맡은 일이 있다
　　는 말이다.

乃召司空, 乃召司徒, 俾立室家.
내 소 사 공　　내 소 사 도　　비 립 실 가

其繩則直, 縮版以載, 作廟翼翼.
기 승 즉 직　　축 판 이 재　　작 묘 익 익

사공을 부르고

사도를 불러

집을 세우게 하였네.

먹줄을 곧게 치고

나무 기둥에 담틀 묶어 세우니

묘당 짓는 것이 가지런하기도 하네.

■ 주 석

司空(사공) : 공사를 지휘하고 감독하는 관리.

司徒(사도) : 토지와 노역을 관장하는 관리.

俾(비) : …하게 하다. 시키다. '사使'와 같다.

繩(승) : 목수들이 시공하기 전에 사용하는 먹줄.
縮版以載(축판이재) : 나무 기둥에 담틀을 새끼로 동여매다. '이재以載'는
  '어재於栽'로, '재栽'는 담을 만들 때 세우는 나무 기둥이다.
翼翼(익익) : 동작이 가지런한 모양.

捄之陾陾, 度之薨薨,
구 지 잉 잉　　탁 지 훙 훙
築之登登, 削屢馮馮.
축 지 등 등　　삭 루 빙 빙
百堵皆興, 鼛鼓弗勝.
백 도 개 흥　　고 고 불 승

삼태기에 흙을 척척 퍼 담아
담틀에 퍽퍽 집어넣고
탕탕 흙을 다진 다음
평평 깎아내네.
모든 담이 일제히 세워지니
북소리도 노동의 함성을 이기지 못하네.

■ 주 석

捄(구) : 삼태기에 흙을 담다.
陾陾(잉잉) : 흙을 담는 소리의 의성어.
度(탁) : 삼태기의 흙을 담틀에 집어넣다.
薨薨(훙훙) : 흙을 집어넣는 소리의 의성어.
築(축) : 담틀에 집어넣은 흙을 다지다.
登登(등등) : 흙을 다지는 소리의 의성어.

削屢(삭루) : 깎아내다. '누屢'는 '누鏤'로서 '각刻'의 뜻이다.
馮馮(빙빙) : 흙을 깎아내는 소리의 의성어.
皆興(개흥) : 일제히 세우다. 동시에 담 쌓는 일을 하다.
鼛鼓(고고) : 노동을 격려하는 데 쓰는 큰 북.
弗勝(불승) : 노동의 함성을 이기지 못하다. '불弗'은 목적어가 생략된 타동사를 부정하는 데 쓰인다. 여기서 생략된 목적어는 '일하는 사람들이 우렁차게 내는 노동의 함성'이다.

迺立皐門, 皐門有伉.
내립고문　고문유항
迺立應門, 應門將將.
내립응문　응문장장
迺立冢土, 戎醜攸行.
내립총토　융추유행

바깥문을 세우니
바깥문이 우뚝하고
정문을 세우니
정문이 장엄하고
흙 언덕을 쌓은 것은
오랑캐를 막기 위해서라네.

■ 주 석

皐門(고문) : 외문外門. 바깥문. 주나라에서는 성城의 바깥문과 묘당廟堂 및 궁宮의 바깥문을 모두 '고문皐門'이라고 했다.
伉(항) : 크고 높은 모양. 우뚝 솟은 모양.

應門(응문) : 정문正門.

將將(장장) : 장엄하고 성대한 모양.

冢土(총토) : 흙 언덕. 토대土臺. 적의 침입을 살피고 방어하기 위한 것이다.

戎醜(융추) : '융戎'은 서쪽의 곤이昆夷를 가리키고, '추醜'는 주나라 사람들이 적을 멸시해서 부르는 말이다.

攸行(유행) : 다니는 곳. 즉 오랑캐의 침범 루트를 가리킨다.

肆不殄厥慍, 亦不隕厥問.
사 부 진 궐 온   역 불 운 궐 문

柞棫拔矣, 行道兌矣.
작 역 발 의   행 도 태 의

混夷駾矣, 維其喙矣.
곤 이 태 의   유 기 훼 의

그들에 대한 분노가 가시지 않았지만,
사절을 보내는 것도 끊지 않으셨네.
갈참나무 두릅나무 뽑아내어
다니는 길 통하게 되니
오랑캐들 놀라 달아나며
지쳐 꼬부라졌네.

■ 주 석

肆(사) : 앞글과 뒤를 잇는 발어사. 별 뜻이 없음.

不殄(부진) : 없어지지 않다. 사라지지 않다.

厥慍(궐온) : 곤이昆夷에 대한 단보亶父의 분노.

不隕(불운) : 떨어뜨리지 않다. 단절시키지 않다.
厥問(궐문) : 곤이에게 사절을 보내다. '문問'은 '빙문聘問'의 뜻이다.
兌(태) : 통하다.
混夷(곤이) : 곤이를 가리킨다. '곤混'은 '곤昆'과 통한다.
駾(태) : 놀라 달아나다.
喙(훼) : '훼(疒+彖)'의 차자借字로, '극도로 지치다'는 뜻이다.

虞芮質厥成, 文王蹶厥生.
우 예 질 궐 성   문 왕 궐 궐 생
予曰有疏附, 予曰有先後,
여 왈 유 소 부   여 왈 유 선 후
予曰有奔奏, 予曰有禦侮.
여 왈 유 분 주   여 왈 유 어 모

우나라와 예나라가 그들의 성을 바치니,
문왕께서 문무백관을 표창하셨도다.
내게는 백성을 거느리며 나를 따르는 신하가 있고,
앞뒤에서 나를 보좌하는 신하가 있고,
애쓰며 있는 힘을 다하는 신하가 있고,
침략을 막아주는 신하가 있도다.

■ 주 석

虞(우) : 고대 나라 이름. 지금의 산서성山西省 평륙平陸에 있었다.
芮(예) : 고대 나라 이름. 지금의 섬서성陝西省 대려大荔에 있었다.
質(질) : 바치다. 헌납하다. '헌獻'과 같다.
厥成(궐성) : 그들의 성. '성成'은 '성城'의 차자借字이다.

蹶(궐) : 가상히 여겨 표창하다.
厥生(궐생) : 자신의 관리들. 문무백관文武百官. '생生'은 '성性'으로 '관리'의 뜻이다.
疏附(소부) : 아랫사람을 거느리며 윗사람을 따르는 신하.
先後(선후) : 앞뒤에서 보좌하는 신하.
奔奏(분주) : 애쓰며 있는 힘을 다하는 신하. '주奏'는 '주走'의 차자借字이다.
禦侮(어모) : 적의 침략을 막아주는 신하.

■ 해제

주周나라 시조始祖 후직后稷의 후예 공류公劉는 빈豳(지금의 섬서성陝西省 순읍栒邑 서쪽)으로 천도하였고, 고공단보古公亶父에 이르러서는 곤이昆夷의 침략으로 인해 다시 기岐(지금의 섬서성 기산현岐山縣)로 천도하였다. 이 시는 주로 단보가 기岐로 천도한 역사 사실과 함께 그의 업적을 찬양한 일종의 역사시이다. 아울러 시의 말미에서 문왕文王의 업적을 찬양하였다.

公劉
공류

篤公劉, 匪居匪康.
독공류 비거비강

迺場迺疆, 迺積迺倉, 迺裹餱糧.
내역내강 내적내창 내과후량

于橐于囊, 思輯用光.
우탁우낭 사집용광

弓矢斯張, 干戈戚揚, 爰方啓行.
궁시사장 간과척양 원방계행

공류

충후한 공류께서는,
편안히 쉬지도 못하고
전답의 경계를 정비하시고
양곡을 쌓고 창고에 들이셨네.
그리고 말린 곡식을 싸서
전대와 자루에 넣으셨네.
주나라의 영광을 이루시려고
활과 화살을 갖추시고
방패와 창과 도끼를 들고
비로소 길을 떠나셨네.

■ 주 석

篤(독) : 충후하다. '후厚', '성誠'과 같다.
公劉(공류) : 후직后稷의 3세손으로, 주周 부족의 수령이다.
匪居匪康(비거비강) : '비匪'는 '비非'와 같고, '거居'와 '강康'은 모두 '안거安居'의 뜻이다.
迺埸迺疆(내역내강) : '내迺'는 '내乃'와 같고, '역埸'은 전답의 작은 경계이고, '강疆'은 전답의 큰 경계인데, 여기서는 둘 다 동사로 사용되었다.
迺積迺倉(내적내창) : '내迺'는 '내乃'와 같고, '적積'과 '창倉'도 둘 다 동사로 사용되었다.
餱粮(후량) : 말린 곡식. '건량乾糧'과 같다.
于橐于囊(우탁우낭) : '우于'는 '재在'와 같고, '탁橐'은 작은 자루이고 '낭囊'은 큰 자루이다. 일설에는 '탁橐'은 자루의 위와 아래가 모두 터져 있어서 양쪽 끝을 끈으로 묶는 것이고, '낭囊'은 위만 터져 있는 보통의 자루라고 한다.

思輯用光(사집용광) : '사思'는 '상상想像'으로 보기도 하고, 뜻이 없는 발어사로 보기도 한다. '집輯'은 '성성成'의 뜻이고 '용用'은 '공功'과 같고, '광光'은 '영광榮光'을 뜻한다.

斯張(사장) : '사斯'는 '시是'와 같고, '장張'은 '설設'의 뜻으로 출정을 위해 갖춘다는 말이다.

揚(양) : 들다. '거擧'와 같다.

爰方啓行(원방계행) : '원爰'은 '어시於是'의 뜻이고, '방方'은 '시始'와 같고, '계행啓行'은 '출발'의 뜻이다.

篤公劉, 于胥斯原.
독공류 우서사원

旣庶旣繁, 旣順迺宣, 而無永歎.
기서기번 기순내선 이무영탄

陟則在巘, 復降在原.
척즉재헌 부강재원

何以舟之? 維玉及瑤, 鞞琫容刀.
하이주지 유옥급요 비봉용도

충후한 공류께서,
빈豳 땅으로 가 들판을 살펴보시니
뒤따르는 무리가 무척 많아
마음이 즐겁고 편안하여
길게 탄식하지 않으셨네.
올라가 외딴 봉우리에서 지세를 살펴보시고
다시 내려와 들판에서 지세를 살펴보셨네.

무엇을 몸에 두르셨나? 아름다운 옥과 옥돌로
칼집의 위아래를 장식한 차는 칼이지.

■ 주 석

于胥(우서) : 가서 살피다. '우于'는 '왕往'의 뜻이고, '서胥'는 '상相'과 같아서 '관찰'의 뜻이다.

斯原(사원) : 이 들판. 즉 빈豳 땅의 들판을 가리킨다.

庶繁(서번) : 매우 많다. 공류를 뒤따르는 무리가 많다는 뜻이다.

順宣(순선) : 즐겁고 편안하다. '순順'은 '화락和樂'의 뜻이고, '선宣'은 '서창舒暢'의 뜻이다.

永歎(영탄) : 길게 탄식하다. '장탄長歎'과 같다.

陟則在巘(척즉재헌) : '척陟'은 '등登'과 같고, '헌巘'은 외딴 봉우리를 가리킨다.

舟之(주지) : 몸에 두르다. 몸에 차다. '주舟'는 '주周'의 통가자通假字로 '대帶'의 뜻이다.

維玉及瑤(유옥급요) : '유維'는 발어사이고, '요瑤'는 옥과 비슷한 미석美石이다.

鞞琫(비봉) : 칼집 하단의 장식과 칼집 상단의 장식. 여기서는 모두 동사로 사용되었다.

容刀(용도) : 차는 칼. '패도佩刀'와 같다.

篤公劉, 逝彼百泉,
독공류　서피백천

瞻彼溥原, 廼陟南岡, 乃覯于京.
첨피부원　내척남강　내구우경

京師之野, 于時處處,
경사지야　우시처처

于時廬旅, 于時言言, 于時語語.
우시려려　우시언언　우시어어

충후한 공류께서는,
여러 시내가 모여 흐르는 곳으로 가서
그곳의 드넓은 들판을 바라보시고
다시 남쪽 언덕에 올라가
도읍으로 삼을 땅을 바라보셨네.
도읍으로 삼을 들판을 정하시니
이에 백성들 편안히 자리 잡고
이에 백성들 이곳에 머물러 살며
이에 백성들 마음 놓고 이야기하며 담소하였네.

■ 주 석

百泉(백천) : 시내의 수가 많음을 형용한 말. '중천衆泉'과 같다.

溥原(부원) : 드넓은 들판. 광활한 들판.

覯(구) : 바라보다. '구遘'와 같다.

京(경) : 도읍으로 삼을 땅. '경京'을 높고 큰 구릉으로 보기도 하고, 빈豳의 지명地名으로 보기도 하는데, 공류가 도읍으로 정한 빈성豳城이 높고 큰 구릉 위에 있었으므로 여기서는 '도읍으로 삼을 땅'으로 번역하였다.

京師(경사) : 경읍京邑. 경성京城. '사師'는 도읍都邑의 통칭이다.

于時(우시) : 이에. '시時'는 '시是'의 차자借字이다.

處處(처처) : 편안히 거처하다. 편안히 자리 잡다.

廬旅(여려) : 머물러 살다. '여려旅旅'의 끝아서, '기거寄居'의 뜻이다.

言言語語(언언어어) : 이야기하고 담소하다. 백성들이 빈 땅에 도읍을 정한 후 안심하고 살게 되었음을 형용한 말이다.

篤公劉, 于京斯依.
독공류 우경사의

蹌蹌濟濟, 俾筵俾几.
창창제제 비연비궤

旣登乃依, 乃造其曹.
기등내의 내조기조

執豕于牢, 酌之用匏.
집시우뢰 작지용포

食之飮之, 君之宗之.
식지음지 군지종지

충후한 공류께서,

도읍지에 거처를 정하시니

신하들 걸음걸이 절도 있고 가지런하게

자리와 안석을 배열해놓으니

자리에 오르고 안석에 기대어

서열에 따라 내빈들 질서정연하네.

우리에서 돼지를 잡고

내빈들에게 표주박으로 술을 따라주니

술을 마시고 안주를 먹으며

공류를 군주로 받들고 족장으로 모시네.

■ 주 석

于京斯依(우경사의) : '우于'는 '재在', '경京'은 '경사京師', '사斯'는 '시是',

'의依'는 '정거定居'의 뜻이다.

蹌蹌(창창) : 걸음걸이가 절도 있는 모양. '장장蹡蹡'과 같다.

濟濟(제제) : 질서 있고 가지런한 모양.

俾筵俾几(비연비궤) : 자리와 안석을 배열하다. '비俾'는 '파擺'와 같다.

登依(등의) : '등연의궤登筵依几'의 뜻이다.

造其曹(조기조) : '조造'는 '비차比次'로서 '서열에 따른다'는 뜻이고, '조曹'는 '군군群'으로 여기서는 내빈들을 가리킨다.

執豕于牢(집시우뢰) : 우리에서 돼지를 잡다. '집執'은 '잡아와서 요리하다'는 뜻이고, '뢰牢'는 돼지우리를 가리킨다.

匏(포) : 여기서는 표주박을 반으로 쪼개 만든 술잔을 가리킨다.

宗(종) : 여기서는 족장族長을 가리킨다.

篤公劉, 旣溥旣長,
독공류 기부기장

旣景迺岡, 相其陰陽, 觀其流泉.
기영내강 상기음양 관기류천

其軍三單, 度其隰原, 徹田爲糧.
기군삼단 탁기습원 철전위량

度其夕陽, 豳居允荒.
탁기석양 빈거윤황

충후한 공류께서는,

토지가 광활하고 멀리 뻗어 있어

해 그림자로 방위를 측정하고 언덕에 올라

남북의 음지와 양지를 살피시고

그곳의 물의 흐름을 관찰하셨네.

군대는 세 명의 장정 중 한 명을 뽑으셨고

낮고 습한 들판을 측량하시어
전답으로 개간하고 식량을 생산케 하셨네.
해가 지는 쪽 땅을 측량하시어
빈의 땅은 참으로 광활해졌도다.

■ 주 석

溥長(부장) : (토지가) 넓고 멀리 뻗어 있다.
景岡(영강) : '영景'은 '영影'과 같아서 해 그림자로 방위를 측정한다는 뜻이고, '강岡'은 언덕에 오른다는 뜻이다.
相其陰陽(상기음양) : '상相'은 '살피다'는 뜻이고, '음陰'은 언덕의 북쪽을 가리키고, '양陽'은 언덕의 남쪽을 가리킨다.
流泉(유천) : 물의 흐름. 즉 수리水利를 가리킨다.
其軍三單(기군삼단) : 공류公劉가 민력民力을 아끼기 위해서 '삼정추일법三丁抽一法'(장정 세 사람을 한 조로 하여 한 사람씩 돌아가며 군대에 복무하는 방법)을 사용한 것을 가리킨다. '단單'은 '일一'과 같다.
度其隰原(탁기습원) : 낮고 습한 들판을 측량하다.
徹田(철전) : 전답으로 개간하다. '철徹'은 '치治'로서 여기서는 '개간하다'는 뜻으로 사용되었다.
夕陽(석양) : 해가 지는 쪽의 땅. 즉, 언덕의 서쪽 땅을 가리킨다.
豳居(빈거) : 빈豳의 거주지. 여기서는 '빈지豳地'를 가리킨다.
允荒(윤황) : '윤允'은 '참으로'의 뜻이고, '황荒'은 '광활하다'는 뜻이다.

篤公劉, 于豳斯館.
독 공 류　우 빈 사 관

涉渭爲亂, 取厲取鍛.
섭 위 위 란　취 려 취 단

止基迺理, 爰衆爰有.
_{지 기 내 리　원 중 원 유}

夾其皇澗, 遡其過澗,
_{협 기 황 간　소 기 과 간}

止旅迺密, 芮鞫之卽.
_{지 려 내 밀　예 국 지 즉}

충후한 공류께서는,

빈 땅에 궁실을 지으시고

도도히 흐르는 위수를 건너시어

숫돌과 망치로 쓸 단단한 돌을 채취하여

거처의 터전을 정비하시니

백성들 많고 재물이 풍성하도다.

황간을 사이에 두고 집들이 세워지고

과간을 마주보며 사람들이 거주하니

이곳에 정착하는 자 갈수록 많아져

물가 굽이진 곳까지 나아갔도다.

■ 주 석

于豳斯館(우빈사관) : '우于'는 '재在', '사斯'는 '시是', '관館'은 '관사館舍'로서 궁실宮室을 가리킨다.

涉渭爲亂(섭위위란) : 위수의 흐름을 가로질러 건너다. '위爲'는 '이而'와 같고, '난亂'은 '흐름을 가로질러 건너다'는 뜻이다.

取厲取鍛(취려취단) : '취取'는 '채취'의 뜻이고 '여厲'는 '여礪'로 숫돌로 쓸 수 있는 단단한 돌을 가리키고, '단鍛'은 '난碫'으로 망치로 쓸 수 있는 단단한 돌을 가리킨다. 이 둘은 마제석기나 타제석기를 만들 수 있는 도구이다.

止基迺理(지기내리) : '지止'는 거처를 뜻하고, '기基'는 터전을 뜻하고, '이理'는 정비를 끝냈다는 뜻이다.

爰衆爰有(원중원유) : '원爰'은 '내乃'와 같고, '중衆'은 사람이 많다는 뜻이고, '유有'는 재물이 풍성하다는 뜻이다.

夾其皇澗(협기황간) : '협夾'은 '사이에 두다', '끼다'는 뜻이고, '황간皇澗'은 빈豳의 수명水名이다.

遡其過澗(소기과간) : '소遡'는 '소溯'로 '대對'의 뜻이고, '과간過澗'은 빈豳의 수명水名이다.

止旅迺密(지려내밀) : '지려止旅'는 빈豳으로 옮겨와 정착한 백성을 가리키고, '밀密'은 '번밀繁密'의 뜻이다.

芮鞫之卽(예국지즉) : '예국芮鞫'은 물가의 굽이진 곳을 가리키고, '즉卽'은 '취就'와 같다.

■ 해 제

주나라의 시조 후직后稷은 태邰(지금의 섬서성陝西省 무공현武功縣 경내)에 도읍을 세웠는데, 공류公劉에 이르러 빈豳으로 천도遷都하였다. 이 시는 공류의 천도 고사를 서술한 것인데, 주된 내용은 출발상황 및 빈 땅에 도착한 후에 주변을 관찰하고 경영하고 거처를 정한 과정 등을 기록한 일종의 역사시이다. 이 시는 모두 6장으로 구성되어 있는데, 제1장에서는 주나라 사람들이 천도의 계획을 세우고 준비를 마친 후 대규모 이동을 시작한 과정을 서술하였고, 제2장에서는 빈 땅 주변의 지세를 살펴보는 과정을 서술하였고, 제3장에서는 좋은 땅을 골라 성읍城邑과 궁실을 세우기 시작했음을 서술하였고, 제4장에서는 도읍을 세우느라 고생한 신하들에게 잔치를 베풀어 위로하는 모습을 서술하였고, 제5장에서는 도읍을 건설한 후 군대를 정비하고 농업생산을 진작시킨 과정을 서술하였고, 제6장에서는 도읍지를 확대 건설한 모습을 서술하였다.

召旻
소 민

旻天疾威, 天篤降喪.
민 천 질 위　천 독 강 상

瘨我饑饉, 民卒流亡.
전 아 기 근　민 졸 류 망

我居圉卒荒.
아 거 어 졸 황

소공과 하늘이여

하늘이 사납고 잔혹하여,

엄중하게 재앙을 내리셨네.

우리에게 기근의 재앙을 내리시어,

백성들 모두 유랑하게 되었고,

우리 사는 곳은 변경까지 모두 황폐해져버렸네.

■ 주 석

旻天(민천) : 하늘. '호천旲天'과 같다.
疾威(질위) : 사납고 잔혹하다.
篤(독) : 심하다. 엄중하다. '후厚'와 같다.
降喪(강상) : 재앙을 내리다.
瘨(전) : 재앙을 내리다.
卒(졸) : 모두. 다. '진盡'과 같다.
圉(어) : 나라의 변경. 변방.

天降罪罟, 蟊賊內訌.
천 강 죄 고　슬 적 내 홍

昏椓靡共, 潰潰回遹, 實靖夷我邦.
혼 탁 미 공　궤 궤 회 휼　실 정 이 아 방

하늘이 백성들에게 죄를 내리시어,
해충 같은 귀족들에게 내홍이 일어났네.
그들은 어지러이 헐뜯으며 두려운 것이 없었네.
혼란을 일으키고 사악하게 굴면서
실로 우리나라의 멸망을 꾀했다네.

■ 주 석
罟(고) : 허물. 죄. '고辜'의 차자借字이다.
蟊賊(슬적) : 농작물을 먹어치우는 해충. 못된 짓을 하는 귀족집단을 비유하였다.
內訌(내홍) : 자신들끼리의 다툼. 집안싸움. 내분.
昏椓(혼탁) : 어지러이 헐뜯다. '탁椓'은 '착諑'과 통한다.
靡共(미공) : 두려운 것이 없다. '공共'은 '공恐'의 차자借字로, '전율하다', '두려워하다'는 뜻이다.
潰潰(궤궤) : 혼란스러운 모양.
回遹(회휼) : 사악하고 편벽되다.
靖夷(정이) : 멸망을 꾀하다.

皋皋訿訿, 曾不知其玷.
고 고 자 자　증 부 지 기 점

兢兢業業, 孔塡不寧, 我位孔貶.
긍 긍 업 업　공 전 불 녕　아 위 공 폄

서로 속이고 비방하면서도
자신들의 잘못을 전혀 깨닫지 못하네.
그들이 두려워 전전긍긍하며
편안치 못한 것이 오래되었고
내 지위도 몹시 낮아지고 말았네.

■ 주 석

皐皐(고고) : 속이다. 기만하다.
訿訿(자자) : 헐뜯다. 비방하다.
玷(점) : 옥의 티. 오점. 잘못.
兢兢業業(긍긍업업) : 두려워 전전긍긍하다.
孔塡(공전) : 매우 오래되다.
孔貶(공폄) : 몹시 낮아지다. 심하게 좌천되다.

如彼歲旱, 草不潰茂, 如彼棲苴.
여 피 세 한 초 불 궤 무 여 피 서 저
我相此邦, 無不潰止.
아 상 차 방 무 불 궤 지

세상은 가뭄이 들어
풀이 무성히 자라지 못했으니
시들어 마른 풀만 베었네.
내가 이 나라를 보건대
붕괴하지 않을 수 없네.

■ 주 석

潰茂(궤무) : 무성하다. 무성히 자라다. '궤潰'는 '휘彙'와 같아서 '무茂'와 동의사同義詞이다.

棲苴(서저) : 시들어 마른 풀을 베다. '서棲'는 '제穧'의 차자借字이다.

相(상) : 보다. 살피다. '시視'와 같다.

潰止(궤지) : 붕괴하다. 무너지다. '지止'는 어기사語氣詞이다.

維昔之富不如時, 維今之疚不如玆.
유 석 지 부 불 여 시   유 금 지 구 불 여 자

彼疏斯粺, 胡不自替.
피 소 사 패   호 부 자 체

職兄斯引.
직 형 사 인

옛날 부자들은 지금의 부자와 달랐고
지금의 빈궁한 이도 지금의 부자와 다르다네.
백성들은 소채를 먹는데 귀족들은 곱게 찧은 곡식을 먹으니
어찌하여 저들은 스스로 무너지지 않는가?
그런 상황이 이처럼 연장되고 있는데.

■ 주 석

時(시) : '시是'와 통하여 당시 통치를 맡은 부유한 귀족들을 가리킨다.

疚(구) : 빈궁한 사람들.

玆(자) : 앞의 '시時'와 같이 '시是'와 통하여 당시 통치를 맡은 부유한 귀족들을 가리킨다.

彼疏(피소) : 백성들은 소채를 먹다. '피彼'는 백성들을 가리키고, '소疏'는 '소蔬'의 차자借字인데 동사로 쓰였다.

斯粺(사패) : 귀족들은 곱게 찧은 곡식을 먹다. '사斯'는 귀족들을 가리키고, '패粺'는 곱게 찧은 곡식이다.
替(체) : 무너지다. 폐하다. '폐廢'와 같다.
職兄(직황) : 그와 같은 상황. '직職'은 '차此'와 같고, '황兄'은 '황況'으로 '상황'의 뜻이다.
引(인) : 연장되고 발전하다.

> 池之竭矣, 不云自頻.
> 지 지 갈 의   불 운 자 빈
> 泉之竭矣, 不云自中.
> 천 지 갈 의   불 운 자 중
> 溥斯害矣, 職兄斯弘, 不烖我躬.
> 부 사 해 의   직 황 사 홍   부 재 아 궁

못이 마르는 것은

물가에서 시작되지 않는가?

샘이 마르는 것은

중심에서 시작되지 않는가?

이 나라는 널리 그들의 해를 입어

이런 상황이 이렇게 널리 퍼졌으니

내 몸도 크게 재앙을 입었네.

■ 주 석

云(운) : 구중조사句中助詞로 뜻이 없다.
頻(빈) : 물가. '빈瀕'과 같다. 이 두 구절은 못이 마르는 것이 물가에서 시작되듯이 나라의 멸망도 백성의 빈곤에서 시작된다는 말이다.
自中(자중) : 중심에서 시작되다. 이 두 구절은 나라의 멸망이 중심부라

할 수 있는 통치 집단의 혼란과 부패에서 비롯된다는 말이다.
溥(부) : 보편적으로. 널리. '보普'와 통한다.
斯害(사해) : 그들의 해악. '사斯'는 귀족 통치 집단을 가리킨다.
不裁(부재) : 큰 재앙. '부不'는 '비丕'와 통하고, '재裁'는 '재災'와 같다.

> 昔先王受命, 有如召公.
> 석 선 왕 수 명　유 여 소 공
>
> 日辟國百里, 今也日蹙國百里.
> 일 벽 국 백 리　금 야 일 축 국 백 리
>
> 於乎哀哉.
> 오 호 애 재
>
> 維今之人, 不尙有舊.
> 유 금 지 인　불 상 유 구

> 옛날 선왕들께서 천명을 받으실 적엔
>
> 저 소공이 계셔서
>
> 하루에 국토 백리를 넓혔는데
>
> 지금은 하루에 국토 백리가 줄어드네.
>
> 아아, 슬프다.
>
> 지금의 통치자는
>
> 옛사람만 못하구나.

■ 주 석

先王(선왕) : 무왕武王과 성왕成王을 가리킨다.
如(여) : 저. '피彼'와 같다.
召公(소공) : 소공召公 석奭. 무왕과 성왕을 잘 보필한 신하였다.

辟國(벽국) : 국토를 넓히다. '벽辟'은 '벽闢'과 같다.

蹙國(축국) : 국토를 줄이다. 국토를 상실하다. 대융犬戎이 침입한 유왕幽王 때를 가리킨다.

於乎(오호) : 아아. '오호嗚呼'와 같다.

今之人(금지인) : 지금의 통치자.

不尙(불상) : 일찍이 …하지 않았다. '상尙'은 '증曾'과 같다.

舊(구) : 고대의 통치자. 옛날의 통치자.

■ 해 제

이 작품은 서주西周 말末 유왕幽王 때의 한 관리가 지은 것으로 보인다. 그는 유왕 시절 통치 집단의 무능과 부패로 인해 정치가 어지럽고 자신도 좌천을 면치 못하는 신세임을 개탄하는 한편, 백성들은 빈곤해져서 나라가 황폐해져 가는데 자연재해까지 겹쳐 견융犬戎의 침범을 막아내지 못해 왕조가 멸망할 것을 걱정하고 있다.

頌

주송周頌

淸廟
청 묘

於穆淸廟, 肅雝顯相.
오 목 청 묘 　 숙 옹 현 상

濟濟多士, 秉文之德.
제 제 다 사 　 병 문 지 덕

對越在天, 駿奔走在廟.
대 월 재 천 　 준 분 주 재 묘

不顯不承, 無射於人斯.
비 현 비 승 　 무 역 어 인 사

청묘

아아 장엄하고 말끔한 저 종묘에
덕망 있는 참례자들 정중하고 온화하네.
북적북적 수많은 관리들이 모여서
문왕의 높은 덕을 가슴속에 되새기며
하늘에 계신 분을 칭송하느라
종묘에서 바쁘게 뛰어다니네.
참으로 덕이 높고 훌륭하시니
사람들을 돌보는 데 싫증을 안 내시네.

■ 주 석

淸廟(청묘) : 청정한 종묘. 옛날 제왕의 종묘를 가리킨다.
於(오) : 감탄사.
穆(목) : 장엄하고 아름답다.
肅雝(숙옹) : 정중하고 온화하다.
顯(현) : 덕이 높다.
相(상) : 제사에 참례하여 도와주는 사람. 왕이 제사를 지내면 제후들이 옆에서 도왔다.
濟濟(제제) : 많은 모양.
多士(다사) : 제사를 지낼 때 각종 임무를 담당하는 여러 관리들을 가리킨다.
秉(병) : 지니다. 가슴에 품다.
文(문) : 주나라 문왕을 가리킨다.
對(대) : 보답하다. 감사하다.
越(월) : 송양頌揚하다. '양揚'과 같은 뜻이다.
在天(재천) : 하늘에 있는 사람, 즉 문왕의 혼령을 가리킨다.
駿(준) : 빠르다.
不顯(비현) : 덕이 매우 높다. '비不'는 '비조'와 같다.
不承(비승) : 매우 훌륭하다.
射(역) : 싫어하다. '역斁'과 같다.
斯(사) : 의미 없는 조사. 이상의 두 구절은 문왕의 혼령이 오래오래 주나라의 왕실과 백성을 보우해주고 있다는 말이다.

■ 해 제

주나라 문왕에게 제사 지낼 때 부르던 노래로 엄숙히고 경건한 제사 장면을 묘사하고 문왕이 높은 덕을 칭송했다.

維天之命
유 천 지 명

維天之命, 於穆不已.
유 천 지 명 오 목 불 이

於乎不顯, 文王之德之純.
오 호 비 현 문 왕 지 덕 지 순

假以溢我, 我其收之.
가 이 일 아 아 기 수 지

駿惠我文王, 曾孫篤之.
준 혜 아 문 왕 증 손 독 지

천명

하늘의 명은

아아 장엄하기 그지없도다.

아아 몹시도 높고 위대한

문왕의 덕망의 순수함이여.

선정으로 우리를 편안하게 해주시매

우리가 그분의 은혜를 입었도다.

힘써 우리 문왕의 뒤를 따라서

후손들도 그 뜻을 독실하게 받들기를.

■ 주 석

維(유) : 의미 없는 조사.

天之命(천지명) : 하늘의 명. 천명.

於(오) : 감탄사.

穆(목) : 장엄하고 아름답다.

不已(불이) : 그치지 않다.
於乎(오호) : 감탄사. '오호嗚呼'와 같다.
不顯(비현) : 덕이 매우 높다. '비不'는 '비丕'와 같다.
假(가) : 훌륭하다. 선정善政을 가리킨다. '가嘉'와 같다.
溢(일) : 편안하게 하다.
其(기) : 의미 없는 조사.
收(수) : 받다.
駿惠(준혜) : 힘써 따르다.
曾孫(증손) : 흔히 손자의 아들을 가리키지만 증손자 이하의 후손을 두루 가리키기도 한다.

■ 해 제

주나라 문왕에게 제사 지낼 때 부르던 노래로 문왕의 덕을 극구 칭송하고, 아울러 그의 후손들도 문왕과 같은 덕정을 베풀어 주나라의 기틀을 튼튼하게 해줄 것을 간구했다.

我將
아 장

我將我享, 維羊維牛, 維天其右之.
아 장 아 향   유 양 유 우   유 천 기 우 지

儀式刑文王之典, 日靖四方.
의 식 형 문 왕 지 전   일 정 사 방

伊嘏文王, 旣右饗之.
이 하 문 왕   기 우 향 지

我其夙夜, 畏天之威, 于時保之.
아 기 숙 야   외 천 지 위   우 시 보 지

우리가 받들어

우리가 신령님께 삼가 받들어
양고기와 소고기를 정성으로 바치니
하늘에서 우리를 보우하시리.
문왕의 전장을 잘 본받아서
날마다 사방을 편안하게 했으니
위대하신 문왕께
제수를 흠향하게 이미 권한 셈이리.
우리는 밤낮으로
하늘의 위엄에 경외심을 가지고
이렇게 이 나라를 지켜나가리.

■ 주 석

將(장) : 받들다.
享(향) : 제물을 바치다.
維(유) : '유양유우維羊維牛'의 '유維'는 '이以'와 같아서 '…을, …로써'의 뜻이고, '유천기우지維天其右之'의 '유維'는 의미 없는 조사이다.
其(기) : 장차 …할 것이다.
右(우) : 돕다. 보우保佑하다. '우佑'와 같다.
儀(의) : 적절히. 잘.
式刑(식형) : 본받다. '형刑'은 '형型'과 같다.
典(전) : 전장典章. 제도와 문물.
伊(이) : 의미 없는 조사.
嘏(하) : 크다. 위대하다.
右(우) : 음식을 권하다. '유侑'와 같다.

饗(향) : 흠향歆饗하다. 제물을 받아먹다. 이상의 네 구절은 후손들이 나
라를 잘 다스린 것을 알고 문왕이 기꺼이 제물을 흠향할 것이라는 말
이다.
其(기) : 의미 없는 조사.
于時(우시) : 이에. 이리하여. 앞 문장과의 승접承接 관계를 나타낸다. '시
時'는 '시是'와 같다.
保之(보지) : 문왕의 유업遺業, 즉 주나라의 국기國基를 보전한다는 뜻이
다.

■ 해제

이 시는 〈대무大武〉라는 무곡舞曲의 제1장이라는 설, 문왕에게 제사를 올릴 때 부른 노래라는 설, 문왕을 배향配享하여 하늘에 제사를 올릴 때 부른 노래라는 설, 무왕이 은나라를 정벌하기 전에 하늘과 문왕에게 제사를 지내면서 부른 노래라는 설 등의 여러 가지 설이 있다.

思文
사 문

思文后稷, 克配彼天.
사 문 후 직　극 배 피 천

立我烝民, 莫匪爾極.
입 아 증 민　막 비 이 극

貽我來牟, 帝命率育.
이 아 래 모　제 명 솔 육

無此疆爾界, 陳常于時夏.
무 차 강 이 계　진 상 우 시 하

문덕

문덕이 높으신 후직님께선
저 하늘의 제사에 배향할 만하시지요.
우리 백성 이렇게 생존할 수 있는 것은
모두가 당신을 본받은 덕이지요.
우리에게 밀과 보리 내려주시고
천명으로 뭇 백성을 두루 길러 주셨지요.
이 땅이든 저 땅이든 경계를 짓지 않고
이 중원에 변함없는 농정을 펴셨지요.

■ 주 석

思(사) : 의미 없는 조사.
后稷(후직) : 주나라의 시조. 전설에 의하면 강원姜嫄이 들판에 나갔다가 거인의 발자국을 보고 그것을 밟은 뒤에 회임하여 낳은 아들인지라 키우지 않으려고 내다버린 적이 있기 때문에 '기棄'라고 불렸는데, 나중에 순임금이 농사를 담당하는 관리에 임명하여 백성들에게 농사짓는 법을 가르치게 했기 때문에 다시 '후직'이라는 이름이 생겼다고 한다. 후세 백성들이 그를 곡식의 신으로 떠받들었다.
克(극) : 할 수 있다.
配天(배천) : 하늘과 배향配享하다. 하늘에 제사 지낼 때 함께 지낸다는 뜻이다.
立(입) : 존립하게 하다.
烝民(증민) : 모든 백성. 만민. '증烝'은 '중衆'과 같다.
莫匪(막비) : 아닌 것이 없다. '비匪'는 '비非'와 같다.
爾極(이극) : 그대를 본받다. 부정문에서 대명사 목적어가 동사 앞에 위치한 형태이다. 이상의 두 구절은 후직이 농사짓는 법을 가르쳐 주었기 때문에 백성들이 지금까지 잘 살고 있다는 말이다.

來牟(내모) : 소맥小麥과 보리, 즉 밀과 보리.
帝命(제명) : 천제天帝 즉 하늘의 명령. 천명.
率(솔) : 모두. 전부.
無此疆爾界(무차강이계) : 이곳저곳 할 것 없이. 이곳의 경계와 저곳의 경계가 없다는 뜻으로 장소를 가리지 않는다는 말이다.
陳(진) : 펴다. 시행하다.
常(상) : 상도常道. 농정農政을 가리킨다.
時(시) : 이. '시是'와 같다.
夏(하) : 옛날에 중원中原을 일컫던 말.

■ 해 제

이 시는 백성들에게 농사짓는 법을 가르쳐 곡식의 신으로 추앙되는 주나라의 시조 후직에게 제사 지낼 때 부른 노래로 그의 덕을 극구 칭송했다.

豊年
풍 년

豊年多黍多稌, 亦有高廩, 萬億及秭.
풍 년 다 서 다 도   역 유 고 름   만 억 급 자

爲酒爲醴, 烝畀祖妣.
위 주 위 례   증 비 조 비

以洽百禮, 降福孔皆.
이 흡 백 례   강 복 공 개

풍년

풍년이 들어서 기장과 벼 풍성하고
높다란 창고도 새로이 지었나니
만 단 되고 억 단 되고 수도 없이 많습니다.
그것으로 술 담그고 단술도 담가
할아버님 할머님께 정성들여 올립니다.
갖가지 제례를 다 갖추었으니
골고루 복을 내려 주시기를 비옵니다.

■ 주 석

稌(도) : 벼.
秭(자) : 억의 억 배. 이 구절은 수확한 볏단의 수가 지극히 많다는 말이다.
烝(증) : 바치다.
畀(비) : 주다.
祖妣(조비) : 조상. 할아버지를 비롯한 그 이상의 남자 조상을 '조祖'라 하고, 할머니를 비롯한 그 이상의 여자 조상을 '비妣'라 한다.
洽(흡) : 모으다. 구비하다.
百禮(백례) : 온갖 제례祭禮.
孔(공) : 매우.
皆(개) : 두루두루 미치다.

■ 해 제

추수가 끝난 뒤 조상들과 천지신명에게 감사를 드리고 복을 비는 제사를 지낼 때 부르던 노래이다.

武
무

於皇武王, 無競維烈.
오 황 무 왕　무 경 유 렬

允文文王, 克開厥後.
윤 문 문 왕　극 개 궐 후

嗣武受之, 勝殷遏劉, 耆定爾功.
사 무 수 지　승 은 알 류　지 정 이 공

무왕

아아 위대하신 우리 무왕님
공적을 겨룰 사람 아무도 없네.
참으로 문덕이 높으신 문왕님이
당신의 후손에게 길을 열어 주셨네.
맏아들인 무왕께서 그 유업을 이어받아
은나라를 쳐부수고 폭정을 막아
거룩한 공적을 이룩하셨네.

■ 주 석

於(오) : 감탄사.
皇(황) : 크다. 위대하다.
維(유) : …으로. …을. '이以'와 같은 뜻이다.
烈(열) : 공적.
允文(윤문) : 참으로 문덕文德이 높다.
克(극) : …할 수 있다.
厥(궐) ; 문왕을 가리킨다.

嗣(사) : 사자嗣子. 맏아들.
劉(유) : 살육. 은나라 주왕紂王의 폭정을 가리킨다.
耆定(지정) : 달성하다. 이룩하다.
爾(이) : 그대. 무왕을 가리킨다.

■ 해 제

이 시는 〈대무大武〉라는 무곡舞曲의 제2장이라는 설이 있다. 무왕이 문왕의 유업을 계승하여 은나라의 폭군 주왕을 정벌한 일을 찬양한 것이다.

敬之
경 지

敬之敬之, 天維顯思, 命不易哉.
경 지 경 지   천 유 현 사   명 불 이 재

無曰高高在上, 陟降厥士, 日監在茲.
무 왈 고 고 재 상   척 강 궐 사   일 감 재 자

維予小子, 不聰敬止.
유 여 소 자   불 총 경 지

日就月將, 學有緝熙于光明.
일 취 월 장   학 유 집 희 우 광 명

佛時仔肩, 示我顯德行.
필 시 자 견   시 아 현 덕 행

근신

근신하고 근신할 일
하느님이 훤하게 알고 계시고
국운은 지키기 쉽지 않다네.

높디높게 천상에 계신다고 하지 말 일
그 일이 있는 곳을 오락가락하면서
날마다 이곳에서 살펴보고 계신다네.
나이 아직 얼마 안 된 이 젊은이는
총명하지 못하고 조심스럽지도 않네.
나날이 성취하고 다달이 진보하면
배움이 점점 밝아져 광명에 이르리라.
나의 이 임무를 보필해주어
덕으로 나아가는 밝은 길을 보여주길.

■ 주 석

敬(경) : 경계하다. 조심하다. '경警'과 같다.
維(유) : 의미 없는 조사.
顯(현) : 훤히 알다. 밝히 알다.
思(사) : 의미 없는 조사.
命(명) : 운명. 국운을 가리킨다.
不易(불이) : 쉽지 않다. 보전하기가 쉽지 않다.
陟降(척강) : 오락내리락하다.
厥士(궐사) : 그 일. 정사政事를 가리킨다. '사士'는 '사事'와 같다.
子(여) : 화자인 성왕成王 자신을 가리킨다.
小子(소자) : 젊은 사람. 나이 어린 성왕이 자기 자신을 겸손하게 일컬은 것이다.
聰敬(총경) : 총명하고 조심스럽다.
止(지) : 의미 없는 조사.
日就月將(일취월장) : 나날이 성취하고 다달이 진보하나.
緝熙(집희) · 전진적 밝음.

于(우) : 이르다. 나아가다.
佛(필) : 돕다. '弼필'과 같다.
時(시) : 이. '是시'와 같다.
仔肩(자견) : 임무. 책임.
德行(덕행) : 덕으로 나아가는 길.

■ 해 제

성왕이 자기 자신을 경계하고 아울러 여러 신하에게 자신을 잘 보필해 줄 것을 당부한 것이다.

載芟
재 삼

載芟載柞, 其耕澤澤.
재 삼 재 작　　기 경 석 석

千耦其耘, 徂隰徂畛.
천 우 기 운　　조 습 조 진

侯主侯伯, 侯亞侯旅, 侯彊侯以.
후 주 후 백　　후 아 후 려　　후 강 후 이

有嗿其饁, 思媚其婦, 有依其士.
유 탐 기 엽　　사 미 기 부　　유 의 기 사

有略其耜, 俶載南畝.
유 략 기 사　　숙 재 남 무

播厥百穀, 實函斯活.
파 궐 백 곡　　실 함 사 활

驛驛其達, 有厭其傑.
역 역 기 달　　유 염 기 걸

厭厭其苗, 緜緜其麃.
염 염 기 묘　　면 면 기 포

載穫濟濟, 有實其積, 萬億及秭.
재확제제 유실기적 만억급자

爲酒爲醴, 烝畀祖妣, 以洽百禮.
위주위례 증비조비 이흡백례

有飶其香, 邦家之光.
유필기향 방가지광

有椒其馨, 胡考之寧.
유초기형 호고지녕

匪且有且, 匪今斯今, 振古如玆.
비차유차 비금사금 진고여자

잡초를 베어내고

잡초를 베어내고 잡목을 자른 뒤에
밭을 가니 퍼슬퍼슬 흙덩이가 부서졌네.
수천 명이 한꺼번에 김을 매려고
진펄로 두렁으로 나아갔었네.
주인과 장남은 말할 것 없고
차남들과 식구들도 도와주었고
날삯꾼과 머슴도 힘을 다했네.
들밥을 먹느라고 왁자지껄 떠드는데
아낙네는 아리땁고
남정네는 건장했네.
날카로운 보습으로
남쪽 밭의 잡초를 갈아엎기 시작했네.
그 온갖 곡식의 씨를 뿌리사
씨앗이 흙에 싸여 생기를 되찾았네.

여기저기 뾰족뾰족 싹이 돋는데
개중에 잘 자란 건 정말 멋졌네.
그 싹이 무럭무럭 자라나더니
그 이삭이 주렁주렁 옹골지게 익었네.
와글와글 나와서 거둬들이니
쌓아놓은 볏가리가 마당에 가득하여
만 단 되고 억 단 되고 수도 없이 많았네.
그것으로 술 담그고 단술도 담가
할아버님 드리고 할머님께 올리며
갖가지 제례를 모두 갖추네.
음식에서 그윽이 향기가 나니
이 나라의 영광이 더해질 테고
산초술이 은은히 향기 풍기니
어르신들 강녕하게 잘 계시겠네.
이제야 이런 일이 있는 것이 아니고
지금에야 이런 일을 하는 것이 아니니
옛날부터 이와 같이 죽 해왔다네.

■ 주 석

載(재) : 의미 없는 조사.
芟(삼) : 풀을 베다.
柞(작) : 나무를 베다.
澤澤(석석) : 갈라져 흩어지다. '석석釋釋'과 같다. 흙이 갈아엎어지는 모양을 가리킨다.
千耦(천우) : 수없이 많은 사람을 가리킨다. '우耦'는 원래 두 사람이 나란히 서서 쟁기질하는 것을 가리키는 말이지만, 두 사람으로 구성된 짝을 가리키기도 한다.

侯伯(후백) : 장남. '후侯'는 의미 없는 조사로 '유維'와 같다.
侯亞(후아) : 차남.
旅(여) : 무리. 그밖의 여러 자제들을 가리킨다.
彊(강) : 자기 농토가 얼마 안 되기 때문에 여력을 이용하여 단기적으로 남의 일을 하는 사람.
以(이) : 자기 농토가 없기 때문에 상시적으로 남의 일을 하는 사람. '용用'과 같다.
有噴(유탐) : 여러 사람의 식사하는 소리가 왁자한 것을 가리킨다. '유有'는 형용사 접두사이다.
饁(엽) : 들밥. 들에서 일하는 일꾼들이 현장에서 먹을 수 있도록 들로 내다주는 밥.
思(사) : 의미 없는 조사.
有依(유의) : 건장하다. '유有'는 형용사 접두사이다.
士(사) : 남자.
有略(유략) : 날카롭다. '유有'는 형용사 접두사이다.
耜(사) : 보습. 쟁기의 날.
俶(숙) : 시작하다.
載(재) : 풀을 갈아엎다. '치甾'와 같다.
實(실) : 곡식의 열매. 씨앗.
函(함) : 흙에 싸이다. '함숌'과 같다.
斯(사) : 이에. 이리하여.
驛驛(역역) : 연이은 모양.
達(달) : 흙을 뚫고 나오다.
有厭(유염) : 무성하고 멋지다. '유有'는 형용사 접두사이고, '염厭'은 '엄嬮'과 같다.

其傑(기걸) : 개중에 가장 먼저 자라서 우뚝 솟은 것.
厭厭(염염) : 무성하고 멋지게 자란 모양. '염염稶稶'과 같다.
緜緜(면면) : 끊이지 않고 죽 이어진 모양.
麃(포) : 이삭. '표穮'와 같다.
濟濟(제제) : 많은 모양.
有實(유실) : 가득하다.
秭(자) : 억의 억 배. 이 구절은 수확한 볏단의 수가 매우 많다는 말이다.
烝(증) : 바치다.
畀(비) : 주다.
祖妣(조비) : 조상. 할아버지를 비롯한 그 이상의 남자 조상을 '조祖'라 하고, 할머니를 비롯한 그 이상의 여자 조상을 '비妣'라 한다.
洽(흡) : 모으다. 구비하다.
百禮(백례) : 온갖 제례祭禮.
苾(필) : 음식의 향기.
椒(초) : 산초를 넣고 담은 술, 즉 초주椒酒를 가리킨다.
胡考(호고) : 노인.
匪(비) : 아니다. '비非'와 같다.
且有且(차유차) : 이때에 이 일이 있다. '차且'는 '차此'와 같다.
今斯今(금사금) : 지금에야 비로소 지금 하는 일을 하다. 이상의 두 구절은 지금 처음으로 이 제사를 올리는 것이 아니라는 말이다.
振古(진고) : 옛날부터. '자고自古'와 같다.

■ 해 제

이 시에 대해서는《모시서毛詩序》에 "봄에 임금이 친히 경작하여 사직社稷에 풍년을 비는 노래이다"라고 한 것을 비롯하여, 추수가 끝난 뒤 주나라 임금이 햇곡식으로 종묘에 제사를 지낼 때 부르던 노래라는 설, 풍년을 경축하는 노래라는 설, 농민들이 황무지를 개간하여 풍성하게 수확한 뒤 조상과 신에게 제사를 지내는 광경을 노래한 것이라는 설 등 여러 가지 이설이 있다.

酌
작

於鑠王師, 遵養時晦.
오삭왕사　준양시회

時純熙矣, 是用大介.
시순희의　시용대개

我龍受之, 蹻蹻王之造.
아롱수지　교교왕지조

載用有嗣, 實維爾公, 允師.
재용유사　실유이공　윤사

참작

아아 멋있는 임금님의 군사가
시대의 요구 따라 이 암흑을 다스렸네.
이리하여 천하가 크게 빛나니
이로써 아주 크게 훌륭해졌네.
우리가 영예롭게 물려받았네
용맹스런 임금님의 그 군사들을.
이렇게 당신의 뒤를 잇게 됐으나
이는 실로 당신의 크나큰 공적
당신은 참으로 우리 스승이시네.

■ 주 석

於(오) : 감탄사.
鑠(삭) : 아름답게 빛나다. '삭爍'과 같다.
王師(왕사) : 왕의 군대. 국군.
遵養(준양) : 시대의 요구에 따라 다스리다.
時晦(시회) : 이 어둠. 은나라 주왕紂王의 암흑통치를 가리킨다. '시時'는 '시是'와 같다.
時(시) : 이리하여. '시是'와 같다.
純(순) : 크다.
是用(시용) : 이로써. '용用'은 '이以'와 같은 뜻이다.
介(개) : 훌륭하다.
龍(용) : 영예를 입다. '총寵'과 같다.
蹻蹻(교교) : 용맹스러운 모양.
造(조) : 무리. '조曹'와 같다. 많은 군사를 가리킨다.
載(재) : 의미 없는 조사.
有嗣(유사) : 계승하다. 뒤를 잇다.
維(유) : 이다.
公(공) : 공적. '공功'과 같다.
師(사) : 본보기가 될 만한 사람을 가리킨다.

■ 해 제

이 시는 〈대무大武〉라는 무곡舞曲의 제5장이라는 설이 있다. 무왕이 은나라를 정벌한 일을 노래했다. 이 시는 언뜻 보기에 내용이 '참작'과 무관해 보이는데, 이에 관하여 《모시서毛詩序》는 "〈참작〉은 위대한 무공의 완성을 고한 것으로 선조의 도를 참작하여 천하를 훈도薰陶할 줄 안다는 말이다(〈酌〉, 告成大武也, 言能酌先祖之道, 以養天下也)"라고 설명했다.

般
반

於皇時周, 陟其高山,
오 황 시 주　척 기 고 산

隋山喬嶽, 允猶翕河.
타 산 교 악　윤 유 흡 하

敷天之下, 裒時之對, 時周之命.
부 천 지 하　부 시 지 대　시 주 지 명

즐거움

아아 위대한 이 주나라여!
이 나라의 높은 산에 올라가 보니
좁고 길게 뻗은 산과 우뚝 솟은 산이 있고
연수와 추수가 황하와 합류한다.
온 천하의 제후들이
여기에 모여서 바라보나니
이것이 주나라의 운명이로다.

■ 주 석

於(오) : 감탄사.
皇(황) : 크다. 위대하다.
時(시) : 이. '시是'와 같다.
隋山(타산) : 좁고 길게 뻗어 있는 산.
允(윤) : 연수沇水. 제수濟水의 별칭. '연沇'과 같다.
猶(유) : 주수洍水. '추洎'와 같다. 서주西周 경내를 흐르던 강.
河(하) : 황하.

敷天之下(부천지하) : 온 천하. '부敷'는 '보普'와 같다.

裒時(부시) : 여기에 모이다. '시時'는 '시是'와 같다.

之對(지대) : 그것을 대하다. '대지對之'가 도치된 형태로 주나라의 산천을 바라본다는 뜻이다.

■ 해 제

이 시는 〈대무大武〉라는 무곡舞曲의 제4장으로 무왕이 남국을 평정하여 나라를 통일한 일을 노래한 것이라는 설과, 임금이 나라를 순수하면서 사악四嶽과 하해河海의 신에게 제사 지낼 때 부른 노래라는 설이 있다.

노송魯頌

有駜
유필

有駜有駜, 駜彼乘黃.
유필유필 필피승황

夙夜在公, 在公明明.
숙야재공 재공명명

振振鷺, 鷺于下.
진진로 노우하

鼓咽咽, 醉言舞, 于胥樂兮.
고인인 취언무 우서락혜

有駜有駜, 駜彼乘牡.
유필유필 필피승모

夙夜在公, 在公飮酒.
숙야재공 재공음주

振振鷺, 鷺于飛.
진진로 노우비

鼓咽咽, 醉言歸, 于胥樂兮.
고인인 취언귀 우서락혜

有駜有駜, 駜彼乘駽.
유필유필 필피승현

夙夜在公, 在公載燕.
숙야재공 재공재연

自今以始, 歲其有.
자 금 이 시   세 기 유

君子有穀, 詒孫子, 于胥樂兮.
군 자 유 곡   이 손 자   우 서 락 혜

살지고 튼튼하네

살지고 튼튼하네, 살지고 튼튼하네.
저 노랑말 네 마리가 살지고 튼튼하네.
밤낮으로 조정에 머무르면서
조정에 머무르며 부지런히 일하네.
떼를 지은 백로가
백로가 내려앉네.
북이 둥둥 울리면
술에 취해 춤추니
모두가 다 즐겁네.

살지고 튼튼하네, 살지고 튼튼하네.
저 수말 네 마리가 살지고 튼튼하네.
밤낮으로 조정에 머무르면서
조정에 머무르며 술을 마시네.
떼를 지은 백로가
백로가 날아가네.
북이 둥둥 울리는데
술에 취해 돌아가니
모두가 다 즐겁네.

살지고 튼튼하네, 살지고 튼튼하네.
저 철총마 네 마리가 살지고 튼튼하네.
밤낮으로 조정에 머무르면서
조정에 머무르며 잔치를 여네.
지금부터 시작하여
해마다해마다 풍년이 들 것이네.
군자에게 녹봉 있어
후손에게 물려주니
모두가 다 즐겁네.

■ 주 석

有駜(유필) : 살지고 튼튼하다. '유有'는 형용사 접두사이다.
乘黃(승황) : 네 필의 노랑말. '승乘'은 말 네 마리를 가리킨다.
公(공) : 관공서. 관청.
明明(명명) : 부지런히 힘쓰다. '면면勉勉'과 같다.
振振(진진) : 떼를 지어 나는 모양.
鷺(노) : 춤을 출 때 손에 들던 백로의 깃털을 가리킨다. 이것을 들고 앉았다 섰다 하면 마치 백로가 내려앉았다 날아갔다 하는 것 같다.
于(우) : 의미 없는 조사.
咽咽(인인) : 북이 울리는 소리.
言(언) : 의미 없는 조사.
胥(서) : 모두.
騂(현) : 검푸른 말. 철총마鐵驄馬.
載(재) : 의미 없는 조사.
燕(연) : 연회를 벌이다. '연宴'과 같다.
其(기) : 장차 …할 것이다.

有(유) : 풍년이 들다.
君子(군자) : 귀족들을 가리킨다.
穀(곡) : 녹봉으로 받는 곡식. 관작官爵을 가리킨다.
詒(이) : 전해 주다. '이貽'와 같다.
孫子(손자) : 자손. 후손.

■ 해 제

이 시는 노나라의 귀족 관료들이 열심히 일하고 난 뒤에 잔치를 벌여 즐겁게 노는 모습을 노래한 것이다.

상송商頌

玄鳥
현 조

天命玄鳥, 降而生商, 宅殷土芒芒.
천명현조　강이생상　택은토망망

古帝命武湯, 正域彼四方.
고제명무탕　정역피사방

方命厥后, 奄有九有.
방명궐후　엄유구유

商之先后, 受命不殆, 在武丁孫子.
상지선후　수명불태　재무정손자

武丁孫子, 武王靡不勝.
무정손자　무왕미불승

龍旂十乘, 大糦是承.
용기십승　대치시승

邦畿千里, 維民所止.
방기천리　유민소지

肇域彼四海.
조역피사해

四海來假, 來假祁祁.
사해래격　내격기기

景員維河, 殷受命咸宜, 百祿是何.
경원유하　은수명함의　백록시하

제비

저 높은 하늘이 제비에게 명하여
내려가 상나라의 시조를 낳게 하매
그분이 망망한 은 땅에 터 잡았네.
옛날에 상제가 탕왕님께 명하여
사방에서 강역을 바로잡게 하시매
널리 자기 제후들을 호령하시며
구주를 전부 다 영유하게 되셨네.
상나라의 그 옛날 임금님들은
천명을 받들기에 게으르지 않아서
후손이신 무정님에 이르게 되었나니
후손이신 무정님은
탕왕보다 못할 것이 아무것도 없었기에
용의 깃발 휘날리는 수레 열 대가
달려와서 제물을 갖다 바쳤네.
왕성과 그 주변 천리의 땅이
백성들이 머물러 사는 곳이 되었고
비로소 저 사해를 강역으로 삼았는데
사해의 제후들이 달려와서 뵙느라
달려와서 뵙느라 북적거렸네.
드넓은 땅 여기저기 황하가 흐르는 곳
은나라가 수명한 건 모두가 마땅한 일
하늘이 준 온갖 복을 흠뻑 누렸네.

■ 주 석

玄鳥(현조) : 제비.

商(상) : 상나라의 시조인 설契을 가리킨다. 유융씨有娀氏의 딸 간적簡狄이 강에서 목욕을 하고 있는데 제비가 날아가다가 알을 떨어뜨리기에 그것을 삼킨 뒤 회임하여 설을 낳았다는 전설이 있다. 설은 나중에 우禹의 치수를 도운 공이 크기 때문에 상(지금의 하남성 상구商丘) 땅에 봉해졌다.

殷土(은토) : 은나라 즉 상나라의 영토.

芒芒(망망) : 드넓은 모양.

武湯(무탕) : 탕왕을 가리킨다. 하夏나라의 걸왕桀王을 정벌하고 상나라를 세운 무공武功이 있기 때문에 무탕이라고 한 것이다.

正域(정역) : 강역疆域을 바르게 하다.

方命(방명) : 널리 명하다. '방方'은 '방旁'과 같다.

厥后(궐후) : 그의 제후들.

奄(엄) : 전부. 다.

九有(구유) : '유有'는 '역域'과 통하므로 '구유九有'는 '구역九域'과 같은 뜻이 되며 '구역'은 '구주九州'를 가리킨다.

先后(선후) : 이전의 임금. 선왕. 무정 이전의 상나라 임금들을 가리킨다.

殆(태) : 나태하다. 게으르다. '태怠'와 같다.

在武丁孫子(재무정손자) : 천명이 자손인 무정에게 있다. 무정은 상나라의 제20대 임금으로 상나라를 크게 중흥시켰다. 이상의 세 구절은 상나라의 선왕들이 성심성의껏 천명을 받든 덕분에 나라의 운명이 다하지 않고 무정에게까지 이어질 수 있었다는 말이다.

武王(무왕) : 무공이 큰 임금이라는 뜻으로 탕왕을 가리킨다.

靡不勝(미불승) : 못 이기는 것이 없다.

龍旂(용기) : 용무늬가 그려져 있는 제후의 깃발. 그런 깃발을 꽂은 수레를 가리킨다.

乘(승) : 수레를 헤아릴 때 단위를 나타내는 말.
大糦(대치) : 제사에 사용하는 음식과 술.
是(시) : 강조효과를 위하여 목적어를 동사 앞에 놓을 경우 목적어와 동사 사이에 쓰는 조사.
承(승) : 받들어 올리다. 이상의 두 구절은 무정이 제사를 지낼 때면 각지의 제후들이 도성으로 달려와서 정성을 다해 제사를 받들었다는 말이다.
邦畿(방기) : 왕성 및 그 주변 천 리 안에 있는 땅.
所止(소지) : 머물러 사는 곳.
肇(조) : 시작하다. 이 구절은 무정 때에 이르러 사방에서 오랑캐의 침략을 받을 정도로 쇠퇴해진 상나라의 국력을 회복하여 다시 사해를 다 다스리게 된 사실을 말한다.
假(격) : 이르다. '격格'과 같다. '내격來假'은 '내조來朝'와 같은 뜻이다.
祁祁(기기) : 많은 모양.
景員(경원) : 광대한 영토. '경景'은 크다는 뜻이고 '원員'은 '원圓'과 같아서 주변 즉 영토를 가리킨다.
維(유) : 이다.
河(하) : 황하. 이 구절은 상나라의 영토 도처에 황하가 흐른다는 말이다.
殷(은) : 은나라 즉 상나라. 탕왕(B.C. 1766-1754 재위) 때부터 계속 국호를 상이라고 하다가 제17대 왕인 반경盤庚(B.C. 1401-1374)에 이르러 은殷(지금의 하남성 안양시安陽市 서북쪽의 소둔촌小屯村)으로 도읍을 옮기고 나서부터 국호를 은으로 바꾸었다.
受命(수명) : 천명을 받다.
百祿(백록) : 온갖 복록.
是(시) : 강조효과를 위하여 목적어를 동사 앞에 놓을 경우 목적어와 동사 사이에 쓰는 조사.
何(하) : 받다. 입다. '하荷'와 같다.

■ 해 제

이 시는 상나라의 후예인 송나라 임금이 그들의 조상인 상나라 고종高宗 즉 무정에게 제사를 올릴 때 부르던 노래로 상나라의 시조인 설의 탄생 과정, 탕왕이 상나라를 세운 일, 무정이 상나라를 중흥 시킨 일 등을 서술하고 또 찬송했다.

초사楚辭

초사楚辭

1. 초사의 명칭 유래와 생성 전파 과정

'초사楚辭'는 글자 그대로 초나라의 가사歌辭라는 뜻으로, 초나라 방언을 사용하여 초나라의 생활상이나 초나라 사람의 정서를 읊고 초나라 악곡으로 불린 시체詩體이다. '초사'라는 말이 《사기史記 혹리열전酷吏列傳》에 처음 보이는 것으로 보아, 이는 한대漢代에 와서 생긴 명칭일 것이다. 천하가 통일된 후 각 지역의 가사를 구별하여 칭할 필요가 있어서 이 말이 만들어졌던 것이다.

초사는 애초에 민간에서 산생産生하였다. 초나라 사람은 가무를 즐겨하여 그 가사가 일찍부터 전파되었으니, 《시경詩經》의 이남二南 등에 이미 초나라 시가가 채집되어 있다. 현전하는 초사 중에 초사의 초기 형태를 알려주는 작품은 〈구가九歌〉이다. 그 원형이 작가인 굴원屈原(B.C. 353?-B.C. 277?)에 의해서 수정되고 윤색되었겠지만 내용으로 보아 분명 무가巫歌이다. 무가는 민속과 직접적인 연관이 있으니, 이 사실에서도 초사가 초기에는 민간 가요였음을 알 수 있다. 이후 굴원이 이런 민간 가요를 받아들여 학습하고 그것을 세련되게 다듬어 초사의 전형을 만들었던 것이다.

동한東漢 사람인 왕일王逸의 설에 의하면 서한西漢의 유향劉向이 초사를 최초로 편찬하였다. 유향이 궁중도서를 전교典校하면서 초사를 16권으로 만들었다 하는데, 현재 이 책은 전해지지 않는다. 현진하는 것으로는 왕일의 《초사장구楚辭章句》가 최초의 것으로 모두 17권으로 되어 있다. 이는 유향의 16권에 자신의 작품인 〈구사九思〉 1권을 덧붙인 것이니, 《초사장구》를 통하여 유향이 편찬한 책의 내용을 짐작할 수 있다.

전국시대의 초사가 어떻게 한대漢代에 수집되어 유향에 의해서 편찬되었는지에 대해 현전 자료의 부족으로 정확하게 알 수는 없지만, 한漢 황실이 초사를 애호했던 사실과 연관성이 있음은 분명하다. 황제가 직접 초나라 곡조로 가사를 지었으니, 고조高祖의 〈대풍가大風歌〉와 무제武帝의 〈추풍사秋風辭〉가 그 예이다. 특히 회남왕淮南王 유안劉安은 초사를 장려하여 문객들에게 초사를 짓게 하고 그 자신은 직접 〈이소전離騷傳〉을 짓기도 하였으니, 황실의 이런 풍조로 인해 자연히 초사가 채록되어 궁중에 전해졌을 것이다. 그리고 매승枚乘, 장기莊忌 부자 등 초사에 능통한 문인들도 초사 유행에 일조를 하여 한대에는 사부辭賦가 창작의 주류가 되었다.

2. 초사의 특성

초사는 《시경》과 함께 선진시대先秦時代 중국 문학을 대표하며, 후세에 지대한 영향을 끼쳤다. 《시경》이 주로 중국 북방의 지리와 문화를 반영한 것에 반하여, 초사는 남방인 초 지역의 풍토와 인정人情을 담고 있어서 흔히 남방 문학의 시원始原이라는 평을 받는다. 《시경》의 내용이 사회생활을 하면서 겪은 일이나 이로 인해 일반 대중이 느끼는 보편적인 정서를 사실적으로 노래한 것에 비하여, 초사는 개인이 겪은 일이나 환상적인 정서를 낭만적인 필치로 읊어서 양자 사이에 뚜렷한 차이를 보인다.

초사는 내용뿐만 아니라 형식상에서도 《시경》과 뚜렷한 차이를 보인다. 대표적인 것으로 구식句式을 들 수 있으니, 《시경》의 구는 일반적으로 4언이고 그것이 다시 '2-2'의 절주를 이루는 것과 달리 초사의 구는 허사를 제외하면, 6언이나 5언이 위주이고 그 각각이 '3-3'과 '3-2'의 절주를 이룬다. 허사인 '혜兮'를 운용하는 것도 초사의 특징이다. '혜'는 구의 중간이나 끝에 첨가되는데, 초 지역에서는 이를 이용함으로써 가창할 때 리듬감을 살렸을 것이다.

3. 초사의 작자

초사의 작자로는 굴원屈原이 으뜸으로 꼽힌다. 그는 초사의 창시자이면서 가장 중요한 작가이다. 그의 이름은 '평平'이고, '원原'은 자字이다. 전국시대 초나라 왕족으로 회왕懷王 때 삼려대부三閭大夫와 좌도左徒라는 중요한 직책을 맡았다. 그러나 간신의 모함을 받아 중앙정치무대에서 실각하였다. 회왕이 진秦나라와 화친하기 위해서 진나라에 갔다가 포로로 잡혀 죽게 되고 그 아들 경양왕頃襄王이 즉위한 뒤 굴원이 회왕의 지난 일을 두고 집권자를 비방하자 다시 모함을 받게 되었다. 이로 인해 경양왕이 굴원을 도성에서 축출하자 그는 강호를 유랑하다 〈회사부懷沙賦〉를 지은 다음 돌을 안고 멱라수汨羅水에 몸을 던져 자살하였다.

굴원의 사적事蹟에 대해 선진先秦 시기의 고적古籍에는 어떠한 언급도 없다. 따라서 그의 생졸연대와 행적을 정확히 알 수가 없다. 출생한 해에 대하여 B.C. 343년이라는 설 등 여러 가지가 제기되었고 사망한 해도 B.C. 278년이라는 설 등이 있다. 심지어 굴원이라는 인물의 존재 자체를 의심하는 설도 있으나 《사기》 열전에 그가 수록되어 있고 그의 작품이 전해지는 것으로 보아 그의 존재를 의심할 수는 없을 것이다. 그의 작품으로 왕일의 《초사장구》에 〈이소離騷〉, 〈구가九歌〉, 〈천문天問〉, 〈구장九章〉, 〈원유遠遊〉, 〈복거卜居〉, 〈어부漁父〉 등이 수록되어 있지만, 이 중 다수는 굴원의 이름을 빌린 것이고 실제로는 〈이소〉, 〈구가〉, 〈천문〉, 〈구장〉 정도가 그가 직접 지은 것으로 판단된다.

굴원은 작품 속에 그의 애국사상과 고상한 지조를 곡진히게 표출하여서 중국 최초의 애국시인이라는 평가를 받아 있다. 그의 정신은 후세 봉건사

회의 사대부와 문인에게 깊은 감동을 주어, 그가 지은 초사는 글쓰기의 전범으로 받들어졌다. 특히 작품에 보이는 비유와 상징의 수법, 자유롭고 화려한 문체 등은 후세 작가로 하여금 아름다운 표현이 갖는 예술미를 자각하게 하여 중국 문학의 새로운 지평을 열어주었다.

송옥宋玉(?-?)은 초나라 사람으로 경양왕 시대에 생존한 것으로 알려져 있다. 굴원의 영향을 받아 사부를 지었던 것으로 추정되지만 정확한 생애는 이렇다 할 기록이 없어서 알 수가 없다. 그의 작품으로 왕일의 《초사장구》에 〈구변九辯〉과 〈초혼招魂〉 등이 수록되어 있고, 소통蕭統의 《문선文選》에는 〈풍부風賦〉, 〈고당부高唐賦〉, 〈신녀부神女賦〉, 〈등도자호색부登徒子好色賦〉 등이 수록되어 있다. 송옥의 작품은 작품의 내용보다는 형식적인 기교에 치중한 면이 있어서 '무병신음無病呻吟'한 작품이라 폄하되기도 하였지만 사부 작가의 대가로 평가하는 데에 이론의 여지는 없을 것이다. 굴원과 송옥 이외에도 몇몇 작가가 초사를 지었다. 그 중 사마천이 굴원과 함께 《사기》의 열전에 수록한 가의賈誼(B.C. 200-B.C. 168)는 한대漢代의 대표 작가로, 왕일의 《초사장구》에 〈석서惜誓〉가 수록되어 있다.

이소離騷

帝高陽之苗裔兮, 朕皇考曰伯庸.
제 고 양 지 묘 예 혜　짐 황 고 왈 백 용

攝提貞于孟陬兮, 惟庚寅吾以降.
섭 제 정 우 맹 추 혜　유 경 인 오 이 강

皇覽揆余初度兮, 肇錫余以嘉名.
황 람 규 여 초 도 혜　조 석 여 이 가 명

名余曰正則兮, 字余曰靈均.
명 여 왈 정 칙 혜　자 여 왈 령 균

紛吾旣有此內美兮, 又重之以修能.
분 오 기 유 차 내 미 혜　우 중 지 이 수 능

扈江離與辟芷兮, 紉秋蘭以爲佩.
호 강 리 여 벽 지 혜　인 추 란 이 위 패

汨余若將不及兮, 恐年歲之不吾與.
골 여 약 장 불 급 혜　공 년 세 지 불 오 여

朝搴阰之木蘭兮, 夕攬洲之宿莽.
조 건 비 지 목 란 혜　석 람 주 지 숙 모

日月忽其不淹兮, 春與秋其代序.
일 월 홀 기 불 엄 혜　춘 여 추 기 대 서

惟草木之零落兮, 恐美人之遲暮.
유 초 목 지 령 락 혜　공 미 인 지 지 모

不撫壯而棄穢兮, 何不改此度.
불 무 장 이 기 예 혜　하 불 개 차 도

乘騏驥以馳騁兮, 來吾道夫先路!
승 기 기 이 치 빙 혜　내 오 도 부 선 로

전욱顓頊 황제인 고양씨高陽氏의 후예로,
작고하신 나의 아버님은 백용伯庸이신데,
태세太歲로 인년寅年, 바로 그해의 정월,
경인庚寅날에 내가 태어났다.
아버님은 내 낳은 때를 헤아려 살피시고,
처음으로 나에게 좋은 이름을 지어주셨으니,
이름을 정칙正則이라 하고
자字는 영균靈均이라 하셨다.
나는 이렇게 아름다운 성품을 듬뿍 가졌으며
또 뛰어난 재능도 있었으니,
강리江離와 벽지辟芷를 몸에 두르고,
추란秋蘭을 꿰어 허리띠를 하였다.
세월은 물같이 급히 흘러 쫓아도 미치지 못할 듯
나를 기다려 주지 않을 것이 두려웠으니,
아침에 비산岯山에서 목란木蘭을 취하고,
저녁에는 강 가운데 섬에서 숙근초宿根草를 캐었다.
일월은 빨라 머물지 않고
봄과 가을이 순서대로 바뀌어
풀과 나무가 지는 것을 생각해 보니
아름다운 임이 늙어버릴까 두렵다.
그런데 임은 젊을 때에 악을 버리지 않는구나.
어찌하여 이를 고치지 않으실까?
천리마千里馬 타고 마음껏 달리시면,
자아, 내가 앞길에서 인도하리라.

■ 주 석

高陽(고양) : 전설상의 제왕인 오제五帝 중의 한 사람으로 전욱顓頊이다. 그의 후손인 웅역熊繹이 주周 성왕成王의 신하로 있다가 초楚나라에 봉후封侯되었다. 후에 무왕의 아들 하瑕(B.C. 2514-B.C. 2437)가 굴읍屈邑에 봉해져 그의 성씨를 굴씨屈氏로 하니, 이것이 굴씨의 내원來源이다.

朕(짐) : 나. 고대에는 황제가 아닌 일반인도 일인칭 대명사로 사용하였다.

皇考(황고) : '황皇'은 미화하는 말이다. '고考'는 돌아가신 아버지.

伯庸(백용) : 굴원 부친의 자字이다.

攝提(섭제) : 태세太歲의 섭제격攝提格. 호랑이해, 즉 세성歲星이 하늘의 인寅의 방위에 온 해를 '섭제攝提'라고 칭한다.

貞(정) : 정正.

孟陬(맹추) : 음력 정월을 가리킨다.

皇覽揆(황람규) : '황皇'은 '황고皇考'로 굴원의 부친을 가리킨다. '남覽'은 보다, '규揆'는 헤아리다.

肇錫(조석) : '조肇'는 처음. '석錫'은 주다, 하사하다.

正則(정칙), 靈均(영균) : 《사기史記》에 의하면 굴원의 이름은 평平이고, 자字는 원原이다. 왕일王逸의 주註에서 '평平' 자는 정평법칙正平法則의 뜻이고, '원原' 자는 양물균조養物均調의 뜻으로 정칙과 영균은 '평平', '원原'과 각각 같은 뜻이라고 하였다.

內美(내미) : 내적으로 아름다운 성품. 성품이 충성스럽고 바름을 말한다.

修能(수능) : 뛰어난 재능.

扈(호) : 입다. 몸에 두르다.

江離(강리) : 향초 이름.

辟芷(벽지) : 향초 이름.

汨(골) : 물이 급히 흐르는 모양.

阰(비) : 초나라 남쪽에 있는 산 이름.
宿莽(숙모) : 숙근초. 겨울에도 죽지 않는 향초.
美人(미인) : 왕일王逸은 《초사장구楚辭章句》에서 회왕懷王을 비유하는 것이라고 하였다.
不撫壯(불무장) : 《문선文選》에는 '불不'자가 없다. '무장撫壯'은 '젊은 동안에'라는 뜻이다.
棄穢(기예) : 악한 것을 버리다.
騏驥(기기) : 천리마. 현명한 재주, 또는 현명한 사람을 비유한다.

昔三后之純粹兮, 固衆芳之所在,
석 삼 후 지 순 수 혜　고 중 방 지 소 재
雜申椒與菌桂兮, 豈惟紉夫蕙茝.
잡 신 초 여 균 계 혜　기 유 인 부 혜 채
彼堯舜之耿介兮, 旣遵道而得路.
피 요 순 지 경 개 혜　기 준 도 이 득 로
何桀紂之猖披兮, 夫惟捷徑以窘步.
하 걸 주 지 창 피 혜　부 유 첩 경 이 군 보
惟夫黨人之偸樂兮, 路幽昧以險隘.
유 부 당 인 지 투 락 혜　노 유 매 이 험 애
豈余身之憚殃兮, 恐皇輿之敗績.
기 여 신 지 탄 앙 혜　공 황 여 지 패 적
忽奔走以先後兮, 及前王之踵武.
홀 분 주 이 선 후 혜　급 전 왕 지 종 무
荃不察余之中情兮, 反信讒而齌怒.
전 불 찰 여 지 중 정 혜　반 신 참 이 재 노
予固知謇謇之爲患兮, 忍而不能舍也.
여 고 지 건 건 지 위 환 혜　인 이 불 능 사 야

指九天以爲正兮, 夫惟靈修之故也.
지 구 천 이 위 정 혜　부 유 령 수 지 고 야

初旣與余成言兮, 後悔遁而有他.
초 기 여 여 성 언 혜　후 회 둔 이 유 타

余旣不難夫離別兮, 傷靈修之數化.
여 기 불 난 부 리 별 혜　상 령 수 지 삭 화

옛날 삼왕三王은 덕이 지극하셔서
진실로 많은 현신들이 섬겼는데,
신초申椒와 균계菌桂도 섞여 있었으니,
어찌 저 혜초蕙草와 채초茝草뿐이었겠는가!
저 요堯임금과 순舜임금은 빛나고 바른 행동으로
바른 도리를 준수하여 길을 얻으셨는데,
어찌하여 걸왕桀王과 주왕紂王은 단정치 못하여
사잇길로 급히 걷기만 하였던가?
저 무리들이 즐거움만을 탐했기 때문에
길은 어두워지고 험해졌으니,
어찌 이내 몸이 재앙災殃을 꺼리랴?
임금님의 수레가 뒤집힐까 두려우니.
급히 앞뒤로 분주히 달려서
전대의 성왕聖王들의 발자취를 따르고자 하였건만,
전荃 향초 이내 임은 이 마음 살피지 않으시고
도리어 참언을 믿고 심히 노하셨다.
나는 원래 간언이 재앙 됨을 알고 있지만,
참바 날아시 낳고 버려둘 수가 없었던 것.

하늘을 가리켜 증거로 삼으니
　　그렇게 한 것은 오직 덕 높으신 임 때문.
　　처음에 이미 나와 약속하고는
　　뒤에 후회하고 생각 돌려 딴 마음을 가지시니,
　　나는 원래 당신과 이별하는 것을 괴로워하지는 않으나,
　　덕 높으신 임이 자주 바뀌는 것 슬펐다오.

■ 주 석

三后(삼후) : 하夏나라의 우왕禹王, 은殷나라의 탕왕湯王, 주周나라의 문왕文王과 무왕武王.
純粹(순수) : 덕행이 지극히 아름답고 고르다.
衆芳(중방) : 많은 현신賢臣을 비유한다.
申椒(신초) : 향목香木 이름. 훌륭한 인물을 비유한다.
菌桂(균계) : 향목香木 이름. 역시 훌륭한 인물을 비유한다.
蕙茝(혜채) : 향초香草 이름. 현자賢者를 비유한다.
耿介(경개) : 지조가 광명정대光明正大함을 뜻한다.
桀紂(걸주) : 하나라의 걸왕桀王과 은나라의 주왕紂王. 나라를 망친 왕들이다.
猖披(창피) : 단정하지 못한 모양.
捷徑(첩경) : 사잇길. 정도가 아닌 것을 뜻한다.
窘步(군보) : 서둘러 걷다.
敗績(패적) : 여기서는 수레가 전복되는 것을 뜻한다.
荃(전) : 향초. 품덕이 높은 사람을 비유하는데, 구체적으로 초나라 회왕懷王이다.
齎怒(재노) : 몹시 노함.
謇謇(건건) : 간언諫言하는 모습.

靈修(영수) : 위대하고 덕이 높은 사람. 구체적으로 회왕을 뜻한다.
'초기初旣' 구 앞에 "왈황혼이위기혜曰黃昏以爲期兮, 강중도이개로羌中道而改路(황혼에 만나기로 기약하였는데, 아아! 당신은 중도에 길을 바꾸었다)"라는 두 구절이 첨가되어 있는 판본도 있으나 연문衍文으로 보인다.
成言(성언) : 약속.
數化(삭화) : 자주 바뀌다.

余旣滋蘭之九畹兮, 又樹蕙之百畝.
여 기 자 란 지 구 원 혜   우 수 혜 지 백 무

畦留夷與揭車兮, 雜杜衡與芳芷.
휴 류 이 여 게 거 혜   잡 두 형 여 방 지

冀枝葉之峻茂兮, 願竢時乎吾將刈.
기 지 엽 지 준 무 혜   원 사 시 호 오 장 예

雖萎絶其亦何傷兮, 哀衆芳之蕪穢.
수 위 절 기 역 하 상 혜   애 중 방 지 무 예

衆皆競進而貪婪兮, 憑不猒乎求索.
중 개 경 진 이 탐 람 혜   빙 불 염 호 구 색

羌內恕己以量人兮, 各興心而嫉妬.
강 내 서 기 이 량 인 혜   각 흥 심 이 질 투

忽馳騖以追逐兮, 非余心之所急.
홀 치 무 이 추 축 혜   비 여 심 지 소 급

老冉冉其將至兮, 恐修名之不立.
노 염 염 기 장 지 혜   공 수 명 지 불 립

朝飮木蘭之墜露兮, 夕餐秋菊之落英.
조 음 목 란 지 추 로 혜   석 찬 추 국 지 락 영

苟余情其信姱以練要兮, 長顑頷亦何傷.
구 여 정 기 신 과 이 련 요 혜   장 함 함 역 하 상

擥木根以結茝兮, 貫薜荔之落蕊.
남목근이결채혜   관벽려지락예

矯菌桂以紉蕙兮, 索胡繩之纚纚.
교균계이인혜혜   삭호승지사사

謇吾法夫前修兮, 非世俗之所服.
건오법부전수혜   비세속지소복

雖不周於今之人兮, 願依彭咸之遺則.
수부주어금지인혜   원의팽함지유칙

나는 이미 난초를 아홉 원畹에 길렀고

또 혜초蕙草를 백 이랑에 심었으며,

유이留夷와 게거揭車를 오십 휴畦 만들고,

또 그곳에 두형杜衡과 아름다운 궁궁이풀도 섞었다.

가지와 잎이 무성하기를 바라면서,

때 기다려 그것을 베어 거두어들이려 하니,

비록 시들어 떨어지더라도 그 어찌 슬프리오만,

뭇 아름다운 꽃이 황폐해지는 것 애달프다.

뭇 사람들이 모두 다투어 벼슬길에 나가 탐욕을 부려서

바라는 것이 차도 물리지 않아 더욱 영리榮利를 찾으니,

아! 마음으로 자신을 용서하고는 다른 사람도 그러리라 생각하고서

각기 마음 일으켜 질투를 한다.

홀연히 권세와 재리財利 찾아 달려가고 좇으나

이는 내 마음이 절실히 구하는 것이 아니고,

늙음이 장차 이르려 함에

훌륭한 명성 세우지 못할까 두려울 뿐.

아침에는 목란木蘭에 맺힌 이슬을 마시고,
저녁에는 가을 국화의 지는 꽃을 먹으니,
진실로 내 마음이 참으로 아름다워 올바른 도리를 얻는다면
오래도록 배 주려 견뎌내지 못한들 또 무엇을 슬퍼하겠는가?
나무뿌리를 잡아 채초茝草를 매고
승검초의 떨어진 꽃을 꿰며,
균계菌桂를 가져다 혜초를 묶고,
호승胡繩을 새끼줄같이 꼬니 아름답고 길어라.
아아, 나는 옛 성현을 본뜨려고 하는데
차림새가 속인이 입는 것이 아니어서,
비록 오늘날의 사람에게는 맞지 않아도,
바라건대 팽함彭咸이 남긴 법도를 따르리라.

■ 주 석

滋(자) : 번식하다. 심다.
畹(원) : 스무 두둑을 일원一畹이라 한다.
畝(무) : 이랑. 길이가 백 보步.
畦(휴) : 너비가 오십 이랑 되는 밭. 여기서는 동사로 사용되었다.
留夷(유이) : 향초 이름.
揭車(게거) : 향초 이름.
杜衡(두형) : 향초 이름.
芳芷(방지) : 궁궁이풀.
貪婪(탐람) : 욕심. 재물을 탐하는 것을 '탐貪', 음식을 탐하는 것을 '남婪'이라 한다.
憑(빙) : 가득 차다.

猒(염) : 많이 먹어 물리다. 싫증나다. '염厭'과 같음.
求索(구색) : 영리榮利를 구하다. '색索'도 '구求'와 같은 뜻이다.
量人(양인) : 자기 마음대로 타인의 생각을 추측하다.
冉冉(염염) : 시간이 점점 가는 모습.
修名(수명) : 훌륭한 명성名聲.
信姱(신과) : 참으로 아름답다.
練要(연요) : '연練'은 정선精選, '요要'는 사리의 요체. 따라서 사리의 요체
  를 잘 터득하거나 실천하는 것을 뜻한다.
顑頷(함함) : 몹시 배가 주려서 견디지 못하는 모습.
茝(채) : 향초 이름.
薜荔(벽려) : 향초 이름.
箘桂(균계) : 향나무 이름.
胡繩(호승) : 향초 이름.
纚纚(사사) : 가늘고 길면서 아름다운 모양.
前修(전수) : 전대前代의 성현.
彭咸(팽함) : 은殷나라의 현신賢臣.

　　長太息以掩涕兮, 哀民生之多艱.
　　　장 태 식 이 엄 체 혜　 애 민 생 지 다 간
　　余雖好修姱以鞿羈兮, 謇朝誶而夕替.
　　　여 수 호 수 과 이 기 기 혜　 건 조 수 이 석 체
　　旣替余以蕙纕兮, 又申之以攬茝.
　　　기 체 여 이 혜 양 혜　 우 신 지 이 람 채
　　亦余心之所善兮, 雖九死其猶未悔.
　　　역 여 심 지 소 선 혜　 수 구 사 기 유 미 회
　　怨靈修之浩蕩兮, 終不察夫民心.
　　　원 령 수 지 호 탕 혜　 종 불 찰 부 민 심

衆女嫉余之娥眉兮, 謠諑謂余以善淫.
중녀질여지아미혜　요착위여이선음

固時俗之工巧兮, 偭規矩而改錯.
고시속지공교혜　면규구이개조

背繩墨以追曲兮, 競周容以爲度.
배승묵이추곡혜　경주용이위도

忳鬱邑余侘傺兮, 吾獨窮困乎此時也.
돈울읍여차제혜　오독궁곤호차시야

寧溘死而流亡兮, 余不忍爲此態也.
영합사이류망혜　여불인위차태야

鷙鳥之不羣兮, 自前世而固然.
지조지불군혜　자전세이고연

何方圜之能周兮, 夫孰異道而相安.
하방환지능주혜　부숙이도이상안

屈心而抑志兮, 忍尤而攘詬.
굴심이억지혜　인우이양구

伏淸白以死直兮, 固前聖之所厚.
복청백이사직혜　고전성지소후

길게 한숨 쉬고 눈물 닦으며
사람의 삶 어려움이 많음을 슬퍼하니,
내 비록 몸을 아름답게 좋게 하였으나 오히려 속박되어
아! 아침에 간언했다가 저녁에 버려졌더라.
내 버림받은 것 혜초蕙草 띠 때문이요,
게다가 채초茝草마저 가졌던 터.
하지만 내 마음의 착한 생각은
비록 아홉 번 죽어도 후회하지는 않으리.
덕 높은 임이 시려분별 없어

끝내 사람의 마음을 살펴주시지 않음을 원망하니,
뭇 여인들은 나의 아름다운 모습을 질투하며,
내가 음탕한 짓 잘한다고 모함하였다.
실로 시속이 교묘하여
규범을 위배하고 바꾸니,
먹줄을 등지고 굽은 것을 따라
다투어 남의 뜻에 맞추는 것을 도리인 양 여긴다.
나는 마음이 우울하고 실망스러워 멈추어 서서
나 홀로 이 시절에 곤궁하지만,
차라리 갑자기 죽어 혼이 떠돌지라도
나는 차마 이런 태도는 짓지 못한다.
사나운 날짐승이 무리 짓지 않음은
옛날부터 참으로 그러하였던 법.
어찌 모난 것과 원圓이 맞을 수 있으랴!
누가 도를 달리하면서 서로 함께 편히 지내랴!
마음을 굽히고 뜻을 눌러
남의 꾸짖음을 참고 치욕을 털어버리려 하니,
청백한 마음 좇아 바르게 살다 죽는 것이
진실로 옛 성현들이 중히 여기던 도리여서라.

■ 주 석

羈羈(기기) : 재갈과 굴레. 속박을 뜻한다.
謇(건) : 발어사.
諽(수) : 간諫하다.

替(체) : 버리다. 바꾸다.
蕙纕(혜양) : 혜초로 만든 허리띠.
浩蕩(호탕) : 사려분별이 없는 모양.
衆女(중녀) : 소인배를 비유한다.
娥眉(아미) : 여기서는 굴원 자신이 가지고 있는 훌륭한 재능을 말한다.
謠諑(요착) : 악담을 퍼뜨리다.
偭(면) : 어기다. 위배하다.
規矩(규구) : 그림쇠와 곱자. 규범을 뜻한다.
改錯(개조) : 바꾸어 놓다. 규칙을 따르지 않고 잘못함을 뜻한다.
繩墨(승묵) : 먹줄. 규범을 뜻한다.
周容(주용) : 남의 비위를 맞추다. 시세에 영합하다.
忳(돈) : 우울한 모양.
鬱邑(울읍) : 우수憂愁. 우울한 모양.
侘傺(차제) : 멍하니 서 있는 모양. 또는 실의失意에 차 있는 모양.
溘(합) : 갑자기. 훌쩍.
鷙鳥(지조) : 사나운 새.
尤(우) : 꾸짖음. 잘못에 대한 지적.
攘詬(양구) : 치욕을 떨쳐버리다.
伏(복) : 지니다. '복服'과 같은 뜻.

悔相道之不察兮, 延佇乎吾將反.
회 상 도 지 불 찰 혜　　연 저 호 오 장 반

回朕車以復路兮, 及行迷之未遠.
회 짐 거 이 복 로 혜　　급 행 미 지 미 원

步余馬於蘭皋兮, 馳椒邱且焉止息.
보 여 마 어 란 고 혜　　치 초 구 차 언 지 식

進不入以離尤兮, 退將復修吾初服.
진 불 입 이 리 우 혜　퇴 장 부 수 오 초 복

製芰荷以爲衣兮, 集芙蓉以爲裳.
제 기 하 이 위 의 혜　집 부 용 이 위 상

不吾知其亦已兮, 苟余情其信芳.
불 오 지 기 역 이 혜　구 여 정 기 신 방

高余冠之岌岌兮, 長余佩之陸離.
고 여 관 지 급 급 혜　장 여 패 지 륙 리

芳與澤其雜糅兮, 惟昭質其猶未虧.
방 여 택 기 잡 유 혜　유 소 질 기 유 미 휴

忽反顧而遊目兮, 將往觀乎四荒.
홀 반 고 이 유 목 혜　장 왕 관 호 사 황

佩繽紛其繁飾兮, 芳菲菲其彌章.
패 빈 분 기 번 식 혜　방 비 비 기 미 장

民生各有所樂兮, 余獨好修以爲常.
민 생 각 유 소 락 혜　여 독 호 수 이 위 상

雖體解吾猶未變兮, 豈余心之可懲.
수 체 해 오 유 미 변 혜　기 여 심 지 가 징

길을 잘 살피지 못한 것 뉘우치며
한동안 우두커니 서 있다 내 장차 돌아가려 하니,
내 수레를 되돌려 돌아가는 것은
길을 헤맨 것 아직 멀지 않아서라.
내 말을 난초 핀 못가에서 걷게 하고,
산초나무 자란 언덕으로 치달려 잠시 여기에서 쉬니,
임 앞에 가서 진언進言해도 용납되지 못하여 허물만 입었던 터라
물러나 내가 처음 입던 옷을 다시 가다듬고자 하노라.
새발마름과 연꽃을 마름질하여 웃옷을 짓고

부용芙蓉을 모아서 치마를 만들 것이니,
나를 알아주지 않아도 그만,
진실로 나의 마음은 향기롭구나.
높다랗게 한 내 관冠,
길게 늘어뜨린 패옥佩玉.
향기로움과 윤택함이 섞여 있어
밝은 바탕만은 아직도 이지러지지 않았다.
문득 고개 돌려 이리저리 보면서
장차 사방 끝으로 가보고자 하니,
패식佩飾은 어지러이 많고,
향기 가득하여 더욱 환하게 피어난다.
사람들은 제각기 즐기는 것이 있지만
나 홀로 깨끗한 것 좋아하는 게 습관이 되어,
비록 몸이 찢겨도 나는 오히려 변하지 않으리니,
어찌 이내 마음이 변하겠는가?

■ 주 석

步(보) : 천천히 걷다. 여기서는 사역동사로 쓰였다.
蘭皐(난고) : 난초 핀 못가.
椒邱(초구) : 산초나무 자란 언덕.
焉(언) : 여기에서. '어차於此'의 뜻이다.
離尤(이우) : 허물을 입다. '이離'는 '만나다'의 뜻이다.
初服(초복) : 처음 입던 깨끗한 옷. 여기서는 처음 가진 뜻이나 처음 추구했던 행실을 뜻한다.
芰荷(기하) : 세발마름과 연잎.

岌岌(급급) : 높이 솟은 모양.
陸離(육리) : 긴 모양. 혹은 아름답고 찬란한 모양.
芳與澤(방여택) : 앞 구절과 연관지어보면, '방芳'은 향초나 향목으로 만든 의상이 향기로움을 뜻하고 '택澤'은 몸에 지닌 옥패玉佩가 윤택함을 말한다. 일설에는 '택澤'을 악취로 보아, '방芳'은 굴원을 가리키고, '택澤'은 간신배라고 풀이하기도 한다.
雜糅(잡유) : 잡다하게 섞다.
四荒(사황) : 사방 먼 곳.
繽紛(빈분) : 어지럽게 많은 모양.
章(장) : 밝다.
體解(체해) : 사지四肢를 찢는 것.
懲(징) : 변하다. 바꾸다.

女嬃之嬋媛兮, 申申其詈予.
여 수 지 선 원 혜   신 신 기 리 여
曰鮌婞直以亡身兮, 終然殀乎羽之野.
왈 곤 행 직 이 망 신 혜   종 연 요 호 우 지 야
汝何博謇而好修兮, 紛獨有此姱節.
여 하 박 건 이 호 수 혜   분 독 유 차 과 절
薋菉葹以盈室兮, 判獨離而不服.
자 록 시 이 영 실 혜   판 독 리 이 불 복
衆不可戶說兮, 孰云察余之中情.
중 불 가 호 세 혜   숙 운 찰 여 지 중 정
世竝擧而好朋兮, 夫何煢獨而不余聽.
세 병 거 이 호 붕 혜   부 하 경 독 이 불 여 청

누님이 옷깃을 끌어당겨

거듭거듭 나를 나무라며,

"곤鯀은 정직했기에 몸을 망쳐
끝내 우산羽山 들에서 일찍 죽었다.
너는 어찌하여 박식하며 충직하고, 또한 깨끗한 것 좋아하여
혼자만 이런 아름다운 절조를 많이 지녔더냐?
남가새, 조개풀, 도꼬마리가 방에 가득한데
유난히 홀로 멀리하여 입지 않는구나.
무리에게 집집마다 찾아가 말할 수 없으니
그 누가 우리네 마음 헤아려 준다더냐?
세상 사람 서로 천거하여 패거리를 이루는데,
어찌 홀로 외롭게 내 말 듣지 않는가?"라 하신다.

■ 주 석

女嬃(여수) : 왕일王逸의 주에 의하면 굴원의 누이이다. 그냥 여자를 지칭할 수도 있다.

嬋媛(선원) : 끌어당기다. 일설에는 '분개한 모습' 또는 '아름다운 모습'이라고 해석하기도 한다.

申申(신신) : 거듭거듭하는 모양. 일설에는 부드럽게 하는 모양이라 한다.

鯀(곤) : 하夏나라 우왕의 부친. 요堯의 신하였다.

婞直(행직) : 강직하다.

殀(요) : 요절夭折하다. 실제로 곤이 요절하지 않았기 때문에 유폐된 것을 뜻한다는 설도 있다.

羽之野(우지야) : 우산羽山의 들. 우산은 산동성山東省 봉래현蓬萊縣 동남 쪽에 있다.

博謇(박건) : 박학博學하고 충직함.

姱節(과절) : 아름다운 절조節操.

薋菉葹(자록시) ; 남가새, 조개풀, 도꼬마리. 모두 나쁜 풀로 간신들을 비

유한다.
判(판) : 판연判然히. 아주.
戶說(호세) : 집집마다 다니면서 설복하다.
朋(붕) : 붕당朋黨. 여기서는 부정적인 의미로 쓰였다.

依前聖以節中兮, 喟憑心而歷茲.
의 전 성 이 절 중 혜　위 빙 심 이 력 자
濟沅湘以南征兮, 就重華而陳辭.
제 원 상 이 남 정 혜　취 중 화 이 진 사
啓九辯與九歌兮, 夏康娛以自縱.
계 구 변 여 구 가 혜　하 강 오 이 자 종
不顧難以圖後兮, 五子用失乎家巷.
불 고 난 이 도 후 혜　오 자 용 실 호 가 항
羿淫遊以佚畋兮, 又好射夫封狐.
예 음 유 이 일 전 혜　우 호 사 부 봉 호
固亂流其鮮終兮, 浞又貪夫厥家.
고 란 류 기 선 종 혜　착 우 탐 부 궐 가
澆身被服強圉兮, 縱欲而不忍.
요 신 피 복 강 어 혜　종 욕 이 불 인
日康娛而自忘兮, 厥首用夫顚隕.
일 강 오 이 자 망 혜　궐 수 용 부 전 운
夏桀之常違兮, 乃遂焉而逢殃.
하 걸 지 상 위 혜　내 수 언 이 봉 앙
后辛之菹醢兮, 殷宗用而不長.
후 신 지 저 해 혜　은 종 용 이 부 장
湯禹儼而祗敬兮, 周論道而莫差.
탕 우 엄 이 지 경 혜　주 론 도 이 막 차
舉賢而授能兮, 循繩墨而不頗.
거 현 이 수 능 혜　순 승 묵 이 불 파

皇天無私阿兮, 覽民德焉錯輔.
황 천 무 사 아 혜　　남 민 덕 언 조 보

夫惟聖哲以茂行兮, 苟得用此下土.
부 유 성 철 이 무 행 혜　　구 득 용 차 하 토

瞻前而顧後兮, 相觀民之計極.
첨 전 이 고 후 혜　　상 관 민 지 계 극

夫孰非義而可用兮, 孰非善而可服.
부 숙 비 의 이 가 용 혜　　숙 비 선 이 가 복

阽余身而危死兮, 覽余初其猶未悔.
점 여 신 이 위 사 혜　　남 여 초 기 유 미 회

不量鑿而正枘兮, 固前修以菹醢.
불 량 조 이 정 예 혜　　고 전 수 이 저 해

曾歔欷余鬱邑兮, 哀朕時之不當.
증 허 희 여 울 읍 혜　　애 짐 시 지 부 당

攬茹蕙以掩涕兮, 霑余襟之浪浪.
남 여 혜 이 엄 체 혜　　점 여 금 지 랑 랑

옛 성인을 따라 절도를 지켰지만

억울하게 이런 지경에 이르렀음을 탄식하여,

원수沅水 상수湘水 건너 남으로 가서

중화重華님께 나아가 말씀드린다.

"계啓는 구변九辯과 구가九歌를 얻었지만

태강太康은 제멋대로 놀아났으니,

환난을 돌아보며 뒷일을 생각지 않아,

다섯 아우는 집을 잃고 헤매었지요.

예羿는 방탕하여 사냥에 빠져

또 큰 여우 쏘기만 즐겼으니,

초사楚辭　325

진실로 음란한 무리는 좋게 끝나는 일 드문 법,
한착寒浞이 또 그 아내를 탐하였지요.
요澆는 몸에 굳센 힘 지녀
욕심대로 하고 절제를 몰라서,
날마다 즐기다가 스스로를 잊어버려
그 목이 이 때문에 떨어졌지요.
하夏나라 걸왕桀王은 항상 도리를 어겨
마침내는 재앙을 만났고,
은殷나라 주왕紂王은 사람 죽여 소금에 절이더니
은나라는 이 때문에 오래 가지 못했지요.
탕왕湯王과 우왕禹王은 근엄하고 삼갔으며
주나라 왕실은 도덕을 논하여 잘못이 없었으니,
현명한 이를 등용하고 능력 있는 이에게 벼슬 주어
법도에 따라 치우침이 없었지요.
하늘은 사사로움이 없는 법
사람의 덕을 살펴 도울 사람을 내리니,
대저 성인과 현인은 덕행으로써
하늘 아래 이 땅을 얻었지요.
앞 시대를 보고 뒤 시대를 보면
사람의 법이 되는 계책을 볼 수 있으니,
어찌 의롭지 않은 일을 할 수 있고
어찌 선하지 않은 일을 할 수 있으리오?
내 몸 위태롭게 하여 죽게 될지라도
내 처음 뜻을 돌아보고 여전히 후회하지 않을 것이나,

구멍을 헤아리지 않고 자루를 맞추려다
옛 현인은 소금에 절여졌던 것이지요."
여러 번 흐느껴 울어도 내 마음 답답하고
내가 때에 맞지 않음을 슬퍼하여,
부드러운 혜초蕙草 따다 눈물 닦는데
주르륵 흘러내려 내 옷깃 적신다.

■ 주 석

節中(절중) : 과불급過不及이 없고 치우침이 없이 올바르다.

喟(위) : 탄식하다.

憑(빙) : 분한 마음. 억울함.

歷(역) : (어떤 지경에) 이르다.

沅湘(원상) : 원수沅水와 상수湘水. 두 강 모두 지금의 호남성湖南省에 있다.

重華(중화) : 순舜임금의 이름.

啓(계) : 하夏나라 우왕禹王의 아들로 우왕을 이어 왕이 되었다.

九辯(구변) : 천제天帝의 악곡樂曲 이름.

九歌(구가) : 천제의 악곡 이름. 고대 신화에 의하면 계啓가 하늘에 올라가 구변과 구가를 얻어왔다고 한다.

夏康(하강) : 왕일王逸의 설에 의하면, 계啓의 아들 태강이다. 일설에는 하夏를 하나라 왕으로 보고, 다음의 '강오康娛'를 붙여서 즐겁다는 뜻으로 해석한다.

五子用失乎家巷(오자용실호가항) : 다섯 아들이 이로 인해 집을 잃다. 태강이 사냥을 나갔다가 오래도록 돌아오지 않으므로 유궁씨有窮氏의 후예后羿가 그 귀로歸路를 막고 왕위를 찬탈했다. 이로 인해 계의 다섯 아들, 즉 태강의 다섯 아우가 집을 잃고 헤매게 되었다.

羿(예) : 유궁씨有窮氏의 후예后羿. 궁술弓術이 뛰어났다고 한다.

淫(음) : 과도한 것을 뜻한다.

佚畋(일전) : 사냥에 빠지다. '일佚'은 '일逸'과 같은 뜻이다.

封(봉) : 크다.

亂流(난류) : 음란한 풍기. 혹은 음란한 무리.

浞(착) : 후예의 재상인 한착寒浞. 후예의 처를 탐내어 그의 가신家臣인 봉몽逄蒙을 시켜 후예를 쏴 죽인 뒤 그 처를 빼앗고 요澆를 낳았다.

家(가) : 여기서는 처를 뜻한다.

被服(피복) : 몸에 갖추다.

強圉(강어) : 굳셈. 힘이 셈.

顚隕(전운) : 한착의 아들 요澆가 태강의 조카인 하후夏后 상相을 죽인 뒤 방탕한 생활을 하다가 상의 아들 소강小康에게 살해된 사실을 말한다.

夏桀(하걸) : 하夏나라 폭군인 걸왕桀王.

違(위) : 천도를 어기다. 도리를 어기다.

后辛(후신) : 은殷나라 주왕紂王. '신辛'은 주왕의 이름이다.

菹醢(저해) : 소금에 절이다. 주왕이 충신인 비간比干, 매백梅伯 등을 죽여 그 살을 소금에 절여 젓을 담갔던 사실을 가리킨다.

殷宗(은종) : 은殷나라의 종사宗祀.

湯禹(탕우) : 은나라 탕왕湯王과 하나라 우왕禹王.

錯輔(조보) : 보좌할 사람을 두다. 도울 사람을 내리다.

瞻前而顧後兮(첨전이고후혜) : 전대前代의 훌륭한 업적을 보고, 또 후대後代의 잘못된 정치를 본다. 전대는 우왕이나 탕왕을 가리키고, 후대는 이후의 폭군을 가리키는 것이다.

計極(계극) : 계략의 극치, 표준.

夫孰(부숙) 2구 : "누가 의롭지 않은데도 등용되고, 누가 선하지 않은데도 등용될 수 있으리오?"라고 풀이할 수도 있다.

阽(점) : 위험에 접하다.

危死(위사) : 거의 죽어가다. 죽음이 닥치다.
鑿(조) : 구멍.
正枘(정예) : 자루를 맞추어 넣다.
曾(증) : 여러 번. 거듭.
歔欷(허희) : 흐느껴 우는 소리.
茹(여) : 부드럽다.
浪浪(낭랑) : 눈물이 흐르는 모양.

跪敷衽以陳辭兮, 耿吾旣得此中正.
궤 부 임 이 진 사 혜　경 오 기 득 차 중 정

駟玉虯以乘鷖兮, 溘埃風余上征.
사 옥 규 이 승 예 혜　합 애 풍 여 상 정

朝發軔於蒼梧兮, 夕余至乎縣圃.
조 발 인 어 창 오 혜　석 여 지 호 현 포

欲少留此靈瑣兮, 日忽忽其將暮.
욕 소 류 차 령 쇄 혜　일 홀 홀 기 장 모

吾令羲和弭節兮, 望崦嵫而勿迫.
오 령 희 화 미 절 혜　망 엄 자 이 물 박

路曼曼其修遠兮, 吾將上下而求索.
노 만 만 기 수 원 혜　오 장 상 하 이 구 색

飮余馬於咸池兮, 總余轡乎扶桑.
음 여 마 어 함 지 혜　총 여 비 호 부 상

折若木以拂日兮, 聊逍遙以相羊.
절 약 목 이 불 일 혜　요 소 요 이 상 양

前望舒使先驅兮, 後飛廉使奔屬.
전 망 서 사 선 구 혜　후 비 렴 사 분 촉

鸞皇爲余先戒兮, 雷師告余以未具.
난 황 위 여 선 계 혜　뇌 사 고 여 이 미 구

吾令鳳鳥飛騰兮, 繼之以日夜.
오령봉조비등혜　계지이일야

飄風屯其相離兮, 帥雲霓而來御.
표풍둔기상리혜　솔운예이래어

紛總總其離合兮, 斑陸離其上下.
분총총기리합혜　반륙리기상하

吾令帝閽開關兮, 倚閶闔而望予.
오령제혼개관혜　의창합이망여

時曖曖其將罷兮, 結幽蘭而延佇.
시애애기장파혜　결유란이연저

世溷濁而不分兮, 好蔽美而嫉妬.
세혼탁이불분혜　호폐미이질투

무릎 꿇고 옷섶 펼쳐 말씀드리고 나니
나는 환하게 이 올바른 도리 얻게 되어,
네 마리 옥규玉虬가 이끄는 봉황수레 타고
홀연히 먼지바람 속에 나는 하늘로 오른다.
아침에 창오蒼梧에서 출발하여
저녁에 나는 현포縣圃에 도달하고,
잠시 이 신神이 사는 궁문宮門에 머물려 하는데
해가 홀연 지려고 한다.
나는 희화羲和에게 속력을 늦추어
엄자산崦嵫山에 가까이 가지 못하게 하고,
길은 까마득히 멀기도 먼데
나는 오르락내리락하며 그리운 이를 찾았다.
내 말을 함지咸池에서 물 먹이고,
내 말고삐를 부상扶桑에 매어 두었으며,

약목若木을 꺾어 해를 쫓고
잠깐 거닐며 배회하였다.
망서望舒를 앞세워 길잡이 시키고
비렴飛廉에게는 뒤쫓아오게 하였는데,
난새와 봉황이 나를 위해 앞길 지키나
천둥신은 나에게 채비가 덜 됐다고 한다.
나는 봉황새를 시켜 높이 날아
밤낮으로 이어 달리게 하는데,
회오리바람이 모였다 흩어지더니
구름과 무지개 이끌고 마중을 나왔다.
자욱히 구름 몰려 떨어졌다간 다시 합치고,
어지러이 흩어지며 오르락내리락.
나는 천제天帝의 문지기에게 문 열라 하였으나
문에 기대어 나를 바라만 볼 뿐.
때는 어둑어둑 하루가 다하려 하는데
난초를 엮고 우두커니 서 있거늘,
세상이 혼탁해 분별할 줄 모르고
미덕美德을 가리고 시샘만 좋아하는구나.

■ 주 석

敷衽(부임) : 옷섶을 펼치다. '임衽'은 옷의 앞자락.
耿(경) : 환하다. 마음이 밝아진 상태를 뜻한다.
駟玉虬(사옥규) : '사駟'는 '네 마리 말로써 수레를 끌게 하다'라는 뜻의 동사이다. 수레는 네 마리 말이 끈다. '옥규玉虬'는 옥으로 장식한, 뿔이 없는 용.

鷖(예) : 봉황의 일종. 날개가 오색이다.

溘(합) : 홀연히.

發軔(발인) : 수레를 출발시키다. 출발하다. '인軔'은 수레가 저절로 구르는 것을 막기 위해 수레바퀴 앞에 고이는 횡목橫木. 출발할 때 이 횡목을 치우게 된다.

蒼梧(창오) : 지명. 순임금을 장사 지낸 구의산九疑山은 이곳의 남쪽에 있다.

縣圃(현포) : '현포玄圃'라고도 한다. 신화 속의 지명으로 곤륜산崑崙山에 있다.

靈瑣(영쇄) : 신이 거처하는 궁의 문. '쇄瑣'는 궁전 문 위에 아로새긴 화문花紋이다.

羲和(희화) : 신화 속의 인물로 해 수레를 몬다. 태양의 대칭으로 쓰인다.

崦嵫(엄자) : 신화 속의 산 이름으로 해가 지는 곳이다.

曼曼(만만) : 길이 먼 모양.

求索(구색) : 찾다. 찾는 대상은 지기知己나 그리운 사람이다. 현군賢君이라 볼 수도 있다.

咸池(함지) : 해가 목욕한다는 전설상의 못 이름.

扶桑(부상) : 해가 뜨는 곳에 있다는 뽕나무 모양의 나무. 해 뜨는 곳을 상징한다.

若木(약목) : 신화 속의 나무. 곤륜산 서쪽 끝에 있다. 해 지는 곳을 상징한다.

拂日(불일) : 해를 털다. 약목若木으로 해를 쳐서 지지 못하게 함을 말한다.

相羊(상양) : 배회하다. '상양徜徉'과 같다.

望舒(망서) : 달 수레를 모는 신화 속의 인물.

飛廉(비렴) : 바람을 맡아 다스리는 신의 이름.

鸞皇(난황) : 난새와 봉황. 모두 전설에 나오는 새이다.

先戒(선계) : 앞길을 경계 호위하다.
雷師(뇌사) : 천둥을 다스리는 신.
御(어) : 마중하다.
總總(총총) : 잔뜩 모여 있는 모양.
斑(반) : 어지러운 모양.
陸離(육리) : 흩어지는 모양.
帝閽(제혼) : 천제天帝의 문지기.
閶闔(창합) : 천문天門.

朝吾將濟於白水兮, 登閬風而緤馬.
조오장제어백수혜 등랑풍이설마

忽反顧以流涕兮, 哀高丘之無女.
홀반고이류체혜 애고구지무녀

溘吾遊此春宮兮, 折瓊枝以繼佩.
합오유차춘궁혜 절경지이계패

及榮華之未落兮, 相下女之可詒.
급영화지미락혜 상하녀지가이

吾令豐隆乘雲兮, 求宓妃之所在.
오령풍륭승운혜 구복비지소재

解佩纕以結言兮, 吾令蹇修以爲理.
해패양이결언혜 오령건수이위리

紛總總其離合兮, 忽緯繣其難遷.
분총총기리합혜 홀위홰기난천

夕歸次於窮石兮, 朝濯髮乎洧盤.
석귀차어궁석혜 조탁발호유반

保厥美以驕敖兮, 日康娛以淫遊.
보궐미이교오혜 일강오이음유

초사楚辭 333

雖信美而無禮兮, 來違棄而改求.
수신미이무례혜 내위기이개구

覽相觀於四極兮, 周流乎天余乃下.
남상관어사극혜 주류호천여내하

望瑤臺之偃蹇兮, 見有娀之佚女.
망요대지언건혜 견유융지일녀

吾令鴆爲媒兮, 鴆告余以不好.
오령짐위매혜 짐고여이불호

雄鳩之鳴逝兮, 予猶惡其佻巧.
웅구지명서혜 여유오기조교

心猶豫而狐疑兮, 欲自適而不可.
심유예이호의혜 욕자적이불가

鳳皇旣受詒兮, 恐高辛之先我.
봉황기수이혜 공고신지선아

欲遠集而無所止兮, 聊浮遊以逍遙.
욕원집이무소지혜 요부유이소요

及少康之未家兮, 留有虞之二姚.
급소강지미가혜 유유우지이요

理弱而媒拙兮, 恐導言之不固.
이약이매졸혜 공도언지불고

世溷濁而嫉賢兮, 好蔽美而稱惡.
세혼탁이질현혜 호폐미이칭악

閨中旣以邃遠兮, 哲王又不寤.
규중기이수원혜 철왕우불오

懷朕情而不發兮, 余焉能忍與此終古.
회짐정이불발혜 여언능인여차종고

아침에 나는 백수白水를 건너려

낭풍閬風에 올라 말을 매어 두고는,

문득 되돌아보며 눈물 흘리니
높은 언덕에 여인이 없음을 슬퍼해서라.
갑자기 나는 이 춘궁春宮에 와서 노닐며
옥가지를 꺾어 패옥佩玉을 매달았으니,
가지의 꽃 떨어지기 전에
이를 줄 하계下界의 미녀를 찾아본다.
나는 풍륭豐隆에게 구름을 타고 가서
복비宓妃가 있는 곳을 찾도록 하고,
패대佩帶를 풀어 내 뜻을 표현하여
건수蹇修에게 중매를 서도록 하였다.
사람 어지러이 모여 그녀의 마음을 변하게 하니
갑자기 일이 어긋나 그녀에게 가기 어렵게 되었는데,
그녀는 저녁에 돌아와 궁석산窮石山에 머물고
아침엔 유반강洧盤江에서 머리를 감는다.
그 아름다움 믿고는 교만하여
매일 편안히 즐기면서 마음대로 놀아나기만 하니,
실로 아름답기는 하여도 예절이 없어
버려두고 다시 다른 이를 찾아야겠다.
사방의 끝까지 둘러보고
하늘을 두루 돌아다니다 나는 땅에 내려와,
높다란 요대瑤臺를 바라보니
유융씨有娀氏의 미녀가 보인다.
나는 짐새에게 중매를 부탁했더니
짐새는 나에게 그녀가 좋지 않다 하고,

수비둘기가 제 나서겠다 울며 날아가지만,
나는 오히려 그의 교언영색巧言令色을 싫어한다.
마음은 우물쭈물 미심쩍어
스스로 가려 하나 그럴 수가 없는 처지.
봉황이 이미 폐백을 가지고 갔지만
고신씨高辛氏가 나보다 앞설까 두렵다.
멀리 가려고 하나 머물 곳 없어
잠시 떠돌며 어슬렁대거니와,
소강少康이 아직 장가들기 전에
유우有虞의 두 미녀를 맞아야겠다.
중매쟁이 용렬하고 중매도 서투니
전하는 말 미덥지 못할까 두렵건만,
세상은 혼탁하여 어진 사람 시샘하며,
미덕을 가리고 악을 칭찬하길 좋아한다.
규중閨中은 깊고도 멀고
명철한 임금은 또 깨닫지 못하여,
내 마음을 품은 채 나타내지 못하거늘,
내 어찌 이들과 함께 오래도록 지내리오?

■ 주 석

白水(백수) : 곤륜산에서 흘러나온다는 전설상의 강 이름. 곤륜산에는 원래 오색의 강이 있다고 하는데, 백수는 그 중의 하나이다.

閬風(낭풍) : 현포縣圃와 같은 곳.

緤(설) : 매다.

高丘(고구) : 높은 산언덕. 초나라의 산 이름이라는 설도 있다. 초나라 궁전을 비유하는 것으로 볼 수 있다.

女(여) : 신녀神女. 현신賢臣을 비유한다.

春宮(춘궁) : 봄의 신인 동방청제東方靑帝의 궁전.

瓊枝(경지) : 옥수玉樹의 가지.

繼佩(계패) : 패옥佩玉에 이어 매달다.

下女(하녀) : 하계下界의 여자. 혹은 신녀神女의 시녀라고도 한다.

詒(이) : 주다. '이貽'와 같다.

豐隆(풍륭) : 구름 신. 또는 우레 신.

宓妃(복비) : 복희씨伏羲氏의 딸. 전설에 의하면 낙수洛水에 빠져 죽어 그 강의 신이 되었다고 한다. '복宓'은 '복虙', 또는 '복伏'으로 쓰기도 한다.

佩纕(패양) : 노리개의 띠.

結言(결언) : 약속하다. 뜻을 표하다.

蹇修(건수) : 복희씨의 신하로 복비의 측근이다. 중매쟁이의 미칭美稱으로 사용된다.

理(이) : 중매쟁이. 일설에는 혼례하려는 의사를 뜻한다고 보고, '위리爲理'를 '혼례하려는 뜻을 말하다'로 해석하기도 한다.

紛總總(분총총) 구 : 모함하는 나쁜 사람들이 잔뜩 모여 있어 훼방을 놓기 때문에 복비의 마음이 이랬다저랬다 한다는 뜻이다.

緯繣(위홰) : 어그러지다.

遷(천) : 나아가다. 일설에는 마음을 바꾼다는 뜻으로 풀이한다.

窮石(궁석) : 후예后羿가 거처했다는 산 이름. 지금의 감숙성甘肅省 장액張掖에 있다.

洧盤(유반) : 엄자산崦嵫山에서 흘러내린다는 전설상의 강.

瑤臺(요대) : 옥으로 만든 누대樓臺.

偃蹇(언건) : 높이 솟은 모양.

有娀(유융) : 고대의 나라 이름.

佚女(일녀) : 아름다운 미녀. 전설에 의하면 유융씨에게는 간적簡狄이라는
　　　　　딸이 있었는데 옥 누대를 지어 주어 그곳에 살게 했다. 후에 제곡帝嚳
　　　　　에게 시집가서 은殷나라의 조상인 설契을 낳았다고 한다.
鴆(짐) : 새 이름. 모양은 까치와 비슷하고 잘 운다. 깃에 독이 있어 그것
　　　　으로 독주毒酒를 만들어 사람을 독살하는 데 쓰였다. 여기서는 굴원을
　　　　훼방하는 간악한 소인들을 비유한다고 볼 수 있다.
雄鳩(웅구) : 수비둘기. 잘 울어서 말 많은 사람을 비유한다.
佻巧(조교) : 경박하고 말재주만 능하다.
鳳皇(봉황) : 일설에 의하면 현조玄鳥이다.
高辛(고신) : 간적簡狄과 혼인하여 설契을 낳았다는 제곡帝嚳의 별호이다.
　　　　　또 다른 전설에 의하면 간적이 현조玄鳥의 알을 삼키고 설을 낳았다고
　　　　　하니, 고신 이야기와 봉황에게 중매를 부탁한 이야기는 이와 관련된
　　　　　듯하다.
集(집) : 나아가다. 머물다.
少康(소강) : 하후夏后 상相의 아들. 한착寒浞이 요澆를 시켜 상相을 죽이자
　　　　　유우국有虞國으로 망명하여 유우씨의 두 딸을 아내로 맞이하고 힘을
　　　　　길렀다. 뒤에 한착과 요를 죽이고 하나라를 중흥시켰다.
有虞(유우) : 하夏나라 때의 부락국가로 순임금의 자손이 세웠고 성은 요
　　　　　姚이다.
二姚(이요) : 요씨姚氏 성을 가진 두 미녀, 즉 소강少康에게 시집간 유우씨
　　　　　의 두 딸.
哲王(철왕) : 명철한 왕. 여기서는 초나라 회왕懷王을 가리킨다.

索藑茅以筳篿兮, 命靈氛爲余占之.
색 경 모 이 정 전 혜　명 령 분 위 여 점 지

曰兩美其必合兮, 孰信修而慕之.
왈 량 미 기 필 합 혜　숙 신 수 이 모 지

思九州之博大兮, 豈惟是其有女.
사 구 주 지 박 대 혜　　기 유 시 기 유 녀

曰勉遠逝而無狐疑兮, 孰求美而釋女.
왈 면 원 서 이 무 호 의 혜　　숙 구 미 이 석 여

何所獨無芳草兮, 爾何懷乎故宇.
하 소 독 무 방 초 혜　　이 하 회 호 고 우

世幽昧以眩曜兮, 孰云察余之善惡.
세 유 매 이 현 요 혜　　숙 운 찰 여 지 선 악

民好惡其不同兮, 惟此黨人其獨異.
민 호 오 기 부 동 혜　　유 차 당 인 기 독 이

戶服艾以盈要兮, 謂幽蘭其不可佩.
호 복 애 이 영 요 혜　　위 유 란 기 불 가 패

覽察草木其猶未得兮, 豈珵美之能當.
남 찰 초 목 기 유 미 득 혜　　기 정 미 지 능 당

蘇糞壤以充幃兮, 謂申椒其不芳.
소 분 양 이 충 위 혜　　위 신 초 기 불 방

경모초藑茅草와 대나무 가지 구해다가
영분靈氛에게 나를 위해 점쳐 달라 하면서,
"두 아름다운 사람은 반드시 합해지기 마련
누군들 진실로 아름답고 착한 이를 사모하지 않겠는가?
구주九州가 넓고 큰 것을 생각해 보면
어찌 여기에만 아름다운 여인이 있겠는가?"라 하니,
그가 말하기를 "힘써 멀리 가되 망설이지 말 것이니
누군들 미인을 구하면서 그대를 버리겠는가?
어디에나 향기로운 풀이 있는데
그대는 어이하여 고국만 생각하는가?

세상은 어두컴컴하고 혼란하니
　　누가 우리의 선악을 살필 수 있겠는가?
　　사람들이 좋아하고 싫어하는 것이 서로 다르기는 하지만
　　이 도당들은 유독 특이하여,
　　집집마다 쑥을 걸치고 허리에도 가득 채우고서
　　그윽한 난초는 찰 수 없다 말한다.
　　초목 살피는 것도 그들은 아직 제대로 못하니
　　어찌 아름다운 옥의 가치를 이해할 수 있겠는가?
　　썩은 흙을 주워서 향주머니를 채우면서
　　산초나무는 향기롭지 않다고 하지."라고 하였다.

■ 주 석

索(색) : 취取하다. 뜯다.
藑茅(경모) : 영초靈草로 붉은 꽃이 핀다.
筳(정) : 가는 대나무 가지. 점대로 사용된다.
篿(전) : 초나라 사람은 풀이나 작은 댓가지로 점을 치는데 그것을 '전篿'
　　이라 한다.
靈氛(영분) : '영靈'은 무당을 의미하고, '분氛'은 그 무당의 이름.
兩美(양미) : 아름다운 두 사람. 굴원과 그가 구하는 미인을 뜻한다.
女(여) : 미녀. 현군을 비유한다고 볼 수 있다.
釋女(석여) : 그대를 버리다. '여女'는 '여汝'와 같다.
芳草(방초) : 현군을 비유.
故宇(고우) : 옛집. 즉, 고국을 가리킨다.
眩曜(현요) : 눈부시게 빛나다. 인신引申하여 어지럽다는 뜻도 된다.
艾(애) : 쑥. 악초惡草에 해당한다.

瑆(정) : 아름다운 옥.
當(당) : 감당하다. 또는 값어치를 매기다.
蘇(소) : 취取하다.
幃(위) : 향주머니[香囊].

欲從靈氛之吉占兮, 心猶豫而狐疑.
욕종령분지길점혜 심유예이호의

巫咸將夕降兮, 懷椒糈而要之.
무함장석강혜 회초서이요지

百神翳其備降兮, 九疑繽其竝迎.
백신예기비강혜 구의빈기병영

皇剡剡其揚靈兮, 告余以吉故.
황염염기양령혜 고여이길고

曰勉升降以上下兮, 求榘矱之所同.
왈면승강이상하혜 구구확지소동

湯禹嚴而求合兮, 摯咎繇而能調.
탕우엄이구합혜 지고요이능조

苟中情其好修兮, 又何必用夫行媒.
구중정기호수혜 우하필용부행매

說操築於傅巖兮, 武丁用而不疑.
열조축어부암혜 무정용이불의

呂望之鼓刀兮, 遭周文而得擧.
여망지고도혜 조주문이득거

甯戚之謳歌兮, 齊桓聞以該輔.
영척지구가혜 제환문이해보

及年歲之未晏兮, 時亦猶其未央.
급년세지미안혜 시역유기미앙

恐鵜鴃之先鳴兮, 使夫百草爲之不芳.
공제결지선녕혜 사부백초위지불방

영분靈氛의 길한 점괘를 따르고 싶지만
마음은 망설여지고 주저되어,
무함巫咸이 저녁에 하늘에서 내려오리니
산초와 정미精米를 가지고 가서 점쳐 달라고 해야겠다.
온갖 신령들이 하늘을 가리고 모두들 내려오니
구의산九疑山 신령들이 떼지어 맞이하여,
하늘은 번쩍번쩍 신령스러운 빛을 내고
무함은 나에게 길한 까닭을 말해준다.
"힘써 하늘과 땅으로 오르고 내리면서
법도를 함께할 임금을 찾아야 하리니,
탕왕湯王과 우왕禹王이 신중하게 짝을 찾더니,
지摯와 고요咎繇가 나와서 잘 어울렸다.
진실로 마음속으로 깨끗한 것을 좋아한다면
또한 어찌 중매쟁이를 써야만 하겠는가?
부열傳說은 부암傳巖에서 목저木杵를 들고 길을 닦았는데
무정武丁이 기용하여 의심하지 않았다.
여망呂望은 칼을 두드리며 백정노릇 하였지만
주문왕周文王을 만나서 등용되었고,
영척寗戚은 소 치며 노래 부르다가
제환공齊桓公이 듣고서 보좌하게 하였다.
아직 나이가 늦기 전에
때가 또한 다하기 전에 하여야 하니,
제결鵜鴂이 먼저 울어
저 온갖 풀들로 하여금 시들어 향기 잃게 할까 두렵다."

■ 주 석

巫咸(무함) : 은殷나라 때 하늘에서 내려왔다고 하는 신무神巫. '함咸'은 그의 이름.

椒(초) : 산초. 향물香物로 강신降神에 사용한다.

糈(서) : 제사에 쓰이는 정미精米.

要(요) : 무함巫咸에게 점쳐 달라고 요구하다. 일설에는 '요邀'와 같은 뜻으로 '맞이하다'로 풀이하기도 한다.

翳(예) : 하늘을 가리킨다.

九疑(구의) : 구의산九疑山. 여기서는 구의산의 신령神靈을 가리킨다.

繽(빈) : 잔뜩 있는 모양. 수가 많은 모양.

皇(황) : 황천皇天. 일설에는 백신百神을 가리킨다고 한다.

剡剡(염염) : 번쩍번쩍 빛나는 모양.

揚靈(양령) : 신령스러운 빛을 내다. 혹은 신의 영이靈異함을 나타낸다.

吉故(길고) : 길한 까닭. 즉 멀리 떠나는 것이 길한 이유. 일설에 의하면 '고故'는 이미 일어났던 일. '길고吉故'는 지난날 일어났던 길한 일, 즉 아래에 열거한 부열傅說, 여망呂望 등의 고사를 가리킨다고 한다.

榘矱(구확) : '구榘'는 곡척曲尺으로 '구矩'와 같다. '확矱'은 장단長短을 측정하는 기구. 합쳐서 법도를 상징한다.

求合(구합) : 뜻이 같고 추구하는 길이 같은 짝을 구하다.

摯(지) : 은나라 시조 탕왕湯王의 현신인 이윤伊尹의 이름.

咎繇(고요) : 하나라 우왕禹王의 현신. '고요皐陶'라고 쓰기도 한다.

行媒(행매) : 중매. 알선해 줌.

說(열) : 부열傅說. 은나라 고종高宗 무정武丁의 현상賢相. 무정이 성인을 얻는 꿈을 꾼 뒤, 꿈에 본 사람을 열심히 찾다가 부암傅巖이라는 곳에서 길을 닦고 있는 부열을 만나게 되었다. 무정은 부열을 재상으로 삼아 나라를 잘 다스렸다.

操築(조축) : 목저木杵를 손에 들고 다루다. '축築'은 판축版築, 즉, 흙을 나지는 데 쓰는 목저이다.

傅巖(부암) : 지명. 지금의 산서성山西省 평륙현平陸縣 동쪽에 있다.

呂望(여망) : 여상呂尙. 그의 조상은 우禹의 치수治水를 도와 공을 세워서 여呂(지금의 하남성河南省)를 봉토封土로 받았는데, 그 자손들은 몰락하여 서민庶民이 되었다. 은나라 때 서백西伯인 주문왕周文王이 위수渭水 가에서 낚시질을 하고 있는 그를 만나 스승으로 삼고 태공망太公望이라 존칭하였다. 뒤에 무왕武王을 도와 은나라를 멸하고 천하를 평정해 그 공으로 제齊나라를 봉토로 받아 그 시조가 되었다. 성姓이 강姜이어서 속칭 강태공姜太公이라고 한다.

鼓刀(고도) : 칼을 두드리며 짐승을 도살하다. 즉, 백정질한다는 뜻이다. 여상呂尙은 한때 백정질을 하였다.

周文(주문) : 주나라 문왕文王. 성은 희姬. 이름은 창昌이다.

甯戚(영척) : 춘추시대 위魏나라 사람. 그는 원래 장사꾼으로 제齊나라 동문東門 밖에 거처하고 있었다. 그는 소에게 먹이를 먹이면서 쇠뿔을 두드리며 노래를 불렀는데 마침 제환공齊桓公이 지나다가 그 소리를 듣고 그가 현인임을 알아 등용하였다.

齊桓(제환) : 춘추시대 오패五覇 중의 하나인 제나라 환공桓公.

該輔(해보) : 보좌로 삼다. '해該'는 '비備'의 뜻.

晏(안) : 늦어지다.

央(앙) : 다하다. 끝나다.

鵜鴂(제결) : 새 이름. 일설에는 두견杜鵑, 자규子規라고도 하나 어떤 새인지 확실치 않다. 이 새가 추분秋分 전에 울면 초목이 모두 시들어 버린다고 한다.

何瓊佩之偃蹇兮, 衆薆然而蔽之.
하 경 패 지 언 건 혜   중 애 연 이 폐 지

惟此黨人之不諒兮, 恐嫉妬而折之.
유 차 당 인 지 불 량 혜　공 질 투 이 절 지

時繽紛其變易兮, 又何可以淹留.
시 빈 분 기 변 역 혜　우 하 가 이 엄 류

蘭芷變而不芳兮, 荃蕙化而爲茅.
난 지 변 이 불 방 혜　전 혜 화 이 위 모

何昔日之芳草兮, 今直爲此蕭艾也.
하 석 일 지 방 초 혜　금 직 위 차 소 애 야

豈其有他故兮, 莫好修之害也.
기 기 유 타 고 혜　막 호 수 지 해 야

余以蘭爲可恃兮, 羌無實而容長.
여 이 란 위 가 시 혜　강 무 실 이 용 장

委厥美以從俗兮, 苟得列乎衆芳.
위 궐 미 이 종 속 혜　구 득 렬 호 중 방

椒專佞以慢慆兮, 樧又欲充夫佩幃.
초 전 녕 이 만 도 혜　살 우 욕 충 부 패 위

旣干進而務入兮, 又何芳之能祗.
기 간 진 이 무 입 혜　우 하 방 지 능 지

固時俗之流從兮, 又孰能無變化.
고 시 속 지 류 종 혜　우 숙 능 무 변 화

覽椒蘭其若茲兮, 又況揭車與江離.
남 초 란 기 약 자 혜　우 황 게 거 여 강 리

惟茲佩之可貴兮, 委厥美而歷茲.
유 자 패 지 가 귀 혜　위 궐 미 이 력 자

芳菲菲而難虧兮, 芬至今猶未沬.
방 비 비 이 난 휴 혜　분 지 금 유 미 말

和調度以自娛兮, 聊浮遊而求女.
화 조 도 이 자 오 혜　요 부 유 이 구 녀

及余飾之方壯兮, 周流觀乎上下.
급 여 시 기 방 장 혜　구 류 관 호 상 하

경패瓊佩가 정말로 아름다운데
뭇 사람들이 가리어 보이지 않으니,
이 도당들을 믿을 수가 없어서
질투하여 그것을 꺾을까 두렵다.
시속時俗이 어지럽게 변하여가니
어찌 오래도록 머물 수 있겠는가?
난초蘭草와 지초芝草는 변하여 향내 나지 않고
전초荃草와 혜초蕙草는 변하여 띠풀이 되었다.
어찌하여 옛날에 향초香草이던 풀이
지금은 다만 이와 같은 쑥 덤불이 되었는가?
그것에 다른 연고가 있으랴?
깨끗한 것을 좋아하지 않기 때문에 생겨난 재앙일 뿐.
나는 난초는 믿을 만하다고 생각하였는데
아! 실속은 없고 겉모양만 번드레하여,
그 아름다움을 버리고 시속을 좇아
구차하게 많은 꽃들 속에 끼어드는구나.
산초나무는 아첨에만 전념하고 오만방자하며
살초樧草조차도 또한 향낭을 채우려 들어,
등용되어 들어가길 구하니
또한 어찌 향내를 공경하겠는가?
진실로 시속을 따라 흐르다 보면
또 그 누군들 변화하지 않겠는가?
산초와 난초만 보아도 이와 같으니
게거揭車와 강리江離는 말해 무엇 하겠는가?

오직 나의 이 패옥佩玉만은 귀하게 여길 만한데
그 아름다운 것이 버림받아 이 지경에 이르렀지만,
향기는 물씬물씬 나서 없어지지 않고
향내는 지금도 여전히 없어지지 않았다.
행동의 법도를 잘 조화시켜 스스로 즐기며
잠시 떠돌아다니면서 미녀를 찾아보리니,
나의 패식佩飾이 한창 아름다울 때라
두루 돌아다니며 하늘과 땅을 살펴보겠다.

■ 주 석

瓊佩(경패) : 노리개의 일종. 미덕을 비유한다.
偃蹇(언건) : 곱고 아름다운 모양. 일설에는 많이 있는 모양.
薆然(애연) : 뒤덮어 가린 모양.
不諒(불량) : 믿을 수 없다. 미덥지 못하다.
繽紛(빈분) : 잔뜩 어지러운 모양.
淹留(엄류) : 오래 머물다.
荃蕙(전혜) : 전초荃草와 혜초蕙草. 둘 다 향초香草이다.
茅(모) : 띠풀. 악초惡草이다. 소인배들을 비유한다.
直(직) : 곧바로. 다만.
蕭艾(소애) : 쑥. 범속한 인물을 비유한다.
蘭(난) : 일설에 의하면 '난蘭'은 회왕의 아들이며 경양왕頃襄王의 동생인 영윤令尹 자란子蘭을 가리킨다고 한다.
容長(용장) : 모양이 장대하고 훌륭하다. 여기서는 겉모습만 번드레한 것을 가리킨다.
委(위) : 버리다.
椒(초) : 산초나무. 소인배를 비유한다. 일설에는 초나라 대부 자초子椒를 가리킨다고도 한다.

佞(영) : 아첨함.

慢慆(만도) : 오만하고 방자하다.

樧(살) : 수유나무. 소인배를 비유한다.

干(간) : 구하다.

祗(지) : 공경하다.

流從(유종) : 따라서 흐르다.

揭車與江離(게거여강리) : '게거揭車'와 '강리江離'는 모두 향초이나 향미향 味가 산초나 난초보다는 못하다.

歷茲(역자) : 이 상황에 이르다.

菲菲(비비) : 향기가 나는 모양.

沬(말) : 다하다. 없어지다.

和調度(화조도) : 조도調度를 조화시키다. '조도'는 행동의 법도. 일설에는 격조格調와 법도法度. '화조和調'를 동사로 보는 설도 있다.

壯(장) : 훌륭하다.

靈氛旣告余以吉占兮, 歷吉日乎吾將行.
영 분 기 고 여 이 길 점 혜   역 길 일 호 오 장 행

折瓊枝以爲羞兮, 精瓊爢以爲粻.
절 경 지 이 위 수 혜   정 경 미 이 위 장

爲余駕飛龍兮, 雜瑤象以爲車.
위 여 가 비 룡 혜   잡 요 상 이 위 거

何離心之可同兮, 吾將遠逝以自疏.
하 리 심 지 가 동 혜   오 장 원 서 이 자 소

邅吾道夫崑崙兮, 路修遠以周流.
전 오 도 부 곤 륜 혜   노 수 원 이 주 류

揚雲霓之晻藹兮, 鳴玉鸞之啾啾.
양 운 예 지 엄 애 혜   명 옥 란 지 추 추

朝發軔於天津兮, 夕余至乎西極.
조 발 인 어 천 진 혜　석 여 지 호 서 극

鳳皇翼其承旂兮, 高翺翔之翼翼.
봉 황 익 기 승 기 혜　고 고 상 지 익 익

忽吾行此流沙兮, 遵赤水而容與.
홀 오 행 차 류 사 혜　준 적 수 이 용 여

麾蛟龍使梁津兮, 詔西皇使涉予.
휘 교 룡 사 량 진 혜　조 서 황 사 섭 여

路修遠以多艱兮, 騰衆車使徑待.
노 수 원 이 다 간 혜　등 중 거 사 경 대

路不周以左轉兮, 指西海以爲期.
노 부 주 이 좌 전 혜　지 서 해 이 위 기

屯余車其千乘兮, 齊玉軑而竝馳.
둔 여 거 기 천 승 혜　제 옥 대 이 병 치

駕八龍之婉婉兮, 載雲旗之委蛇.
가 팔 룡 지 완 완 혜　재 운 기 지 위 이

抑志而弭節兮, 神高馳之邈邈.
억 지 이 미 절 혜　신 고 치 지 막 막

奏九歌而舞韶兮, 聊假日以婾樂.
주 구 가 이 무 소 혜　요 가 일 이 투 락

陟陞皇之赫戲兮, 忽臨睨夫舊鄕.
척 승 황 지 혁 희 혜　홀 림 예 부 구 향

僕夫悲余馬懷兮, 蜷局顧而不行.
복 부 비 여 마 회 혜　권 국 고 이 불 행

亂曰, 已矣哉,
난 왈　이 의 재

國無人莫我知兮, 又何懷乎故都.
국 무 인 막 아 지 혜　우 하 회 호 고 도

旣莫足與爲美政兮, 吾將從彭咸之所居.
기 막 족 어 위 미 징 에　오 상 송 팽 함 지 소 거

초사楚辭　349

영분이 이미 나에게 길한 점이라 해서
길일을 택하여 내 장차 가고자 하여,
옥가지를 꺾어 먹을 음식을 만들고
옥가루를 빻아 양식을 장만했다.
나를 위하여 용에게 수레를 끌게 하고
옥돌과 상아를 섞어 수레를 장식하였으니,
어찌 한 번 떠나간 마음이 함께 어울릴 수 있겠는가?
내 멀리 가서 스스로 소원해지리라.
길을 돌아 나는 저 곤륜산 쪽으로 가니
길은 멀어 돌고 도는데,
구름과 무지개의 깃발을 들어 하늘을 가리우고
옥란의 방울소리 딸랑딸랑 울린다.
아침에 은하수 나루터를 출발하여
저녁에 서쪽 끝에 도달하였는데,
봉황은 공손히 깃발을 받들어
하늘 높이 가지런하게 훨훨 날았다.
갑자기 나는 이 사막을 지나
적수赤水를 따라 노닐었으니,
교룡을 지휘하여 나루에 다리를 놓게 하고
서황을 시켜 나를 건너게 하였다.
길이 멀어 어려움 많았기에
여러 수레들에게 달려 지름길로 가서 나를 기다리게 하고,
부주산에서 왼쪽으로 길을 돌아
서해를 가리키며 그곳에서 만나자고 기약했다.

나의 수레를 늘어놓으니 천 대
옥으로 된 수레바퀴를 나란히 하여 달리며,
꿈틀거리는 여덟 마리의 용을 부리고
구름 그린 기를 펄럭거리며 간다.
뜻을 억제하여 천천히 가려 해도
정신이 아득히 높이 치달리니,
구가를 연주하고 구소를 춤추며
잠시 틈을 내어 즐겁게 놀아본다.
환히 빛나는 하늘로 올라가니
문득 옛 고향이 내려다보여,
마부도 슬퍼하고 내 말도 상심하여
머뭇머뭇 뒤돌아보면서 나아가지 못한다.
난사에 말하니
모든 것이 끝났다!
나라에 나를 알아주는 이 없는데
또 어찌 고향을 그리워하랴?
이왕 함께 훌륭한 정치를 행할 수 없을 바엔
나는 장차 팽함이 사는 곳으로 쫓아가겠다.

■ 주 석

歷吉日(역길일) : 길일을 고르다. '역歷'은 선택하다.
羞(수) : 음식.
精(정) : 빻아서 정세精細하게 하다.
瓊靡(경미) : 옥의 가루.
粻(장) : 양식糧食을 뜻한다.

瑤象(요상) : 옥과 상아.
邅(전) : 길을 돌리다. '전轉'과 같은 뜻이다.
雲霓(운예) : 구름과 무지개. 수레의 깃발을 상징한다. 구름과 무지개를 그린 깃발이라는 설도 있다.
晻藹(엄애) : 가리다.
玉鸞(옥란) : 말에 매단 방울. 옥으로 만든 난새 모양의 방울.
啾啾(추추) : 방울이 울리는 소리.
天津(천진) : 은하수 나루터.
翼(익) : 공손히.
承旂(승기) : 깃발을 받들어 들다. '기旂'는 쌍룡雙龍이 교차된 모양을 그린 기이다.
翼翼(익익) : 가지런히 화목하게 나는 모양.
流沙(유사) : 사막. 모래가 물처럼 흐른다는 뜻에서 유래한 말이다.
赤水(적수) : 신화 속에 나오는 서방의 강으로 곤륜산에서 흘러나온다고 한다.
容與(용여) : 노는 모양.
蛟龍(교룡) : 용 중에서 작은 것을 '교蛟'라 하고, 큰 것을 '용龍'이라 한다. 이와 다른 풀이도 있다.
梁津(양진) : 나루에 다리를 놓다.
詔(조) : 명령하다.
西皇(서황) : 서방西方의 신神인 소호少皞를 뜻한다.
騰(등) : 달리다. 일러주다[傳告]는 뜻으로 풀이하기도 한다.
徑待(경대) : 지름길로 가서 기다리다.
不周(부주) : 곤륜산 서북방에 있다는 산 이름. 산의 모양에 결함이 있어 이런 명칭이 붙었다고 한다.
西海(서해) : 서쪽 끝에 있다는 전설상의 바다. 혹은 지금의 청해靑海라고도 한다.

屯(둔) : 진열하다.
軑(대) : 수레바퀴.
婉婉(완완) : 용이 나는 모양. 용이 꿈틀거리는 모양.
委蛇(위이) : 깃발이 펄럭이는 모양.
弭節(미절) : 속도를 늦추다. 속도를 조절하다.
九歌(구가) : 우왕禹王의 음악으로, 구성九成으로 이루어졌다고 한다.
韶(소) : 순舜임금의 음악. 구소九韶.
假日(가일) : 시일時日을 늘이다. 즉 시일을 연장시키다.
媮樂(투락) : 즐겁게 놀다.
皇(황) : 황천皇天.
赫戲(혁희) : 밝은 모습. '희戲'는 '희曦'와 같은 뜻이다.
蜷局(권국) : 머뭇거리며 나아가지 못하는 모습.
亂(난) : 악가樂歌의 말단末段.

■ 해 제

〈이소〉는 370여 구句, 2000여 자字에 달하는 장편시로, 굴원의 자서전이라 할 수 있다. 〈이소〉의 내용은 크게 세 단락으로 나누어진다. 첫째 단락에서는 자신의 가계를 밝히고 고상한 절조를 지키려는 자신의 의지를 표명하였다. 군왕을 보필하여 나라를 잘 다스리려는 의지와 그럼에도 불구하고 간신배의 참소로 추방당한 억울함도 곡진하게 서술하였다. 둘째 단락에서는 가슴에 맺힌 울분을 풀고자 신화 전설의 세계를 유력遊歷하는 이야기가 전개되었는데, 초현실적인 이야기 속에 남녀의 애정을 비유로 하여 특이한 풍격을 조성하였다. 마지막 단락에서는 회의와 실의에 빠져 신에게 점을 친 뒤 고국을 떠나 멀리 환상의 여정에 오를 것을 결심하나 고국에 대한 애착으로 실천하지 못하고 결국 죽음을 선택하는 내용이 펼쳐졌다.
〈이소〉는 전편全篇의 구성이 완정하고 표현이 완미한 것으로 평가받는다. 특히 화려한 문체와 특이한 상상은 중국문학의 백미로, 독자들을 환상의 세계로 이끌고 갈 것이다.

구가九歌

東皇太一
동 황 태 일

吉日兮辰良, 穆將愉兮上皇.
길 일 혜 신 량　목 장 유 혜 상 황

撫長劍兮玉珥, 璆鏘鳴兮琳琅.
무 장 검 혜 옥 이　구 장 명 혜 림 랑

瑤席兮玉瑱, 盍將把兮瓊芳.
요 석 혜 옥 진　합 장 파 혜 경 방

蕙肴蒸兮蘭藉, 奠桂酒兮椒漿.
혜 효 증 혜 란 자　전 계 주 혜 초 장

揚枹兮拊鼓, 疏緩節兮安歌,
양 부 혜 부 고　소 완 절 혜 안 가

陳竽瑟兮浩倡.
진 우 슬 혜 호 창

靈偃蹇兮姣服, 芳菲菲兮滿堂.
영 언 건 혜 교 복　방 비 비 혜 만 당

五音紛兮繁會, 君欣欣兮樂康.
오 음 분 혜 번 회　군 흔 흔 혜 락 강

동황태일

좋은 날 좋은 때에
공경하게 제사를 지내어 상황上皇을 기쁘게 하니,
장검의 옥고리가 달린 칼자루를 쥐시고

아름다운 패옥佩玉을 울리신다.
옥으로 만든 자리에 옥으로 된 누름돌
옥 꽃송이 바치고,
혜초蕙草로 싼 제육祭肉을 난초 깔아 바치고
계주桂酒와 초장椒漿을 올린다.
북채 들고 북을 치며
느린 곡조로 노래에 맞추어 연주하고
우竽와 슬瑟을 늘어놓고 크게 노래한다.
신령이 고운 옷 입고 덩실덩실 춤추시니
향기는 집안에 가득,
오음五音이 어지러이 뒤섞이니
신께서 기뻐하시고 편안해 하신다.

■ 주 석

東皇太一(동황태일) : '태일太一'은 별 이름으로 하늘의 존귀한 신. 그의 제궁祭宮이 초楚의 동쪽에 있어 동황東皇이라 한다.
辰良(신량) : 좋은 때. 운韻을 맞추기 위하여 '양신良辰'을 도치한 것이다.
穆(목) : 엄숙하다. 공경하다.
愉(유) : 즐겁게 하다. 기쁘게 해드리다.
上皇(상황) : 여기서는 동황태일을 가리킨다.
撫(무) : 쥐다.
玉珥(옥이) : 옥고리를 단 칼자루. '이珥'는 칼자루 끝으로 검비劍鼻라고도 한다.
璆鏘(구장) : 옥이나 금석金石이 부딪쳐서 울리는 소리.
琳琅(임랑) : 아름다운 옥.

瑤席(요석) : 옥으로 만든 자리. '요瑤'는 옥의 일종. 일설에는 '요瑤'는 향
    초의 일종이라고 한다.
玉瑱(옥진) : 옥으로 된 누름돌. '진瑱'은 '진鎭'과 같다. 자리를 누르는 데
    쓰는 것으로, 옥으로 만들었기 때문에 '옥진'이라 한다.
盍將把兮瓊芳(합장파혜경방) : 옥 꽃송이를 들어 바치다. '합盍'은 뜻이
    없는 어조사. 일설에는 '합合', 즉 '모아서 합치다'의 뜻이라고도 한다.
    '장파將把'는 '붙잡다', '들어올리다'의 뜻이다.
蕙肴(혜효) : 혜초蕙草로 싼 고기.
蒸(증) : 바치다. '증烝'과 통한다.
奠(전) : 바치다.
桂酒(계주) : 육계肉桂를 넣어 담근 술.
椒漿(초장) : 산초山椒 열매를 넣어 만든 음료. 술의 일종.
枹(부) : 북채. '부桴'와 통한다.
安歌(안가) : 노래에 맞추다.
竽瑟(우슬) : 피리와 거문고. '우竽'는 혀가 36개 붙은 큰 생황笙簧. '슬瑟'
    은 25현의 거문고이다.
偃蹇(언건) : 덩실덩실 춤추는 모양.
姣服(교복) : 아름다운 옷.
繁會(번회) : 어지러이 섞이다.
君(군) : 동황태일東皇太一을 가리킨다.

雲中君
운 중 군

浴蘭湯兮沐芳, 華采衣兮若英.
욕 란 탕 혜 목 방   화 채 의 혜 약 영

靈連蜷兮旣留, 爛昭昭兮未央.
영 련 권 혜 기 류   난 소 소 혜 미 앙

蹇將憺兮壽宮, 與日月兮齊光.
건 장 담 혜 수 궁　여 일 월 혜 제 광

龍駕兮帝服, 聊翱遊兮周章.
용 가 혜 제 복　요 고 유 혜 주 장

靈皇皇兮既降, 猋遠舉兮雲中.
영 황 황 혜 기 강　표 원 거 혜 운 중

覽冀州兮有餘, 橫四海兮焉窮.
남 기 주 혜 유 여　횡 사 해 혜 언 궁

思夫君兮太息, 極勞心兮忡忡.
사 부 군 혜 태 식　극 로 심 혜 충 충

운중군

난초蘭草 물에 몸 씻고 향초 물에 머리 감고

두약杜若 꽃과 같은 아름다운 옷을 입어,

신령이 춤추며 머물게 되니

환하게 밝은 빛이 끝이 없다.

아! 제궁祭宮에 편안히 있으니

일월과 더불어 빛을 나란히 하거니와,

용龍에게 수레 끌게 하고 천제天帝의 옷을 입고서

잠시 곳곳으로 날아다녀 보리라.

신령이 아름답게 내려왔다가

표연히 멀리 구름 속으로 돌아가 버렸으니,

기주冀州를 바라봄에 다른 곳도 있어서니

온 천지를 다니는데 어찌 끝이 있으리오?

그 신이 그리워 한숨짓고

근심에 마음을 솔인다.

■ 주 석

雲中君(운중군) : 구름 신인 풍륭豐隆. 일명 병예屛翳라고도 한다. 일설에는 월신月神이라고도 하고 뇌신雷神이라고도 한다.

芳(방) : 향초香草를 끓인 물.

華采衣(화채의) : 아름다운 오색 무늬의 옷. '화채華采'는 오색 빛깔이다.

若英(약영) : 세 가지 해석이 있다. 첫째는 '약若'을 '두약杜若'으로 보아서 '두약꽃'으로 해석하는 것이고, 둘째는 '약若'을 '여如'로 보아서 '꽃과 같다'로 해석하는 것이고, 셋째는 '영英'을 '영瑛'으로 보아서 '옥빛 같다'로 해석하는 것이다.

靈連蜷兮旣留(영련권혜기류) : 신령이 둥실둥실 춤추며 머물다. '영靈'은 운중군으로 분장한 무당을 가리킨다. '연권連蜷'은 춤추며 도는 모습.

爛昭昭(난소소) : '난爛'은 밝게 빛나는 모양. '소소昭昭'는 '밝게 빛나다'. 여기서는 신령의 위광威光이 빛나는 것을 가리킨다.

蹇(건) : 발어사.

憺(담) : 편안하다.

壽宮(수궁) : 신에게 제사 지내는 곳.

帝服(제복) : 오제五帝가 입는 복장.

周章(주장) : 두루 돌아다니다. '주유周遊'와 통한다. 일설에는 급하고 빠른 모양이라고도 한다.

皇皇(황황) : 아름다운 모양. 일설에는 '황皇'을 '황煌'과 통하는 것으로 보아 휘황찬란한 모습으로 해석하기도 한다.

雲中(운중) : 운신雲神이 거처하는 곳. 구름 속.

冀州(기주) : 고대 중국 구주九州(기冀·곤袞·청靑·서徐·양揚·형荊·예豫·양梁·옹雍)의 하나로, 오늘날 하북성河北省, 산서성山西省 북부에 해당한다. 고대 중국의 중심지로 옛 제왕들 중에 이곳에 도읍을 정한 이가 많았다. 여기서는 중국 전체를 대칭한다.

有餘(유여) : 본 곳이 중국 밖의 다른 곳도 있음을 말한다.

君(군) : 운중군雲中君을 가리킨다.

憽憽(충충) : 근심스런 모양. '충충忡忡'과 같다.

■ 해 제

〈구가〉는 초나라 민간에서 귀신을 제사할 때 불리던 무가巫歌를 바탕으로 하여 굴원이 윤색한 작품으로 추정된다. 구가는 본래 고악곡古樂曲의 명칭인데, 이것이 초사의 제명으로 사용된 연유는 분명하지 않다. 제명의 '구九'는 실수實數가 아니어서, 실제로 구가는 〈동황태일東皇太一〉, 〈운중군雲中君〉, 〈상군湘君〉, 〈상부인湘夫人〉, 〈대사명大司命〉, 〈소사명少司命〉, 〈동군東君〉, 〈하백河伯〉, 〈산귀山鬼〉, 〈국상國殤〉, 〈예혼禮魂〉 등 11편으로 구성되어 있다. 구가는 제명에서 알 수 있듯이 여러 신을 제사 지낸 무가를 모은 작품인데, 이 중 〈동황태일〉은 동황태일 신을 위한 것이고 〈운중군〉은 구름 신 또는 우레 신을 위한 것이다.

구장九章

哀郢
애 영

皇天之不純命兮, 何百姓之震愆.
황 천 지 불 순 명 혜　하 백 성 지 진 건

民離散而相失兮, 方仲春而東遷.
민 리 산 이 상 실 혜　방 중 춘 이 동 천

去故鄕而就遠兮, 遵江夏以流亡.
거 고 향 이 취 원 혜　준 강 하 이 류 망

出國門而軫懷兮, 甲之鼂吾以行.
출 국 문 이 진 회 혜　갑 지 조 오 이 행

發郢都而去閭兮, 荒忽其焉極.
발 영 도 이 거 려 혜　황 홀 기 언 극

楫齊揚以容與兮, 哀見君而不再得.
즙 제 양 이 용 여 혜　애 견 군 이 부 재 득

望長楸而太息兮, 涕淫淫其若霰.
망 장 추 이 태 식 혜　체 음 음 기 약 산

過夏首而西浮兮, 顧龍門而不見.
과 하 수 이 서 부 혜　고 룡 문 이 불 견

心嬋媛而傷懷兮, 眇不知其所蹠.
심 선 원 이 상 회 혜　묘 부 지 기 소 척

順風波以從流兮, 焉洋洋而爲客.
순 풍 파 이 종 류 혜　언 양 양 이 위 객

淩陽侯之氾濫兮, 忽翱翔之焉薄.
능 양 후 지 범 람 혜　홀 고 상 지 언 박

心絓結而不解兮, 思蹇産而不釋.
심괘결이불해혜　사건산이불석

將運舟而下浮兮, 上洞庭而下江.
장운주이하부혜　상동정이하강

去終古之所居兮, 今逍遙而來東.
거종고지소거혜　금소요이래동

羌靈魂之欲歸兮, 何須臾而忘反.
강령혼지욕귀혜　하수유이망반

背夏浦而西思兮, 哀故都之日遠.
배하포이서사혜　애고도지일원

登大墳以遠望兮, 聊以舒吾憂心.
등대분이원망혜　요이서오우심

哀州土之平樂兮, 悲江介之遺風.
애주토지평락혜　비강개지유풍

當陵陽之焉至兮, 淼南度之焉如.
당릉양지언지혜　묘남도지언여

曾不知夏之爲丘兮, 孰兩東門之可蕪.
증부지하지위구혜　숙량동문지가무

心不怡之長久兮, 憂與愁其相接.
심불이지장구혜　우여수기상접

惟郢路之遼遠兮, 江與夏之不可涉.
유영로지료원혜　강여하지불가섭

忽若去不信兮, 至今九年而不復.
홀약거불신혜　지금구년이불복

慘鬱鬱而不通兮, 蹇侘傺而含慼.
참울울이불통혜　건차제이함척

外承歡之汋約兮, 諶荏弱而難持.
외승환지작약혜　심임약이난지

忠湛湛而願進兮, 妒被離而鄣之.
충삼삼이원진혜　투피리이장지

堯舜之抗行兮, 瞭杳杳而薄天.
_{요 순 지 항 행 혜   요 묘 묘 이 박 천}

衆讒人之嫉妒兮, 被以不慈之僞名.
_{중 참 인 지 질 투 혜   피 이 부 자 지 위 명}

憎慍惀之修美兮, 好夫人之忼慨.
_{증 온 륜 지 수 미 혜   호 부 인 지 강 개}

衆踥蹀而日進兮, 美超遠而逾邁.
_{중 첩 접 이 일 진 혜   미 초 원 이 유 매}

亂曰,
_{난 왈}

曼余目以流觀兮, 冀壹反之何時.
_{만 여 목 이 류 관 혜   기 일 반 지 하 시}

鳥飛反故鄕兮, 狐死必首丘.
_{조 비 반 고 향 혜   호 사 필 수 구}

信非吾罪而棄逐兮, 何日夜而忘之.
_{신 비 오 죄 이 기 축 혜   하 일 야 이 망 지}

영도를 슬퍼하다

하늘의 떳떳하지 못한 명으로
백성의 두려움과 허물이 어떠했던가?
백성이 고향 떠나 서로 흩어졌으니
중춘 날에 나도 동쪽으로 떠났다.
고향 버리고 먼 곳으로 가려고
장강長江과 하수夏水 따라 떠돌게 된 신세,
서울의 성문을 나설 때 마음 아팠지만
갑일甲日 아침에 나는 떠났다.
영도郢都를 나서며 마을 문을 떠날 때

마음이 멍해졌으니 그것이 어디서 끝날까?
노를 모두 올리고 천천히 배회하면서
임금님을 보고자 해도 다시는 그럴 수 없어서 슬펐다.
고향의 큰 가래나무를 바라보면서 크게 한숨 쉬고
눈물은 줄줄 흘러 싸락눈 내리는 듯,
하수 입구를 지나 서쪽으로 떠가면서
용문龍門을 돌아보니 보이지가 않았다.
마음이 끌리고 가슴 아프며
멀고 먼 길에 발 붙일 곳을 몰랐거니와,
바람 파도를 따르고 물결 좇아가니
아득히 유랑하는 나그네 신세 되었다.
넘실거리는 파도를 타고
홀연히 날아서 어디에 머물게 될까?
울적한 마음은 풀 수가 없고
생각은 놓을 수가 없었다.
배를 몰아 아래로 떠가며
동정호洞庭湖에 가려고 장강으로 내려갔으니,
옛날 살던 곳을 버리고
이제는 떠돌다가 동으로 와버렸다.
아아! 영혼은 돌아가고자 하니
어찌 잠시인들 돌아갈 것을 잊었으랴.
하수 나루를 등지고 서쪽을 생각하니
고향이 날로 멀어져 슬프기만 하였다.
큰 언덕에 올라 멀리 바라보면서

잠시 내 근심스러운 심사를 풀려는데,
강변의 땅이 넓고 생활이 즐거운 것을 보아도 서럽고
강 사이의 오랜 풍속을 보아도 슬프기만 하였다.
능양陵陽에 이르면 어디로 가나?
아득히 넓은 강남으로 건너가서는 또 어디로 가나?
하수가 언덕이 되리라고는 생각해 본 적이 없었으니
누가 두 동문東門을 황폐시킬 수 있단 말인가?
마음이 즐겁지 못한 지 오래라
근심과 걱정이 서로 이어져 계속되는데,
영도를 생각하나 그 길은 멀고도 멀며
장강과 하수는 건널 수가 없었다.
떠나 있다고는 믿을 수 없는데
지금 벌써 아홉 해 아직 돌아가지 못하니,
마음이 참담하고 답답하여 트이지 않으니
아아! 멍청히 서서 슬픔만 머금을 뿐.
간신들이 겉으로 환심을 얻기 위해 아첨을 떠니
임금은 진실로 나약하여 지탱하기 어려운데,
충성스러운 마음으로 임금님께 나아가려 해도
질투하는 이가 많아 그 일을 막는다.
요임금과 순임금의 고상한 행위가
환하게 멀리 하늘까지 닿았어도,
뭇 참언讒言하는 사람의 질투 때문에
자비롭지 못하다는 악명만 얻었지.
임금님은 착하면서도 드러내지 않는 아름다운 사람을 미워하고

저런 소인들의 분개하는 것만 좋아하시어,
저들은 발걸음도 가볍게 날로 나아가 등용되고
착한 사람은 멀리 떠나버린다.
난사亂辭에 이르노니,
내 눈은 아득히 두루 돌아보면서
한번 돌아가기를 바라고 있으나 그날이 언제일까?
새는 날아 고향으로 돌아가고
여우도 죽으면 반드시 옛 언덕 향해 눕는데,
진정 내 죄가 아닌데도 버림받고 쫓겨났으니
어찌 낮인들 밤인들 잊을 수가 있겠는가?

■ 주 석

哀郢(애영) : 영도郢都를 슬퍼하다. '영郢'은 초楚의 도읍지. 지금의 호북성湖北省 강릉현江陵縣에 있었다.
皇天(황천) : 하늘. 초나라 왕을 비유.
震愆(진건) : 공포와 허물.
江夏(강하) : 장강長江과 하수夏水.
國門(국문) : 영도郢都의 성문. '국國'은 도읍이다.
軫懷(진회) : 마음 아프다. '진軫'은 아프다는 뜻이다.
甲之鼂(갑지조) : 갑일甲日의 아침. '갑일'이란 일간日干에 갑자甲字가 든 날이다. '조鼂'는 '조朝'와 같다.
荒忽(황홀) : 마음이 슬픔으로 멍한 모양을 뜻한다.
齊(제) : 가지런히. 모두.
容與(용여) : 천천히 배회하는 모습. 떠나기가 아쉬워 배를 탄 채 머뭇거리는 것을 뜻한다.
長楸(장추) : 크게 자란 가래나무.

淫淫(음음) : 끝없이 흐르는 모양.

夏首(하수) : 하수夏水는 강릉江陵 동남방에서 장강으로부터 나뉘어져 동쪽으로 흘러 한수漢水와 합치고 장강으로 다시 흘러 들어간다. 그 중 장강과 갈라진 곳을 '하수夏首'라 한다.

西浮(서부) : 왕일王逸은 "서쪽에서 떠내려와 동쪽으로 가다"라고 풀이하였지만 옳지 않다.

龍門(용문) : 영도의 동쪽 성문 이름.

嬋媛(선원) : 마음이 이끌리다.

眇(묘) : '묘渺'와 같은 뜻. 아득히 멀다.

蹠(척) : 다다르다.

洋洋(양양) : 넓고 끝이 없는 모양. 여기서는 유랑하는 몸으로 돌아갈 곳이 없음을 말한다.

陽侯(양후) : 전설에 의하면 능양국陵陽國의 후侯가 죽어 그 신神이 큰 파도가 되었다고 한다. 이로 인해 후세에는 파도를 대칭한다.

薄(박) : '박泊'과 같은 의미로 쓰였다.

絓結(괘결) : 울적함.

蹇産(건산) : 굽어서 펴지지 않는 모양.

洞庭(동정) : 호수 이름. 지금의 호남성湖南省에 있다.

墳(분) : 언덕.

江介(강개) : 강 사이. '개介'는 계界와 같은 뜻으로 쓰였다.

陵陽(능양) : 지명. 지금의 안휘성安徽省 선성현宣城縣에 있다.

淼(묘) : 수면이 아득하게 넓은 모양.

如(여) : 가다.

兩東門(양동문) : 영도郢都의 동문은 둘이라고 한다.

九年(구년) : 아홉 해. 구체적인 수라고 보기는 어렵고, '여러 해'를 뜻하는 표현이다.

侘傺(차제) : 낙망하는 모습. 또는 멍청하게 서 있는 모습.

汋約(작약) : 부드럽고 얌전한 모습. '작약綽約'과 같다. 여기서는 아첨하
  는 모습을 말한다.
諶(심) : 진실로.
荏弱(임약) : 나약하다.
湛湛(잠잠) : 중후한 모양.
被離(피리) : 많고 성한 모습.
鄣(장) : 가리다.
抗行(항행) : 고상한 행동. '항抗'은 '항亢'과 뜻이 통한다.
不慈之僞名(부자지위명) : 《장자莊子 도척盜跖》에 "요堯임금은 자비롭지
  못하고, 순舜임금은 효도하지 못했다(堯不慈, 舜不孝)"는 말이 있다.
慍惀(온륜) : 사려가 깊고 마음이 착하면서도 드러내지 못하다.
修(수) : 착하다.
踥蹀(첩접) : 발걸음 가볍게 걷다.
逾邁(유매) : 성큼성큼 나아가다. 홍흥조洪興祖의 《보주補註》에 의하면 '요
  순지항행혜堯舜之抗行兮'부터 '미초원이유매美超遠而逾邁'까지 여덟 구절
  은 〈구변九辯〉의 착간錯簡이라고 하였다.
曼(만) : 멀리 쳐다보는 모습.
流觀(유관) : 두루 돌아보다.
狐死必首丘(호사필수구) : 여우는 죽을 때에 반드시 머리를 자신이 살던
  굴을 향한다고 전해진다. 이는 근본을 잊지 않고 있음을 나타내는 것
  이다.

■ 해 제

〈구장〉은 〈석왕일惜往日〉, 〈섭강涉江〉, 〈애영哀郢〉, 〈추사抽思〉, 〈회사懷沙〉, 〈사미인思美人〉, 〈석송惜誦〉, 〈귤송橘頌〉, 〈비회풍悲回風〉 등 9편의 초사로 이루어졌다. 이 중 〈귤송〉은 4언으로 된 영물시로 초사 중 특이한 작품으로 꼽히며, 나머지 8편은 모두 굴원이 추방된 후 억울한 자신의 신세와 분개한 심사를 읊은 것이다. 예를 들어 〈애영〉은 굴원이 쫓겨나 유랑하면서 초나라의 국도인 영을 그리워하며 지은 것이다.

구변 九辯

悲哉秋之爲氣也, 蕭瑟兮草木搖落而變衰.
비 재 추 지 위 기 야   소 슬 혜 초 목 요 락 이 변 쇠

憭慄兮若在遠行, 登山臨水兮送將歸.
요 률 혜 약 재 원 행   등 산 림 수 혜 송 장 귀

泬寥兮天高而氣清, 寂寥兮收潦而水清.
혈 료 혜 천 고 이 기 청   적 료 혜 수 료 이 수 청

憯悽增欷兮薄寒之中人, 愴怳懭悢兮去故而就新.
참 처 증 희 혜 박 한 지 중 인   창 황 광 량 혜 거 고 이 취 신

坎廩兮貧士失職而志不平, 廓落兮羈旅而無友生.
감 름 혜 빈 사 실 직 이 지 불 평   확 락 혜 기 려 이 무 우 생

惆悵兮而私自憐.
추 창 혜 이 사 자 련

燕翩翩其辭歸兮, 蟬寂漠而無聲.
연 편 편 기 사 귀 혜   선 적 막 이 무 성

雁廱廱而南遊兮, 鵾雞啁哳而悲鳴.
안 옹 옹 이 남 유 혜   곤 계 조 찰 이 비 명

獨申旦而不寐兮, 哀蟋蟀之宵征.
독 신 단 이 불 매 혜   애 실 솔 지 소 정

時亹亹而過中兮, 蹇淹留而無成.
시 미 미 이 과 중 혜   건 엄 류 이 무 성

슬프다! 가을의 기운이여.
　소슬하게 바람 부니 초목이 흔들려 떨어져서 쇠퇴한 모습으로 변하였다.

처량한 것이, 멀리 길 떠나 타향에 있는 이가
높은 산에 올라 물을 바라보며 돌아가는 사람을 전송하는 것 같다.
가을 하늘은 구름 한 점 없이 개어 하늘은 높고 기운은 맑고,
고요하고 쓸쓸하니 장맛비는 걷혔고 물도 맑다.
비통하여 거듭 탄식하는데 찬 기운이 몸을 엄습하여,
실의失意하여 슬퍼하니 옛 곳을 버리고 새 곳으로 가야 하리.
곤궁하구나! 가난한 선비 일자리 잃고 뜻을 펴보지 못했으니,
적적하구나! 나그네 신세에 벗마저 없으니.
서글프구나! 스스로를 가련히 생각한다.
제비는 훨훨 날아 하직인사하며
매미 울음소리 그쳐 사방이 적막해지니,
기러기 울음 울며 남으로 떠나가고
곤계鵾雞는 소리 내어 슬피 운다.
홀로 새벽이 되도록 잠 못 이루며
귀뚜라미 밤길 가는 것 슬퍼하는 신세,
세월은 물같이 흘러 한창 때를 지났건만,
아아, 나는 여전히 곤경에 빠져 이룬 것이 없구나.

■ 주 석

蕭瑟(소슬) : 가을이 쓸쓸한 모양, 또는 가을바람이 소리 내어 부는 모양.
憭慄(요률) : 몹시 구슬프다. 처창悽愴하다.
泬寥(혈료) : 가을 하늘이 구름 한 점 없이 맑은 모양, 또는 텅 빈 모양.
寂寥(적료) : 고요하고 쓸쓸한 모양.
潦(요) : 장맛비.
憯悽(참처) : 비통한 모양.

增欷(증희) : 계속해서 한숨 쉬다. 거듭 탄식하다.

薄寒(박한) : '薄'은 '迫'과 통한다. 한기가 사무치다. 추운 기운이 핍박해 오다.

中(중) : 적중的中하다. 여기서는 한기가 사람에게 엄습해 오는 것을 말한다.

愴怳(창황) : 실의하여 어쩔 줄 모르는 모양.

懭悢(광량) : 뜻을 얻지 못해 비통해하다.

坎廩(감름) : 곤궁困窮한 모양.

廓落(확락) : 텅 빈 모양. 적적하고 실망한 모양.

雝雝(옹옹) : 기러기 우는 소리. 또는 화목하여 즐거운 모습.

鵾雞(곤계) : 학과 비슷하게 생기고 황백색을 띤 큰 닭.

啁哳(조찰) : 새가 지저귀다.

亹亹(미미) : 물이나 세월이 흘러가는 모양. 또는 열심히 노력하는 모양.

淹留(엄류) : 막히어 나아가지 못하다.

悲憂窮慼兮獨處廓, 有美一人兮心不繹.
비 우 궁 척 혜 독 처 확   유 미 일 인 혜 심 불 역

去鄕離家兮徠遠客, 超逍遙兮今焉薄.
거 향 리 가 혜 래 원 객   초 소 요 혜 금 언 박

專思君兮不可化, 君不知兮可奈何.
전 사 군 혜 불 가 화   군 부 지 혜 가 내 하

蓄怨兮積思, 心煩憺兮忘食事.
축 원 혜 적 사   심 번 담 혜 망 식 사

願一見兮道余意, 君之心兮與余異.
원 일 견 혜 도 여 의   군 지 심 혜 여 여 이

車旣駕兮朅而歸, 不得見兮心傷悲.
거 기 가 혜 걸 이 귀   부 득 견 혜 심 상 비

倚結軨兮長太息, 涕潺湲兮下霑軾.
의 결 령 혜 장 태 식   체 잔 원 혜 하 점 식
忼慨絶兮不得, 中瞀亂兮迷惑.
강 개 절 혜 부 득   중 무 란 혜 미 혹
私自憐兮何極, 心怦怦兮諒直.
사 자 련 혜 하 극   심 평 평 혜 량 직

비애와 곤궁으로 고독하게 사니
한 아름다운 사람이 그 마음을 풀 길 없다.
고향을 떠나고 집안사람과 헤어져 먼 곳의 나그네 되었는데
멀리 떠돌아다녔으니 이제 어디에 머물 것인가?
임만을 그리는 마음 변할 수 있으랴만
임은 몰라주시니 어찌 하겠는가?
쌓이는 원망과 쌓이는 상념에
마음이 어지러워 먹고 일하는 것조차 잊었다.
한 번 임을 만나 내 뜻을 말하고 싶지만
임의 마음은 나 같지가 않다.
수레를 몰아 떠나갔다가 다시 돌아왔는데,
임 뵙지 못하여 이 마음 서글프도다.
수레 난간에 기대어 길게 한숨 쉬고
눈물은 주르륵 흘러내려 수레 앞 가로막이 나무를 적시는구나.
복받치는 원통함에 절명絶命코자 하나 그것도 할 수 없고,
마음만 혼란하고 어지럽다.
스스로를 가련히 여기노니 이 상태 언제나 끝나려나?
나의 마음은 진실하고 충직하건만.

초사楚辭

■ 주 석

有美一人(유미일인) : 굴원屈原을 가리킨다. 혹은 송옥宋玉 자신을 가리킨
　　다고도 한다.
繹(역) : 분한 마음을 참다. 풀어 버리다.
徠(내) : '내來'와 같다.
逍遙(소요) : 여기서는 떠돌아다니는 것을 뜻한다.
薄(박) : '박迫'과 통한다. 머무르다. 어떤 곳에 다다르다.
憺(담) : 걱정하다.
君(군) : 주희朱熹는 초楚나라 회왕懷王을 가리킨다고 하였다.
竭(걸) : 가다.
軨(영) : 수레의 난간.
軾(식) : 수레 앞의 가로막이 나무.
瞀亂(무란) : 어지럽다.
怦怦(평평) : 마음이 충직한 모양.

■ 해 제

〈구변〉은 송옥의 대표작이다. 〈구변〉은 〈구가〉와 마찬가지로 고악곡의 이름인데 송옥이 그것을 자신이 지은 초사의 제명으로 사용한 것이니, 실제로 〈구변〉은 여러 편의 시를 하나로 묶은 것이 아니라 한 편의 장편시이다.
〈구변〉은 내용상 우국의 심정을 담고 있고, 표현상에서도 〈이소〉를 모방하고 있어서 송옥이 굴원의 영향을 크게 받았음을 알 수 있다. 단 표현상 〈이소〉보다 구법이 더욱 자유롭고 변화가 심하여 시보다는 오히려 산문에 가까운 모습을 보인다.
이 책에 수록된 것은 〈구변〉 중 앞머리의 일부분이다.

찾아보기_시제詩題

ㄱ

간혜簡兮 64
갈담葛覃 30
갈생葛生 123
감당甘棠 45
개풍凱風 57
거린車鄰 125
격고擊鼓 55
겸가蒹葭 129
경지敬之 280
계명雞鳴 104
고반考槃 79
곡풍谷風 59, 218
공류公劉 251
관저關雎 28
군자해로君子偕老 69
권이卷耳 32
기오淇奧 76

ㄴ

남유가어南有嘉魚 196
녹명鹿鳴 184

ㄷ

대동大東 225
도요桃夭 35
동산東山 173
동황태일東皇太一 354

ㅁ

맹氓 83
면緜 242
모과木瓜 88
묘문墓門 141
무武 279
무양無羊 209
무의無衣 136

ㅂ

반般 289
방유작소防有鵲巢 143
백주柏舟 50, 68
벌단伐檀 112
보우鴇羽 121
부유蜉蝣 152
무이茉苢 36
북산北山 233

비풍匪風 150

ㅅ

사문思文 275
사철馴驖 127
산유부소山有扶蘇 98
서리黍離 90
석서碩鼠 114
석인碩人 80
소관素冠 148
소민召旻 261
식미式微 63
실솔蟋蟀 117

ㅇ

아장我將 273
애영哀郢 360
야유만초野有蔓草 100
야유사균野有死麕 47
어리魚麗 194
여분汝墳 39
여왈계명女曰雞鳴 95
연연燕燕 53
완구宛丘 138
운중군雲中君 356
원유도園有桃 108
월출月出 145
유녀동거有女同車 95
유천지명維天之命 272
유필有駜 291
육아蓼莪 220
의차猗嗟 105

인지지麟之趾 41

ㅈ

자금子衿 99
작酌 287
작소鵲巢 42
장중자將仲子 93
재삼載芟 282
재치載馳 72
정녀靜女 66
정료庭燎 202
종사螽斯 34
주무綢繆 119
진유溱洧 102

ㅊ

채갈采葛 92
채미采薇 187
채번采蘩 43
척호陟岵 110
청묘淸廟 270
청승靑蠅 237
치효鴟鴞 170
칠월七月 157

ㅍ

파부破斧 180
표유매摽有梅 46
풍년豐年 277

ㅎ

하천下泉 154

하초불황何草不黃　239
하피농의何彼襛矣　48
학명鶴鳴　204
한광漢廣　37
항백巷伯　213

현조玄鳥　295
형문衡門　140
홍안鴻鴈　199
황조黃鳥　132, 206

찾아보기_시구詩句

ㄱ

가담갈갈葭菼揭揭 81
가빈식연수지嘉賓式燕綏之 197
가빈식연우사嘉賓式燕又思 197
가빈식연이간嘉賓式燕以衎 196
가빈식연이락嘉賓式燕以樂 196
가빈식연이오嘉賓式燕以敖 184
가아미로嘉我未老 233
가이공옥可以攻玉 204
가이리상可以履霜 225
가이서지可以棲遲 140
가이신지歌以訊之 141
가이요기可以樂飢 140
가이위착可以爲錯 204
가이일아假以溢我 272
가팔룡지완완혜駕八龍之婉婉兮 349
가피사모駕彼四牡 188
각침찬혜角枕粲兮 123
각흥심이질투各興心而嫉妬 313
간과척양干戈戚揚 251
간혜간혜簡兮簡兮 64
갈기유극葛其有極 121
갈기유상葛其有常 121
갈기유소葛其有所 121

갈불숙옹葛不肅雝 48
갈생몽극葛生蒙棘 123
갈생몽초葛生蒙楚 123
갈지담혜葛之覃兮 30
감감벌단혜坎坎伐檀兮 112
감감벌륜혜坎坎伐輪兮 112
감감벌폭혜坎坎伐輻兮 112
감기격고坎其擊鼓 138
감기격부坎其擊缶 138
감름혜빈사실직이지불평혜坎廩兮貧士 失 職而志不平 368
감여자동몽甘與子同夢 104
감역유광監亦有光 226
감호류지甘瓠纍之 197
갑지조오이행甲之鼂吾以行 360
강개절혜부득忼慨絶兮不得 371
강내서기이량인혜羌內恕己以量人兮 313
강령혼지욕귀혜羌靈魂之欲歸兮 361
강무실이용장羌無實而容長 345
강복공개降福孔皆 277
강여하지불가섭江與夏之不可涉 361
강이생상降而生商 295
강지영의江之永矣 37, 38
개아오탄愾我寤嘆 154
개역물사蓋亦勿思 108, 109

개제군자豈弟君子 237
개지부심溉之釜鬵 150
개풍자남凱風自南 57
거고향이취원혜去故鄉而就遠兮 360
거기가혜결이귀車旣駕兮揭而歸 370
거종고지소거혜去終古之所居兮 361
거향리가혜래원객去鄉離家兮徠遠客 370
거현이수능혜擧賢而授能兮 324
건엄류이무성蹇淹留而無成 368
건오법부전수혜謇吾法夫前修兮 314
건장담혜수궁蹇將憺兮壽宮 357
건조수이석체蹇朝誶而夕替 316
건차제이함척蹇侘傺而含慼 361
격고기당擊鼓其鏜 55
견유융지일녀見有娀之佚女 334
견차량인見此良人 119
견차찬자見此粲者 119
견차해후見此邂逅 119
결유란이연저結幽蘭而延佇 330
겸가창창蒹葭蒼蒼 129
겸가채채蒹葭采采 129
겸가처처蒹葭凄凄 129
경경불매耿耿不寐 50
경광기지頃筐墍之 46
경사지야京師之野 254
경영사방經營四方 234, 239
경오기득차중정耿吾旣得此中正 329
경원유하景員維河 295
경이위탁涇以渭濁 59
경이청지敬而聽之 214
경주용이위도競周容以爲度 317

경지경지敬之敬之 280
계계오탄契寤歎 225
계구변여구가혜啓九辯與九歌兮 324
계기명의雞旣鳴矣 104
계지이일야繼之以日夜 330
고고불승鼓鼓弗勝 247
고고상지익익高翶翔之翼翼 349
고고자자皐皐訿訿 262
고공단보古公亶父 242, 243
고룡문이불견顧龍門而不見 360
고란류기선종혜固亂流其鮮終兮 324
고문유항皐門有伉 248
고반재간考槃在澗 79
고반재륙考槃在陸 79
고반재아考槃在阿 79
고슬고금鼓瑟鼓琴 184, 185
고슬취생鼓瑟吹笙 184
고시속지공교혜固時俗之工巧兮 317
고시속지류종혜固時俗之流從兮 345
고아복아顧我復我 221
고여관지급급혜高余冠之岌岌兮 320
고여이길고告余以吉故 341
고용불수賈用不售 60
고인인鼓咽咽 291
고전성지소후固前聖之所厚 317
고전수이저해固前修以菹醢 325
고제명무탕古帝命武湯 295
고중방지소재固衆芳之所在 310
고첨주도顧瞻周道 150
곤계조찰이비명鶤雞啁哳而悲鳴 368
곤이내의混夷駾矣 249
골여약장불급혜汨余若將不及兮 307

찾아보기_시구詩句 377

공고신지선아恐高辛之先我 334	교인료혜교人燎兮 145
공년세지불오여恐年歲之不吾與 307	교인류혜교人懰兮 145
공도언지불고恐導言之不固 334	교인호호驕人好好 213
공미인지지모恐美人之遲暮 307	교추창혜교趨蹌兮 105
공수명지불립恐修名之不立 313	구구확지소동求榘鑊之所同 341
공언석작公言錫爵 64	구득렬호중방荀得列乎衆芳 345
공왈좌지公曰左之 127	구득용차하토荀得用此下土 325
공우대방控于大邦 73	구로우야劬勞于野 199
공유지역邛有旨鷊 143	구마유유驅馬悠悠 72
공유지초邛有旨苕 143	구민기다覯閔旣多 51
공전불녕孔塡不寧 262	구복비지소재求宓妃之所在 333
공정만무公庭萬舞 64	구십기순九十其犉 209
공제결지선명혜恐鵜鴂之先鳴兮 341	구십기의九十其儀 178
공지미자公之媚子 127	구아서사求我庶士 46
공질투이절지恐嫉妬而折之 345	구아이인搆我二人 237
공황여지패적恐皇輿之敗績 310	구여정기신과이련요혜苟余情其信姱以練
공후지궁公侯之宮 43	要兮 313
공후지사公侯之事 43	구여정기신방苟余情其信芳 320
과라지실果臝之實 175	구월수의九月授衣 157, 159
과하수이서부혜過夏首而西浮兮 360	구월숙상九月肅霜 168
관관저구關關雎鳩 28	구월숙저九月叔苴 165
관기류천觀其流泉 257	구월재호九月在戶 164
관명우질鸛鳴于垤 177	구월축장포九月築場圃 167
관벽려지락예貫薜荔之落蘂 314	구의빈기병영九疑繽其竝迎 341
관혜작혜寬兮綽兮 77	구장명혜림랑璆鏘鳴兮琳琅 354
교교왕지조蹻蹻王之造 287	구중정기호수혜苟中情其好修兮 341
교교착신翹翹錯薪 37, 38	구지부득求之不得 28
교교황조交交黃鳥 132	구지잉액抹之陾陾 247
교균계이인혜矯箘桂以紉蕙兮 314	국무인막아지혜國無人莫我知兮 349
교란사국交亂四國 237	국인지지國人知之 141
교소천혜巧笑倩兮 81	국자지민사鬻子之閔斯 170
교인료혜교人僚兮 145	군부지혜가내하君不知兮可奈何 370

군자소리君子所履 225
군자소의君子所依 189
군자시칙시효君子是則是傚 184
군자유곡君子有穀 292
군자유주君子有酒 194, 196, 197
군자지거君子之車 188
군자지지君子至止 202
군자해로君子偕老 69
군자호구君子好逑 28
군지심혜여여이君之心兮與余異 370
군지종지君之宗之 256
군흔흔혜락강君欣欣兮樂康 354
굴심이억지혜屈心而抑志兮 317
궁시사장弓矢斯張 251
궁자도의躬自悼矣 85
궁질훈서穹窒熏鼠 164
권국고이불행蜷局顧而不行 349
권언고지睠言顧之 225
궐수용부전운厥首用夫顛隕 324
궤궤회휼潰潰回遹 262
궤부임이진사혜跪敷衽以陳辭兮 329
귀녕부모歸寧父母 30
귀언위후歸唁衛侯 72
귀우기거歸于其居 123
귀우기실歸于其室 123
규규갈구糾糾葛屨 225
규중기이수원혜閨中旣以邃遠兮 334
극개궐후克開厥後 279
극기승옥亟其乘屋 167
극로심혜충충極勞心兮忡忡 357
극배피천克配彼天 275
극심요요棘心夭夭 57

극인란란혜棘人欒欒兮 148
근도여이菫荼如飴 244
금금란혜錦衾爛兮 123
금석하석今夕何夕 119
금소요이래동今逍遙而來東 361
금슬우지琴瑟友之 28
금슬재어琴瑟在御 95
금아래사今我來思 189
금아불락今我不樂 117
금야일축국백리今也日蹙國百里 266
금자불락今者不樂 125
금직위차소애야今直爲此蕭艾也 345
금차하민今此下民 170
급년세지미안혜及年歲之未晏兮 341
급소강지미가혜及少康之未家兮 334
급여식지방장혜及余飾之方壯兮 345
급영화지미락혜及榮華之未落兮 333
급이동사及爾同死 59
급이전복及爾顛覆 60
급이해로及爾偕老 85
급전왕지종무及前王之踵武 310
급행미지미원及行迷之未遠 319
긍긍긍긍矜矜兢兢 209
긍긍업업兢兢業業 262
긍차로인矜此勞人 213
기각즙즙其角濈濈 209
기간진이무입혜旣干進而務入兮 345
기감애지豈敢愛之 93
기감여제其甘如薺 59
기감정거豈敢定居 188
기견군자旣見君子 39, 125
기견복관旣見復關 83

기경석석其耕澤澤 282	기엽진진其葉蓁蓁 35
기구안택其究安宅 199	기영내강旣景迺岡 257
기구여지하其舊如之何 178	기왈무의豈曰無衣 136
기군삼단其軍三單 257	기왕기래旣往旣來 225
기기식어豈其食魚 140	기우향지旣右饗之 273
기기여천旣其女遷 213	기유시기유녀豈惟是其有女 339
기기유타고혜豈其有他故兮 345	기유인부혜채豈惟紉夫蕙茝 310
기기취처豈其取妻 140	기이습습其耳濕濕 209
기등내의旣登乃依 256	기이아이旣詒我肄 60
기막족여위미정혜旣莫足與爲美政兮 349	기이장혜顧而長兮 105
기명개개其鳴喈喈 30	기일반지하시冀壹反之何時 362
기부기장旣溥旣長 257	기정미지능당豈理美之能當 339
기불아가旣不我嘉 72, 73	기조아덕旣阻我德 60
기불이수豈不爾受 213	기조유하其釣維何 48
기불일계豈不日戒 189	기준도이득로旣遵道而得路 310
기생기육旣生旣育 60	기즉유안淇則有岸 85
기서기번旣庶旣繁 253	기지엽지준무혜冀枝葉之峻茂兮 313
기수지지其誰知之 108, 109	기지적야其之翟也 70
기수탕탕淇水湯湯 84	기지전야其之展也 70
기순내선旣順迺宣 253	기직여시其直如矢 225
기승즉직其繩則直 246	기체여이혜양旣替余以蕙纕兮 316
기시파백곡其始播百穀 167	기취아자旣取我子 170
기신공가其新孔嘉 178	기파아부旣破我斧 180
기실삼혜其實三兮 46	기피직녀跂彼織女 226
기실지식其實之食 108	기하유곡其下維穀 204
기실지효其實之殽 108	기하유탁其下維蘀 204
기실칠혜其實七兮 46	기황이운其黃而隕 84
기심색연其心塞淵 53	길사유지吉士誘之 47
기여신지탄앙혜豈余身之憚殃兮 310	길일혜신량吉日兮辰良 354
기여심지가징豈余心之可懲 320	
기여여유棄予如遺 218	ㄴ
기엽옥약其葉沃若 84	낙교락교樂郊樂郊 115

낙국락국樂國樂國　115
낙토락토樂土樂土　114
낙피지원樂彼之園　204
난성장장鸞聲將將　202
난성홰홰鸞聲噦噦　202
난소소혜미앙爛昭昭兮未央　356
난왈亂曰　349, 362
난지변이불방혜蘭芷變而不芳兮　345
난황위여선계혜鸞皇爲余先戒兮　329
남기주혜유여覽冀州兮有餘　357
남목근이결채혜攬木根以結茝兮　314
남민덕언조보覽民德焉錯輔　325
남산렬렬南山烈烈　221
남산률률南山律律　221
남상관어사극혜覽相觀於四極兮　334
남여초기유미회覽余初其猶未悔　325
남여혜이엄체혜攬茹蕙以掩涕兮　325
남유가어南有嘉魚　196
남유교목南有喬木　37
남유규목南有樛木　197
남찰초목기유미득혜覽察草木其猶未得兮　339
남초란기약자혜覽椒蘭其若玆兮　345
내강내리迺疆迺理　245
내격기기來假祁祁　295
내견광차乃見狂且　98
내견교동乃見狡童　98
내과후량迺裹餱粮　251
내구우경乃覯于京　254
내립고문迺立皐門　248
내립응문迺立應門　248
내립총토迺立冢土　248

내선내무迺宣迺畝　245
내소사공乃召司空　246
내소사도乃召司徒　246
내수언이봉앙乃遂焉而逢殃　324
내역내강迺埸迺疆　251
내오도부선로來吾道夫先路　307
내위기이개구來違棄而改求　334
내위내지迺慰迺止　245
내적내창迺積迺倉　251
내조기조乃造其曹　256
내조주마來朝走馬　243
내좌내우迺左迺右　245
내즉아모來卽我謀　83
내척남강迺陟南岡　254
노만만기수원혜路曼曼其修遠兮　329
노부주이좌전혜路不周以左轉兮　349
노사아원老使我怨　85
노수원이다간혜路修遠以多艱兮　349
노수원이주류路修遠以周流　348
노심단단勞心慱慱兮　148
노심소혜勞心慅兮　145
노심조혜勞心懆兮　145
노심초혜勞心悄兮　145
노염염기장지혜老冉冉其將至兮　313
노우비鷺于飛　291
노우하鷺于下　291
노유매이험애路幽昧以險隘　310
노인초초勞人草草　213
녹죽여책綠竹如簀　76
녹죽의의綠竹猗猗　76
녹죽청청綠竹靑靑　76
뇌사고여이미구雷師告余以未具　329

능양후지범람혜凌陽侯之氾濫兮 360

ㄷ

다차지多且旨 194
담공유사譚公維私 80
담피량모髧彼兩髦 68
당릉양지언지혜當陵陽之焉至兮 361
당체지화唐棣之華 48
대부군자大夫君子 73
대부발섭大夫跋涉 72
대부불균大夫不均 233
대부숙퇴大夫夙退 81
대월재천對越在天 270
대치시승大糦是承 295
덕음공소德音孔昭 184
덕음막위德音莫違 59
덕음불망德音不忘 97
도도불귀慆慆不歸 173, 175, 177, 178
도복도혈陶復陶穴 242
도조차우道阻且右 129
도조차장道阻且長 129
도조차제道阻且躋 129
도지요요桃之夭夭 35
도혜달혜挑兮達兮 99
독공류篤公劉 251, 253, 254, 256~258
독매오가獨寐寤歌 79
독매오숙獨寐寤宿 79
독매오언獨寐寤言 79
독신단이불매혜獨申旦而不寐兮 368
독위비민獨爲匪民 239
돈울읍여차제혜忳鬱邑余侘傺兮 317
돈피독숙敦彼獨宿 174

동관유위彤管有煒 66
동궁지매東宮之妹 80
동방명의東方明矣 104
동아부자同我婦子 157
동유계명東有啓明 226
동인지자東人之子 225
동지야冬之夜 123
둔여거기천승혜屯余車其千乘兮 349
등대분이원망혜登大墳以遠望兮 361
등랑풍이설마登閬風而緤馬 333
등산림수혜송장귀登山臨水兮送將歸 368
등중거사경대騰衆車使徑待 349

ㅁ

마의여설麻衣如雪 152
막부정호莫不靜好 95
막비왕신莫非王臣 233
막비왕토莫非王土 233
막비이극莫匪爾極 275
막아긍고莫我肯顧 114
막아긍덕莫我肯德 114
막아긍로莫我肯勞 115
막위모심莫慰母心 57
막지아애莫知我哀 189
막호수지해야莫好修之害也 345
만수무강萬壽無疆 168
만억급자萬億及秭 277, 283
만여목이류관혜曼余目以流觀兮 362
망아대덕忘我大德 218
망엄자이물박望崦嵫而勿迫 329
망요대지언건혜望瑤臺之偃蹇兮 334
망장추이태식혜望長楸而太息兮 360

맹지치치氓之蚩蚩　83
면규구이개조俪規矩而改錯　317
면면과질緜緜瓜瓞　242
면면기포緜緜其麃　282
명령분위여점지命靈氛爲余占之　338
명불이재命不易哉　280
명성유란明星有爛　95
명여왈정칙혜名余曰正則兮　307
명옥란지추추鳴玉鸞之啾啾　348
모씨구로母氏劬勞　57
모씨로고母氏勞苦　57
모씨성선母氏聖善　57
모야천지母也天只　68
모왈차여계행역母曰嗟予季行役　110
모욕참언모욕譖言　213
모욕참인母欲譖人　213
모혜국아母兮鞠我　221
목인내몽牧人乃夢　209
목장유혜상황穆將愉兮上皇　354
몽피추치蒙彼縐絺　70
묘남도지언연淼南度之焉如　361
묘문유극墓門有棘　141
묘문유매墓門有梅　141
묘부지기소척眇不知其所蹠　360
무감아세혜無感我帨兮　47
무경유렬無競維烈　279
무동무하無冬無夏　138
무모하시無母何恃　221
무목불위無木不萎　218
무발아구毋發我笱　59
무부하호無父何怙　221
무불궤지無不潰止　263

무사군로無使君勞　81
무사방야폐無使尨也吠　47
무서아량毋逝我梁　59
무서여자증無庶予子憎　104
무식상심無食桑葚　84
무식아맥無食我麥　114
무식아묘無食我苗　115
무식아서無食我黍　114
무신참언無信讒言　237
무아유우無我有尤　73
무여사탐無與士耽　84
무역어인사無射於人斯　270
무왈고고재상無曰高高在上　280
무왕미불승武王靡不勝　295
무유아리無踰我里　93
무유아원無踰我園　93
무유아장無踰我牆　93
무의무갈無衣無褐　157
무이대강無已大康　117, 118
무이하체無以下體　59
무장검혜옥이撫長劍兮玉珥　354
무절아수기無折我樹杞　93
무절아수단無折我樹檀　93
무절아수상無折我樹桑　93
무정손자武丁孫子　295
무정용이불武丁用而不疑　341
무즉선혜舞則選兮　106
무집우곡無集于穀　206
무집우상無集于桑　206
무집우허無集于栩　206
무차깅이계無此疆爾界　275
무초불사無草不死　218

무침확신無浸穫薪 225	민리산이상실혜民離散而相失兮 360
무탁아량無啄我梁 206	민막불곡民莫不穀 221
무탁아서無啄我黍 206	민면구지黽勉求之 60
무탁아속無啄我粟 206	민면동심黽勉同心 59
무함장석강혜巫咸將夕降兮 341	민생각유소락혜民生各有所樂兮 320
무훼아실無毁我室 170	민졸류망民卒流亡 261
문왕궐궐생文王蹶厥生 250	민지초생民之初生 242
문왕지덕지순文王之德之純 272	민천질위旻天疾威 261
물기다의物其多矣 194	민호오기부동혜民好惡其不同兮 339
물기유의物其有矣 194	
물기지의物其旨矣 194	**ㅂ**
물사행매勿士行枚 173	
물전물배勿翦勿拜 45	박송아기薄送我畿 59
물전물벌勿翦勿伐 45	박언결지薄言袺之 36
물전물패勿翦勿敗 45	박언랄지薄言捋之 36
미견군자未見君子 39, 125	박언왕소薄言往愬 50
미군지고微君之故 63	박언유지薄言有之 36
미군지궁微君之躬 63	박언채지薄言采之 36
미목양혜美目揚兮 105	박언철지薄言掇之 36
미목청혜美目淸兮 105	박언환귀薄言還歸 43
미목총혜美目盼兮 81	박언힐지薄言襭之 36
미사귀빙靡使歸聘 188	박한아사薄汙我私 30
미실로의靡室勞矣 84	박한아의薄澣我衣 30
미실미가靡室靡家 187	반륙리기상하斑陸離其上下 330
미아무주微我無酒 50	반시불사反是不思 85
미역강지薇亦剛止 188	반신참이재노反信讒而齌怒 310
미역유지薇亦柔止 188	반이아위수反以我爲讎 60
미역작지薇亦作止 187	발영도이거려혜發郢都而去閭兮 360
미유가실未有家室 242	방가지광邦家之光 283
미유조의靡有朝矣 84	방기천리邦畿千里 295
미인지이美人之貽 66	방례鲂鱧 194
미초원이유매美超遠而逾邁 362	방명궐후方命厥后 295
	방병간혜方秉蕑兮 102

방비비기미장芳菲其彌章	320	벌기조이伐其條肄	39
방비비이난휴혜芳菲而難虧兮	345	범민유상凡民有喪	60
방비비혜만당芳菲兮滿堂	354	범백군자凡百君子	214
방어정미魴魚頳尾	40	범피백주汎彼柏舟	50, 68
방여택기잡유혜芳與澤其雜糅兮	320	병문지덕秉文之德	270
방유작소防有鵲巢	143	병좌고슬並坐鼓瑟	125
방중춘이동천方仲春而東遷	360	병좌고황並坐鼓簧	125
방장만무方將萬舞	64	병지경의餠之罄矣	221
방지원야邦之媛也	70	보궐미이교오혜保厥美以驕敖兮	333
방지주지方之舟之	59	보여마어란고혜步余馬於蘭皐兮	319
방환환혜方渙渙兮	102	보지이경거報之以瓊琚	88
배승묵이추곡혜背繩墨以追曲兮	317	보지이경구報之以瓊玖	88
배하포이서사혜背夏浦而西思兮	361	보지이경요報之以瓊瑤	88
백도개작百堵皆作	199	보천지하溥天之下	233
백도개흥百堵皆興	247	복부비여마회혜僕夫悲余馬懷兮	349
백량성지百兩成之	42	복아방족復我邦族	206
백량어지百兩御之	42	복아제부復我諸父	206
백량장지百兩將之	42	복아제형復我諸兄	206
백로미이白露未已	129	복지무역服之無斁	30
백로미희白露未晞	129	복청백이사직혜伏淸白以死直兮	317
백로위상白露爲霜	129	봉봉기맥芃芃其麥	73
백록시하百祿是何	295	봉봉서묘芃芃黍苗	154
백료시시百僚是試	226	봉시신모奉時辰牡	127
백모순속白茅純束	47	봉피지노逢彼之怒	50
백모포지白茅包之	47	봉황기수이혜鳳皇旣受詒兮	334
백부지방百夫之防	132	봉황익기승기혜鳳皇翼其承旂兮	349
백부지어百夫之禦	133	부강재원復降在原	253
백부지특百夫之特	132	부계륙가副笄六珈	69
백세지후百歲之後	123	부득견혜심상비不得見兮心傷悲	370
백신예기비강혜百神翳其備降兮	341	부모공이父母孔邇	40
백이소사百爾所思	73	부모시언父母之言	93
벌기조매伐其條枚	39	부모하상父母何嘗	121

부모하식父母何食 121
부모하호父母何怙 121
부사해의溥斯害矣 265
부숙비의이가용혜夫孰非義而可用兮 325
부숙이도이상안夫孰異道而相安 317
부시지대裒時之對 289
부아흑아拊我畜我 221
부야불량夫也不良 141
부여응지膚如凝脂 80
부왈차여자행역父曰嗟予子行役 110
부유굴열蜉蝣掘閱 152
부유령수지고야夫惟靈修之故也 311
부유성철이무행혜夫惟聖哲以茂行兮 325
부유지우蜉蝣之羽 152
부유지익蜉蝣之翼 152
부유첩경이군보夫惟捷徑以窘步 310
부이사지斧以斯之 141
부재아궁不在我躬 265
부지아자不知我者 90, 91
부천지하敷天之下 289
부탄우실婦歎于室 177
부하경독이불여청夫何煢獨而不余聽 322
부혜생아父兮生我 221
북류괄괄北流活活 81
분독유차과절紛獨有此姱節 322
분오기유차내미혜紛吾旣有此內美兮 307
분지금유미말분至今猶未沬 345
분총총기리합혜紛總總其離合兮 330, 333
불가구사不可求思 37
불가권야不可卷也 50
불가방사不可方思 37, 38
불가불색不稼不穡 112

불가선야不可選也 50
불가설야不可說也 84
불가여명不可與明 206
불가여처不可與處 206
불가영사不可泳思 37, 38
불가외야不可畏也 175
불가거不可以據 50
불가이여不可以茹 50
불가이읍주장不可以挹酒漿 226
불가이파양不可以簸揚 226
불가전야不可轉也 50
불가휴식不可休息 37
불건불붕不騫不崩 209
불견복관不見復關 83
불견자도不見子都 98
불견자충不見子充 98
불고난이도후혜不顧難以圖後兮 324
불념석자不念昔者 60
불능분비不能奮飛 51
불능선반不能旋反 72
불능선제不能旋濟 73
불능예도량不能蓺稻粱 121
불능예서직不能蓺黍稷 121
불능예직서不能蓺稷黍 121
불량인지不諒人只 68
불량조이정예혜不量鑿而正枘兮 325
불무장이기예혜不撫壯而棄穢兮 307
불사기반不思其反 85
불상유구不尙有舊 266
불설체야不屑髢也 70
불성보장不成報章 226
불소손혜不素飧兮 112

불소식혜不素食兮 112
불소찬혜不素餐兮 112
불수불렵不狩不獵 112
불아긍곡不我肯穀 206
불아능혹不我能慉 60
불아설이不我屑以 59
불아신혜不我信兮 56
불아이귀不我以歸 55
불아지자不我知者 108
불아하기不我遐棄 39
불아활혜不我活兮 56
불여사지구의不如死之久矣 221
불여아소지不如我所之 73
불영경광不盈頃筐 32
불오지기역이혜不吾知其亦已兮 320
불운자빈不云自頻 265
불운자중不云自中 265
불원이이不遠伊邇 59
불위학혜不爲虐兮 77
불의유노不宜有怒 59
불이기장不以其長 226
불이기장不以其漿 226
불이복상不以服箱 226
불총경지不聰敬止 280
불출정혜不出正兮 105
불황계거不遑啓居 188
불황계처不遑啓處 188
붕주사향朋酒斯饗 168
비강개기유풍非江介之遺風 361
비서길혜匪車偈兮 150
비서미싱匪居匪康 251
비거표혜匪車嘌兮 150

비계즉명匪雞則鳴 104
비금사금匪今斯今 283
비동방즉명匪東方則明 104
비래무사匪來貿絲 83
비립실가俾立室家 246
비보야匪報也 88
비봉용도鞞琫容刀 253
비세속지소복非世俗之所服 314
비시비호匪兕匪虎 239
비아건기匪我愆期 83
비아이위匪我伊蔚 220
비아이호匪我伊蒿 220
비여심지소급非余心之所急 313
비여우독比予于毒 60
비여위미匪女之爲美 66
비연비궤俾筵俾几 256
비우궁척혜독처확悲憂窮戚兮獨處廓 370
비재추지위기야悲哉秋之爲氣也 368
비차유차匪且有且 283
비풍발혜匪風發兮 150
비풍표혜匪風飄兮 150
비현비승不顯不承 270
빈거윤황豳居允荒 257
빙불염호구색憑不猒乎求索 313

ㅅ

사건산이불석思蹇産而不釋 361
사구주지박대혜思九州之博大兮 339
사국시와四國是吪 180
사국시준四國是遵 180
사국시황四國是皇 180
사국유왕四國有王 154

사마기한四馬旣閑 127	사지탐혜士之耽兮 84
사모규규四牡騤騤 188	사집용광思輯用光 251
사모업업四牡業業 188	사철공부駟驖孔阜 127
사모유교四牡有驕 81	사해래격四海來假 295
사모익익四牡翼翼 189	삭루빙빙削屢馮馮 247
사모팽팽四牡彭彭 233	삭호승지사사索胡繩之纚纚 314
사무수지嗣武受之 279	산언출체潸焉出涕 225
사문후직思文后稷 275	산유교송山有喬松 98
사미기부思媚其婦 282	산유부소山有扶蘇 98
사발즉획舍拔則獲 127	산유진山有榛 64
사부군혜태식思夫君兮太息 357	살우욕충부패위椒又欲充夫佩幃 345
사부백초위지불방使夫百草爲之不芳 341	삼백유군三百維羣 209
사부진궐온肆不殄厥慍 249	삼성재우三星在隅 119
사생결활死生契闊 55	삼성재천三星在天 119
사시반혜四矢反兮 106	삼성재호三星在戶 119
사아농부食我農夫 165	삼세관여三歲貫女 114, 115
사아소원思我小怨 218	삼세식빈三歲食貧 84
사아심구使我心疚 225	삼세위부三歲爲婦 84
사아어성우俟我於城隅 66	삼십유물三十維物 209
사야망극士也罔極 84	삼지일납우릉음三之日納于凌陰 168
사여녀士與女 102	삼지일우사三之日于耜 157
사옥규이승예혜駟玉虬以乘鷖兮 329	상가재야尙可載也 225
사왈기차士曰旣且 102	상관민지계극相觀民之計極 325
사왈매단士曰昧旦 95	상기음양相其陰陽 257
사월수요四月秀葽 162	상동정이하강上洞庭而下江 361
사이기행士貳其行 84	상령수지삭화傷靈修之數化 311
사인지자私人之子 226	상미어복象弭魚服 189
사자련혜하극私自憐兮何極 371	상복시의象服是宜 70
사즉관혜사즉관혜射則貫兮 106	상사鱨鯊 194
사즉장혜사즉장혜射則臧兮 105	상신전재上愼旃哉 110
사지일거지四之日擧趾 157	상입집궁공上入執宮功 167
사지일기조四之日其蚤 168	상지락의桑之落矣 84

상지미락桑之未落	84	석아왕의昔我往矣	189
상지선후商之先后	295	석여지호서극夕余至乎西極	349
상지체야象之揥也	70	석여지호현포夕余至乎縣圃	329
상하녀지가이相下女之可詒	333	석육공육국昔育恐育鞠	60
색경모이정전혜索藑茅以筳篿兮	338	석인기기碩人其頎	80
색향근호塞向墐戶	164	석인오오碩人敖敖	81
생아구로生我劬勞	220	석인우우碩人俁俁	64
생아로췌生我勞瘁	221	석인지과碩人之薖	79
서강얼얼庶姜孼孼	81	석인지관碩人之寬	79
서견소관혜庶見素冠兮	148	석인지축碩人之軸	79
서견소의혜庶見素衣兮	148	석찬추국지락영夕餐秋菊之落英	313
서견소필혜庶見素韠兮	148	선군지사先君之思	53
서방미인西方美人	64	선민지생鮮民之生	221
서방지인혜西方之人兮	64	선선혜詵詵兮	34
서병지게西柄之揭	227	선아방장鮮我方將	233
서사유걸庶士有朅	81	선적막이무성蟬寂漠而無聲	368
서요규혜舒窈糾兮	145	선희학혜善戲謔兮	77
서요소혜舒夭紹兮	145	섬아량인殲我良人	132, 133
서우수혜舒憂受兮	145	섭위위란涉渭爲亂	258
서유장경西有長庚	226	섭제정우맹추혜攝提貞于孟陬兮	307
서이탈탈혜舒而脫脫兮	47	성문우야聲聞于野	204
서인지자西人之子	226	성문우천聲聞于天	204
서자기망逝者其亡	125	성시남기成是南箕	213
서자기질逝者其耋	125	성시패금成是貝錦	213
서장거여逝將去女	114, 115	세기유歲其有	292
서직중륙黍稷重穋	167	세병거이호붕혜世竝擧而好朋兮	322
서피백천逝彼百泉	254	세역모지歲亦莫止	187
석귀차어궁석혜夕歸次於窮石兮	333	세역양지歲亦陽止	188
석림주지숙모夕攬洲之宿莽	307	세우농교說于農郊	81
석삼후지순수혜昔三后之純粹兮	310	세유내이현요혜世幽昧以眩曜兮	339
석서석서碩鼠碩鼠	114, 115	세율기모歲聿其莫	117
석선왕수명昔先王受命	266	세율기서歲聿其逝	117

세혼탁이불분혜世溷濁而不分兮 330	수아갑병修我甲兵 136
세혼탁이질현혜世溷濁而嫉賢兮 334	수아과모修我戈矛 136
소기과간遡其過澗 259	수아모극修我矛戟 136
소동대동小東大東 225	수여독단誰與獨旦 123
소백소게召伯所憩 45	수여독식誰與獨息 123
소백소발召伯所茇 45	수여독처誰與獨處 123
소백소세召伯所說 45	수여유이手如柔荑 80
소분양이충위혜蘇糞壤以充幃兮 339	수위도고誰謂荼苦 59
소소재호蠨蛸在戶 175	수위이무양誰謂爾無羊 209
소수지주搔首踟躕 66	수위이무우誰謂爾無牛 209
소슬혜초목요락이변쇠蕭瑟兮草木搖落而變衰 368	수위절기역하상혜雖萎絕其亦何傷兮 313
소완절혜안가疏緩節兮安歌 354	수인수극誰因誰極 73
소위이인所謂伊人 129	수장서귀誰將西歸 150
소유종지溯游從之 129	수적여모誰適與謀 213, 214
소이삭도宵爾索綯 167	수종목공誰從穆公 132, 133
소인소비小人所腓 189	수주여미誰侜予美 143
소인소시小人所視 225	수즉구로雖則劬勞 199
소회종지溯洄從之 129	수즉여훼雖則如燬 40
솔서수호率西水滸 243	수즉칠양雖則七襄 226
솔운예이래어帥雲霓而來御 330	수지영호誰之永號 115
솔토지빈率土之濱 233	수체해오유미변혜雖體解吾猶未變兮 320
솔피광야率彼曠野 239	숙구미이석여孰求美而釋女 339
솔피유초率彼幽草 239	숙량동문지가무孰兩東門之可蕪 361
송자섭기送子涉淇 83	숙비선이가복孰非善而可服 325
쇄소궁질洒掃穹窒 177	숙숙기우肅肅其羽 199
수구사기유미회雖九死其猶未悔 316	숙숙보우肅肅鴇羽 121
수능팽어誰能亨魚 150	숙숙보익肅肅鴇翼 121
수명불태受命不殆 295	숙숙보행肅肅鴇行 121
수모불소受侮不少 51	숙신기신淑慎其身 53
수부주어금지인혜雖不周於今之人兮 314	숙신수이모지孰信修而慕之 338
수신미이무례혜雖信美而無禮兮 334	숙야무매夙夜無寐 110
	숙야무이夙夜無已 110

숙야재공夙夜在公 43, 291
숙야필해夙夜必偕 110
숙옹현상肅雝顯相 270
숙운찰여지선악孰云察余之善惡 339
숙운찰여지중정孰云察余之中情 322
숙재남무俶載南畝 282
숙흥야매夙興夜寐 84
순미차도洵美且都 97
순미차이洵美且異 66
순백로지郇伯勞之 154
순승묵이불파循繩墨而不頗 324
순우차락洵訏且樂 102
순유정혜洵有情兮 138
순풍파이종류혜順風波以從流兮 360
슬적내홍蟊賊內訌 262
슬혜한혜瑟兮僩兮 76
습습곡풍習習谷風 59, 218
습요기우熠燿其羽 178
습요소항熠燿宵行 175
습유령隰有苓 64
습유양隰有楊 125
습유유룡隰有游龍 98
습유율隰有栗 125
습유하화隰有荷華 98
습즉유반隰則有泮 85
승광시장承筐是將 184
승기기이치빙혜乘騏驥以馳騁兮 307
승은알류勝殷遏劉 279
승피궤원乘彼垝垣 83
시고왈施罛濊濊 81
시미미이과중혜時亹亹而過中兮 368

시민부조視民不恌 184
시빈분기변역혜時繽紛其變易兮 345
시설번야是紲袢也 70
시순희의時純熙矣 287
시아주행示我周行 184
시아현덕행示我顯德行 280
시애애기장파혜時曖曖其將罷兮 330
시역유기미앙時亦猶其未央 341
시예시호是刈是濩 30
시용대개是用大介 287
시우중곡施于中谷 30
시월납화가十月納禾稼 167
시월실솔입아상하十月蟋蟀入我牀下 164
시월운탁十月隕蘀 162
시월척장十月滌場 168
시월확도十月穫稻 165
시이부장視爾不臧 73
시인맹자寺人孟子 214
시인지령寺人之令 125
시주지명時周之命 289
시피교인視彼驕人 213
시호불식豺虎不食 214
식미식미式微式微 63
식식기지湜湜其沚 59
식야지금食野之芩 184
식야지평食野之苹 184
식야지호食野之蒿 184
식지음지食之飲之 256
신고치지막막神高馳之邈邈 349
신모공석辰牡孔碩 127
신비오쇠이기축혜信非吾罪而棄逐兮 362
신서단단信誓旦旦 85

신시확신薪是穫薪　225
신신기리여申其罟子　322
신여불고訊子不顧　142
신이언야愼爾言也　213
실가진진室家溱溱　209
실로아심實勞我心　53
실솔재당蟋蟀在堂　117
실유아의實維我儀　68
실유아특實維我特　68
실유이공實維爾公　287
실유풍년實維豊年　209
실정이아방實靖夷我邦　262
실함사활實函斯活　282
심괘결이불해혜心絓結而不解兮　361
심번담혜망식사心煩憺兮忘食事　370
심불이지장구혜心不怡之長久兮　361
심선원이상회혜心嬋媛而傷懷兮　360
심언도도心焉忉忉　143
심언척척心焉惕惕　143
심역우지心亦憂止　188
심유예이호의心猶豫而狐疑　341
심유예이호의혜心猶豫而狐疑兮　334
심임약이난지諶荏弱而難持　361
심지우의心之憂矣　51, 108, 152
심평평혜량직心怦怦兮諒直　371

ㅇ

아가기동我稼既同　167
아가차요我歌且謠　108
아거어졸황我居圉卒荒　261
아고작피금뢰我姑酌彼金罍　32
아고작피시굉我姑酌彼兕觥　32

아궁불열我躬不閱　59
아기수지我其收之　272
아기숙야我其夙夜　273
아독남행我獨南行　55
아독부졸我獨不卒　221
아독하해我獨何害　221
아동왈귀我東曰歸　173
아래자동我來自東　173, 175, 177, 178
아룡수지我龍受之　287
아마도의我馬瘏矣　32
아마현황我馬玄黃　32
아마훼퇴我馬虺隤　32
아무령인我無令人　57
아복부의我僕痡矣　32
아사불비我思不閟　73
아사불원我思不遠　73
아상차방我相此邦　263
아수미정我戍未定　188
아심비감我心匪鑒　50
아심비석我心匪石　50
아심비석我心匪席　50
아심상비我心傷悲　189
아심상비혜我心傷悲兮　148
아심서비我心西悲　173
아심온결혜我心蘊結兮　148
아심즉우我心則憂　72
아위공폄我位孔貶　262
아유가빈我有嘉賓　184
아유지주我有旨酒　184, 185
아유지축我有旨蓄　60
아장아향我將我享　273
아정율지我征聿至　177

아조동산我祖東山 173, 175, 177, 178
아종사독현我從事獨賢 233
아주공양我朱孔陽 161
아행기야我行其野 73
아행불래我行不來 188
안여순영顏如舜英 97
안여순화顏如舜華 97
안옹옹이남유혜雁廱廱而南遊兮 368
애견군이부재득哀見君而不再得 360
애고구지무녀哀高丘之無女 333
애고도지일원哀故都之日遠 361
애명오오哀鳴嗸嗸 199
애민생지다간哀民生之多艱 316
애실솔지소정哀蟋蟀之宵征 368
애아인사哀我人斯 180
애아정부哀我征夫 239
애아탄인哀我憚人 225
애애부모哀哀父母 220, 221
애이불견愛而不見 66
애주토지평락혜哀州土之平樂兮 361
애중방지무예哀衆芳之蕪穢 313
애짐시지부당哀朕時之不當 325
애차환과哀此鰥寡 199
야미앙夜未央 202
야미애夜未艾 202
야여하기夜如何其 202
야유만초野有蔓草 100, 101
야유사균野有死麕 47
야유사록野有死鹿 47
야향신夜鄕晨 202
양류의의楊柳依依 189
양부혜부고揚枹兮拊鼓 354

양사구구良士瞿瞿 117
양사궐궐良士蹶蹶 117
양사휴휴良士休休 118
양운예지엄애혜揚雲霓之晻藹兮 348
양원지도楊園之道 214
양차지석야揚且之晳也 70
양차지안야揚且之顔也 70
어리우류魚麗于罶 194
어잠재연魚潛在淵 204
어재우저魚在于渚 204
억약양혜抑若揚兮 105
억지이미절혜抑志而弭節兮 349
언고사씨言告師氏 30
언고언귀言告言歸 30
언관기기言觀其旂 202
언기수의言旣遂矣 84
언리鰋鯉 194
언말기구言秣其駒 38
언말기마言秣其馬 37
언사기종言私其豵 162
언선언귀言旋言歸 206
언소안안言笑晏晏 85
언양양이위객焉洋洋而爲客 360
언예기루言刈其蔞 38
언예기초言刈其楚 37
언지우조言至于漕 72
언채기기言采其杞 233
언채기맹言采其蝱 73
엄유구유奄有九有 295
여가속혜如可贖兮 132, 133
여고지건건지이한혜子固知謇謇之爲患兮 310

여구졸도子口卒瘏 171	여우초초子羽譙譙 171
여규여벽如圭如璧 76	여유오기조교子猶惡其佻巧 334
여금여석如金如錫 76	여유은우如有隱憂 50
여기불난부리별혜余既不難夫離別兮 311	여유음효효子維音曉曉 171
여기자란지구원혜余既滋蘭之九畹兮 313	여이란위가시혜余以蘭爲可恃兮 345
여독호수이위상余獨好修以爲常 320	여일월혜제광與日月兮齊光 357
여력방강旅力方剛 234	여자개장與子皆臧 101
여망지고도혜呂望之鼓刀兮 341	여자동구與子同仇 136
여미무차子美亡此 123	여자동상與子同裳 136
여미소소子尾翛翛 171	여자동택與子同澤 136
여불인위차태야余不忍爲此態也 317	여자동포與子同袍 136
여비한의如匪澣衣 51	여자선회女子善懷 73
여산여하如山如河 70	여자성설與子成說 55
여삼세혜如三歲兮 92	여자의지與子宜之 95
여삼월혜如三月兮 92, 99	여자해로與子偕老 55, 95
여삼추혜如三秋兮 92	여자해작與子偕作 136
여소랄도子所捋荼 170	여자해행與子偕行 136
여소축조子所蓄租 171	여전기여女轉棄予 218
여수길거子手拮据 170	여절여차如切如磋 76
여수지선원혜女嬃之嬋媛兮 322	여지탐혜女之耽兮 84
여수호수과이기기혜余雖好修姱以鞿羈兮 316	여집의광女執懿筐 159
여실교교子室翹翹 171	여차량인하如此良人何 119
여심상비女心傷悲 159	여차찬자하如此粲者何 119
여야불상女也不爽 84	여차해후하如此邂逅何 119
여언능인여차종고余焉能忍與此終古 334	여탁여마如琢如磨 76
여왈계명女曰雞鳴 95	여피서저如彼棲苴 263
여왈관호女曰觀乎 102	여피세한如彼歲旱 263
여왈유분주子曰有奔奏 250	여하박건이호수혜汝何博謇而好修兮 322
여왈유선후子曰有先後 250	여형여제如兄如弟 59
여왈유소부子曰有疏附 250	역가식야亦可息也 225
여왈유어모子曰有禦侮 250	역가외야亦可畏也 93
	역각유행亦各有行 73

역거기휴役車其休　117
역공지가亦孔之嘉　180
역공지장亦孔之將　180
역공지휴亦孔之休　180
역길일호오장행歷吉日乎吾將行　348
역범기류亦汎其流　50
역불운궐문亦不隕厥問　249
역여심지소선혜亦余心之所善兮　316
역여조기惄如調飢　39
역역기달驛驛其達　282
역유고름亦有高廩　277
역유형제亦有兄弟　50
역이대심亦已大甚　213
역이어동亦以御冬　60
역이언재亦已焉哉　85
역이우우亦施于宇　175
역재거하亦在車下　174
연연우비燕燕于飛　53
연연자촉蜎蜎者蠋　174
연이신혼宴爾新昏　59, 60
연저호오장반延佇乎吾將反　319
연편편기사귀혜燕翩翩其辭歸兮　368
열역녀미說懌女美　66
열조축어부암혜說操築於傅巖兮　341
열피하천冽彼下泉　154
염만우야葛蔓于野　123
염만우역葛蔓于域　123
염염기묘厭厭其苗　282
염피경사念彼京師　154
염피경주念彼京周　154
염피주경念彼周京　154
엽피남무儼彼南畝　157

영련권혜기류靈連蜷兮旣留　356
영로단혜零露漙兮　100
영로양양零露瀼瀼　101
영분기고여이길점혜靈氛旣告余以吉占兮　348
영시불곡永矢弗告　79
영시불과永矢弗過　79
영시불훤永矢弗諼　79
영언건혜교복靈偃蹇兮姣服　354
영여추제領如蝤蠐　80
영영청승營營靑蠅　237
영우기몽零雨其濛　173, 175, 177, 178
영이위호야永以爲好也　88
영지유지泳之游之　60
영척지구가혜甯戚之謳歌兮　341
영합사이류망혜寧溘死而流亡兮　317
영황황혜기강靈皇皇兮旣降　357
예국지즉芮鞠之卽　259
예음유이일전혜羿淫遊以佚畋兮　324
오독궁곤호차시야吾獨窮困乎此時也　317
오령건수이위리吾令蹇修以爲理　333
오령봉조비등혜吾令鳳鳥飛騰兮　330
오령제혼개관혜吾令帝閽開關兮　330
오령짐위매혜吾令鴆爲媒兮　334
오령풍륭승운혜吾令豊隆乘雲兮　333
오령희화미절혜吾令羲和弭節兮　329
오매구지寤寐求之　28
오매사복寤寐思服　28
오목불이於穆不已　272
오목청묘於穆淸廟　270
오벽유표寤辟有摽　51
오삭왕사於鑠王師　287

오아귀세於我歸說 152	왈지왈시日止日時 244
오아귀식於我歸息 152	왕사미고王事靡鹽 121, 188, 233
오아귀처於我歸處 152	왕사방방王事傍傍 233
오월명조五月鳴蜩 162	왕실여훼王室如燬 40
오월사종동고五月斯螽動股 164	왕우흥사王于興師 136
오음분혜번회五音紛兮繁會 354	왕희지거王姬之車 48
오자용실호가항五子用失乎家巷 324	외승환지작약혜外承讙之汋約兮 361
오장상하이구색吾將上下而求索 329	외아부모畏我父母 93
오장원서이자소吾將遠逝以自疏 348	외아제형畏我諸兄 93
오장종팽함지소거吾將從彭咸之所居 349	외인지다언畏人之多言 93
오호비현於乎不顯 272	외천지위畏天之威 273
오호애재於乎哀哉 266	요가일이투락聊假日以婾樂 349
오황무왕於皇武王 279	요고유혜주장聊翱遊兮周章 357
오황시주於皇時周 289	요률혜약재원행憭慄兮若在遠行 368
옥지진야玉之瑱也 70	요묘묘이박천瞭杳杳而薄天 362
온우군소慍于羣小 50	요부유이구녀聊浮遊而求女 345
완구지도宛丘之道 138	요부유이소요聊浮遊以逍遙 334
완구지상혜宛丘之上兮 138	요석혜옥진瑤席兮玉瑱 354
완구지하宛丘之下 138	요소요이상양聊逍遙以相羊 329
완여청양婉如淸揚 101	요순지항행혜堯舜之抗行兮 362
완재수중앙宛在水中央 129	요신피복강어혜澆身被服強圉兮 324
완재수중지宛在水中沚 129	요여자동귀혜聊與子同歸兮 148
완재수중지宛在水中坻 129	요여자여일혜聊與子如一兮 148
왈곤행직이망신혜日鯀婞直以亡身兮 322	요이서오우심聊以舒吾憂心 361
왈귀왈귀日歸日歸 187, 188	요이행국聊以行國 108
왈량미기필합혜日兩美其必合兮 338	요조숙녀窈窕淑女 28
왈면승강이상하혜日勉升降以上下兮 341	요착위여이선음謠諑謂余以善淫 317
왈면원서이무호의혜日勉遠逝而無狐疑兮 339	욕란탕혜목방浴蘭湯兮沐芳 356
왈살고양日殺羔羊 168	욕보지덕欲報之德 221
왈여미유실가日予未有室家 171	욕소류차령쇄혜欲少留此靈瑣兮 329
왈위개세日爲改歲 164	욕원집이무소지혜欲遠集而無所止兮 334
	욕자적이불가欲自適而不可 334

욕종령분지길점혜欲從靈氛之吉占兮	341	우이구지于以求之	55
용가혜제복龍駕兮帝服	357	우이용지于以用之	43
용기십승龍旂十乘	295	우이채번于以采蘩	43
용약용병踊躍用兵	55	우중지이수능又重之以修能	307
우간지중于澗之中	43	우차구혜于嗟鳩兮	84
우결아구又缺我銶	180	우차린혜于嗟麟兮	41
우결아의又缺我錡	180	우차순혜于嗟洵兮	56
우결아장又缺我斨	180	우차여혜于嗟女兮	84
우경사의于京斯依	256	우차활혜于嗟闊兮	56
우금삼년于今三年	177	우탁우낭于橐于囊	251
우림지하于林之下	55	우하가이엄류又何可以淹留	345
우빈사관于豳斯館	258	우하방지능지又何芳之能祗	345
우서락혜于胥樂兮	291, 292	우하필용부행매又何必用夫行媒	341
우서사원于胥斯原	253	우하회호고도又何懷乎故都	349
우설비비雨雪霏霏	189	우호사부봉호又好射夫封狐	244
우소우지于沼于沚	43	우황게거여강리又況揭車與江離	345
우수병적右手秉翟	64	운수지사云誰之思	64
우수혜지백무又樹蕙之百畝	313	운여지하云如之何	70
우숙능무변화又孰能無變化	345	운하우의云何吁矣	32
우시려려于時廬旅	255	웅구지명서혜雄鳩之鳴逝兮	334
우시보지于時保之	273	웅비시구熊羆是裘	226
우시어어于時語語	255	원거원처爰居爰處	55
우시언언于時言言	255	원계아구爰契我龜	244
우시처처于時處處	254	원구유상爰求柔桑	159
우신지이람채又申之以攬茝	316	원급강녀爰及姜女	243
우심공구憂心孔疚	188	원급긍인爰及矜人	199
우심렬렬憂心烈烈	188	원득아소爰得我所	114
우심유충憂心有忡	55	원득아직爰得我直	115
우심초초憂心悄悄	50	원령수지호탕혜怨靈修之浩蕩兮	316
우아부모憂我父母	233	원방계행爰方啓行	251
우여수기상집憂與愁其相接	361	원사시호오장예願竢時乎吾將刈	313
우예실궐성虞芮質厥成	250	원상기마爰喪其馬	55

원송우남遠送于南	53	위주위례爲酒爲醴	277, 283
원송우야遠送于野	53	위차춘주爲此春酒	165
원시원모爰始爰謀	244	위치위격爲絺爲綌	30
원우장지遠于將之	53	위후지처衛侯之妻	80
원유극園有棘	108	유가설야猶可說也	84
원유도園有桃	108	유거란표輶車鸞鑣	127
원유수단爰有樹檀	204	유거린린有車鄰鄰	125
원유한천爰有寒泉	57	유경인오이강惟庚寅吾以降	307
원의팽함지유칙願依彭咸之遺則	314	유광유궤有洸有潰	60
원일견혜도여의願一見兮道余意	370	유구거지維鳩居之	42
원중원유爰衆爰有	259	유구극비有捄棘匕	225
월출교혜月出皎兮	145	유구방지維鳩方之	42
월출조혜月出照兮	145	유구영지維鳩盈之	42
월출지광月出之光	104	유구천필有捄天畢	226
월출호혜月出皓兮	145	유금지구불여자維今之疚不如茲	264
위공자구爲公子裘	162	유금지인維今之人	266
위공자상爲公子裳	161	유기가維其嘉矣	194
위궐미이력자委厥美而歷茲	345	유기시維其時矣	194
위궐미이종속혜委厥美以從俗兮	345	유기청의瀏其淸矣	102
위빙심이력자喟憑心而歷茲	324	유기해維其偕矣	194
위신초기불방謂申椒其不芳	339	유기훼의維其喙矣	249
위아구로謂我劬勞	199	유남유기維南有箕	226
위아사야교謂我士也驕	108	유녀동거有女同車	97
위아사야망극謂我士也罔極	108	유녀동행有女同行	97
위아선교謂我宣驕	199	유녀여옥有女如玉	47
위아심우謂我心憂	90, 91	유녀회춘有女懷春	47
위아하구謂我何求	90, 91	유돈과고有敦瓜苦	177
위여가비룡혜爲余駕飛龍兮	348	유래무기猶來無棄	110
위위타타委委佗佗	70	유래무사猶來無死	110
위유란기불가패謂幽蘭其不可佩	339	유래무지猶來無止	110
위의체체威儀棣棣	50	유략기사有略其耜	282
위이불신謂爾不信	213	유력여호有力如虎	64

유렬궤천有洌氿泉 225	유월사계진우六月莎雞振羽 164
유뢰지치維纇之恥 221	유월식울급욱六月食鬱及薁 165
유마백전有馬白顛 125	유유록명呦呦鹿鳴 184
유명창경有鳴倉庚 159	유유아사悠悠我思 99
유몽궤손有饛簋飧 225	유유아심悠悠我心 99
유미일인有美一人 100, 101	유유우지이요留有虞之二姚 334
유미일인혜심불역有美一人兮心不繹 370	유유창천悠悠蒼天 90, 91, 121
유민소지維民所止 295	유의기사有依其士 282
유봉자호有芃者狐 239	유이불영상維以不永傷 32
유부당인지투락혜惟夫黨人之偸樂兮 310	유이불영회維以不永懷 32
유북불수有北不受 214	유자칠인有子七人 57
유북유두維北有斗 226, 227	유자패지가귀혜惟茲佩之可貴兮 345
유분기실有蕡其實 35	유작유소維鵲有巢 42
유비군자有匪君子 76	유잔지거有棧之車 239
유사여녀維士與女 102	유재유재悠哉悠哉 28
유사이민維絲伊緡 48	유지외洧之外 102
유산최외維山崔嵬 218	유차당인기독이惟此黨人其獨異 339
유상지화維常之華 188	유차당인지불량혜惟此黨人之不諒兮 345
유석연의誰昔然矣 141	유차엄식維此奄息 132
유석지부불여시維昔之富不如時 264	유차중항維此仲行 132
유소질기유미휴惟昭質其猶未虧 320	유차철인維此哲人 199
유실기적有實其積 283	유차침호維此鍼虎 133
유양유우維羊維牛 273	유천기우지維天其右之 273
유여소공有如召公 266	유천유한維天有漢 226
유여소자維予小子 280	유천지명維天之命 272
유여여여維予與女 218	유초기형有椒其馨 283
유염기걸有厭其傑 282	유초목지령락혜惟草木之零落兮 307
유엽막막維葉莫莫 30	유탐기엽有噂其饁 282
유엽처처維葉萋萋 30	유풍급우維風及雨 218
유영로지료원혜惟郢路之遼遠兮 361	유풍급퇴維風及頹 218
유옥급요維玉及瑤 253	유피우인維彼愚人 199
유우북원遊于北園 127	유필기향有飶其香 283

유필유필有駜有駜 291	의중각혜猗重較兮 77
유효췌지有鴞萃止 141	의차련혜猗嗟孌兮 106
육륙자아蓼蓼者莪 220	의차명혜猗嗟名兮 105
육비재수六轡在手 127	의차창혜猗嗟昌兮 105
윤문문왕允文文王 279	의창합이망여倚閶闔而望予 330
윤사允師 287	의피여상猗彼女桑 160
윤유흡하允猶翕河 289	이가회야伊可懷也 175
율래서우聿來胥宇 243	이개미수以介眉壽 165
융거기가戎車旣駕 188	이기상학伊其相謔 102
융추유행戎醜攸行 248	이기장학伊其將謔 102
은기영의殷其盈矣 102	이망복관以望復關 83
은사근사恩斯勤斯 170	이목래사爾牧來思 209
은수명함의殷受命咸宜 295	이무망혜而無望兮 138
은종용이부장殷宗用而不長 324	이무영탄而無永歎 253
음여마어함지혜飮余馬於咸池兮 329	이벌원양以伐遠揚 160
음우고지陰雨膏之 154	이복이서爾卜爾筮 83
읍읍혜挹挹兮 34	이삼기덕二三其德 84
읍체련련泣涕漣漣 83	이생즉구爾牲則具 209
읍체여우泣涕如雨 53	이손자詒孫子 292
응문장장應門將將 248	이신이증以薪以蒸 209
의결령혜장태식倚結軨兮長太息 371	이아동관貽我彤管 66
의금경의衣錦褧衣 80	이아래모貽我來牟 275
의기가실宜其家室 35	이아어궁以我御窮 60
의기가인宜其家人 35	이아회천以我賄遷 83
의기성혜儀旣成兮 105	이약이매졸혜理弱而媒拙兮 334
의기실가宜其室家 35	이양래사爾羊來思 209
의상초초衣裳楚楚 152	이어란혜以禦亂兮 106
의식형문왕지전儀式刑文王之典 273	이여래기伊余來墍 60
의언음주宜言飮酒 95	이연락가빈지심以燕樂嘉賓之心 185
의우묘구猗于畝丘 214	이오이유以敖以遊 50
의이자손宜爾子孫 34	이우래사爾牛來思 209
의전성이절중혜依前聖以節中兮 324	이욱과인以勖寡人 53

이위재실伊威在室　175
이음이우以陰以雨　59
이의재已矣哉　349
이이거래以爾車來　83
이자이웅以雌以雄　209
이지일기동二之日其同　162
이지일율렬二之日栗烈　157
이지일착빙충충二之日鑿冰冲冲　168
이하문왕伊嘏文王　273
이하회호고우爾何懷乎故宇　339
이흡백례以洽百禮　277, 283
익부여안弋鳧與鴈　95
익언가지弋言加之　95
인백기신人百其身　132, 133
인우이양구忍尤而攘詬　317
인이불능사야忍而不能舍也　310
인지각麟之角　41
인지다언人之多言　93
인지정麟之定　41
인지지麟之趾　41
인지호아人之好我　184
인추란이위패紉秋蘭以爲佩　307
일감재자日監在茲　280
일강오이음유日康娛以淫遊　333
일강오이자망혜日康娛而自忘兮　324
일거월제日居月諸　51
일벽국백리日辟國百里　266
일월기도日月其慆　117
일월기매日月其邁　117
일월기제日月其除　117
일월산천一月三捷　188
일월홀기불엄혜日月忽其不淹兮　307

일일불견一日不見　92, 99
일정사방日靖四方　273
일지방중日之方中　64
일지일우학一之日于貉　162
일지일필발一之日觱發　157
일취월장日就月將　280
일홀홀기장모日忽忽其將暮　329
임기혈臨其穴　132, 133
임유박속林有樸樕　47
입아중민立我烝民　275
입즉미지入則靡至　221
입차실처入此室處　164

ㅈ

자거엄식子車奄息　132
자거중항자車仲行　132
자거침호子車鍼虎　133
자금이시自今以始　292
자녕불래子寧不來　99
자녕불사음子寧不嗣音　99
자록시이영실혜蒣蕬以盈室兮　322
자목귀제自牧歸荑　66
자무량매子無良媒　83
자서조동自西徂東　245
자아불견自我不見　177
자아조이自我徂爾　84
자여왈령균字余曰靈均　307
자왈하기子曰何其　108
자전세이고연自前世而固然　317
자지불숙子之不淑　70
자지청양子之淸揚　70
자지탕혜子之湯兮　138

자토저칠自土沮漆	242	재렴헐교載獫歇驕	127
자혜자혜子兮子兮	119	재무정손자在武丁孫子	295
자혜자혜玼兮玼兮	70	재삼재작載芟載柞	282
자흥시야子興視夜	95	재성궐혜在城闕兮	99
작묘익익作廟翼翼	246	재소재언載笑載言	83
작역발의柞棫拔矣	249	재수일방在水一方	129
작위차시作爲此詩	214	재수지미在水之湄	129
작작기화灼灼其華	35	재수지사在水之涘	129
작지용포酌之用匏	256	재시지행載施之行	226
잠월조상蠶月條桑	160	재용유사載用有嗣	287
잡두형여방지雜杜衡與芳芷	313	재운기지위이載雲旗之委蛇	349
잡신초여균계혜雜申椒與菌桂兮	310	재전상처在前上處	64
잡요상이위거雜瑤象以爲車	348	재준지하在浚之下	57
잡패이문지雜佩以問之	95	재찬무공載纘武功	162
잡패이보지雜佩以報之	95	재치재구載馳載驅	72
잡패이증지雜佩以贈之	95	재피중하在彼中河	68
장고장상將翱將翔	95, 97	재피하측在彼河側	68
장공장구將恐將懼	218	재하지주在河之洲	28
장아육아長我育我	221	재현재황載玄載黃	161
장안장락將安將樂	218	재호기음載好其音	57
장여패지륙리長余佩之陸離	320	재확제제載穫濟濟	283
장왕관호사황將往觀乎四荒	320	재흡기설載翕其舌	226
장운주이하부혜將運舟而下浮兮	361	저립이읍佇立以泣	53
장자무노將子無怒	83	저축공공杼柚其空	225
장중자혜將仲子兮	93	적료혜수료이수청寂寥兮收潦而水清	368
장태식이엄체혜長太息以掩涕兮	316	적불이조翟茀以朝	81
장함함역하상長頷頷亦何傷	313	적아원혜適我願兮	101
재갈재기載渴載飢	189	적피락교適彼樂郊	115
재공명명在公明明	291	적피락국適彼樂國	114
재공음주在公飲酒	291	적피락토適彼樂土	114
재공재연在公載燕	291	전계주혜장椒桂酒兮椒漿	354
재기재갈載飢載渴	188	전도사여顚倒思予	142

전망서사선구혜前望舒使先驅兮 329
전불찰여지중정혜荃不察余之中情兮 310
전사군혜불가화專思君兮不可化 370
전아기근瑱我饑饉 261
전아생혜展我甥兮 105
전여지인혜展如之人兮 70
전오도부곤륜혜邅吾道夫昆侖兮 348
전유발발鱣鮪發發 81
전전반측輾轉反側 28
전준지희田畯至喜 157
전혜화이위모荃蕙化而爲茅 345
절경지이계패折瓊枝以繼佩 333
절경지이위수혜折瓊枝以爲羞兮 348
절약목이불일혜折若木以拂日兮 329
점거유상漸車帷裳 84
점여금지랑랑霑余襟之浪浪 325
점여신이위사혜霑余身而危死兮 325
정경미이위장精瓊靡以爲粻 348
정녀기련靜女其變 66
정녀기주靜女其姝 66
정료유휘庭燎有輝 202
정료절절庭燎晣晣 202
정료지광庭燎之光 202
정언사지靜言思之 51, 85
정역피사방正域彼四方 295
정탄록장町疃鹿場 175
제고양지묘예혜帝高陽之苗裔兮 307
제기하이위의혜製芰荷以爲衣兮 320
제명솔육帝命率育 275
제옥대이냉치齊玉軑而竝馳 349
제원상이남정혜濟沅湘以南征兮 324
제제다사濟濟多士 270

제피공당躋彼公堂 168
제피상의制彼裳衣 173
제형지언諸兄之言 93
제환문이해보齊桓聞以該輔 341
제후지자齊侯之子 48, 80
조건비지목란혜朝搴阰之木蘭兮 307
조기영의朝旣盈矣 104
조기창의朝旣昌矣 104
조발인어창오혜朝發軔於蒼梧兮 329
조발인어천진혜朝發軔於天津兮 349
조비반고향혜鳥飛反故鄕兮 362
조서황사섭여詔西皇使涉予 349
조석불가朝夕不暇 239
조석여이가명肇錫余以嘉名 307
조석종사朝夕從事 233
조습조진徂隰徂畛 282
조역피사해肇域彼四海 295
조오장제어백수혜朝吾將濟於白水兮 333
조유여의旒維旗矣 209
조음목란지추로혜朝飮木蘭之墜露兮 313
조조공자佻佻公子 225
조주문이득거遭周文而得擧 341
조탁발호유반朝濯髮乎洧盤 333
종고락지鍾鼓樂之 28
종공우수從公于狩 127
종불가원혜終不可諼兮 76
종불찰부민심終不察夫民心 316
종사우螽斯羽 34
종손자중從孫子仲 55
종아불왕縱我不往 99
종연요호우지야終然殀乎羽之野 322
종온차혜終溫且惠 53

종욕이불인縱欲而不忍 324	중당유벽中唐有甓 143
종일석후終日射侯 105	중무란혜미혹中督亂兮迷惑 371
종일칠양終日七襄 226	중불가호세혜衆不可戶說兮 322
좌수집약左手執籥 64	중심달혜中心怛兮 150
좌우류지左右流之 28	중심여일中心如噎 91
좌우모지左右芼之 28	중심여취中心如醉 90
좌우채지左右采之 28	중심요요中心搖搖 90
주공동정周公東征 180	중심유위中心有違 59
주구가이무소혜奏九歌而舞韶兮 349	중심조혜中心弔兮 150
주도여지周道如砥 225	중씨임지仲氏任只 53
주론도이막차周論道而莫差 324	중애연이폐지衆薆然而蔽之 344
주류관호상하周流觀乎上下 345	중유어의衆維魚矣 209
주류호천여내하周流乎天余乃下 334	중참인지질투혜衆讒人之嫉妬兮 362
주무속신綢繆束薪 119	중첩접이일진혜衆踥蹀而日進兮 362
주무속초綢繆束楚 119	중치차광衆穉且狂 73
주무속추綢繆束芻 119	즙제양이용여혜楫齊揚以容與兮 360
주무유호綢繆牖戶 170	증부지기점曾不知其玷 262
주분표표朱幩鑣鑣 81	증부지하지위구혜曾不知夏之爲丘兮 361
주원무무周原膴膴 244	증비조비烝畀祖妣 277, 283
주원집사周爰執事 245	증손독지曾孫篤之 272
주이우모晝爾于茅 167	증연래사烝然來思 197
주인지자舟人之子 226	증연산산烝然汕汕 196
준강하이류망遵江夏以流亡 360	증연조조烝然罩罩 196
준분주재묘駿奔走在廟 270	증온륜지수미혜憎慍惀之修美兮 362
준양시회遵養時晦 287	증재상야烝在桑野 174
준적수이용여遵赤水而容與 349	증재율신烝在栗薪 177
준피미행遵彼微行 159	증지이작약贈之以勺藥 102
준피여분遵彼汝墳 39	증허희녀울읍혜曾歔欷余鬱邑兮 325
준혜아문왕駿惠我文王 272	지고요이능조摯皋繇而能調 341
중가회야仲可懷也 93	지구천이위정혜指九天以爲正兮 311
중개경진이탐람혜衆皆競進而貪婪兮 313	지금구년이불복至今九年而不復 361
중녀질여지아미혜衆女嫉余之蛾眉兮 317	지기내리止基迺理 259

404 중국고전문학정선-시경詩經·초사楚辭

지려내밀止旅迺密 259
지사시미타之死矢靡他 68
지사시미특之死矢靡慝 68
지서해이위기指西海以爲期 349
지아자知我者 90, 91
지우극止于棘 132, 237
지우기하至于岐下 243
지우돈구至于頓丘 83
지우번止于樊 237
지우상止于桑 132
지우진止于榛 237
지우초止于楚 132
지우폭의至于暴矣 84
지이불이知而不已 141
지자우귀之子于歸 35, 37, 38, 43, 53, 178
지자우원之子于垣 199
지자우정之子于征 199
지자지래지知子之來之 95
지자지순지知子之順之 95
지자지호지知子之好之 95
지정이공耆定爾功 279
지제부지只弟不知 84
지조지불군혜鷙鳥之不羣兮 317
지지갈의池之竭矣 265
지차다且多 194
지차유旨且有 194
직로불래職勞不來 225
직사기기職思其居 117
직사기외職思其外 117
직사기우職思其憂 118
직형사인職兄斯引 264

직황사홍職兄斯弘 265
진고여자振古如茲 283
진발여운鬒髮如雲 70
진불입이리우혜進不入以離尤兮 320
진상우시하陳常于時夏 275
진수아미螓首蛾眉 81
진여유溱與洧 102
진우슬혜창陳竽瑟兮浩倡 354
진진공성振振公姓 41
진진공자振振公子 41
진진공족振振公族 41
진진로振振鷺 291
진진혜振振兮 34
질기소의咥其笑矣 84
짐고여이불호鴆告余以不好 334
짐황고왈백용朕皇考曰伯庸 307
집부용이위상集芙蓉以爲裳 320
집비여조執轡如組 64
집시우뢰執豕于牢 256
집우관목集于灌木 30
집우중택集于中澤 199
집우포극集于苞棘 121
집우포상集于苞桑 121
집우포허集于苞栩 121
집자지수執子之手 55
집집편편緝緝翩翩 213

ㅊ

차방지인此邦之人 206
차아농부嗟我農夫 167
차아부자嗟我婦子 164
차아회인嗟我懷人 32

차왕관호且往觀乎	102	척피아구陟彼阿丘	73
차하인재此何人哉	90, 91	척피저의陟彼砠矣	32
차혜차혜瑳兮瑳兮	70	척피최외陟彼崔嵬	32
착우탐부궐가淫又貪夫厥家	324	척피호혜陟彼岵兮	110
찬찬의복粲粲衣服	226	천강죄고天降罪罟	262
참울울이불통혜慘鬱鬱而不通兮	361	천독강상天篤降喪	261
참인망극讒人罔極	237	천명현조天命玄鳥	295
참처증희혜박한지중인慘悽增欷兮薄寒之中人	368	천우기운千耦其耘	282
		천유현사天維顯思	280
참치행채參差荇菜	28	천지갈의泉之竭矣	265
창경우비倉庚于飛	178	철왕우불오哲王又不寤	334
창승지성蒼蠅之聲	104	철전위량徹田爲糧	257
창창제제蹌蹌濟濟	256	철피상토徹彼桑土	170
창천창천蒼天蒼天	213	첨망모혜瞻望母兮	110
창황광량혜거고이취신愴怳懭悢兮去故而就新	368	첨망부혜瞻望父兮	110
		첨망불급瞻望弗及	53
채도신저采荼薪樗	165	첨망형혜瞻望兄兮	110
채미채미采薇采薇	187, 188	첨전이고후혜瞻前而顧後兮	325
채번기기采繁祁祁	159	첨피기오瞻彼淇奧	76
채봉채비采葑采菲	59	첨피부원瞻彼溥原	254
채채권이采采卷耳	32	첩첩번번捷捷幡幡	213
채채부이采采芣苢	36	청양완혜淸揚婉兮	100, 106
채채의복采采衣服	152	청청자금靑靑子衿	99
처혜비혜萋兮斐兮	213	청청자패靑靑子佩	99
척강궐사陟降厥士	280	체무구언體無咎言	83
척기고산陟其高山	289	체음음기약산涕淫淫其若霰	360
척승황지혁희혜陟陞皇之赫戱兮	349	체잔원혜하점식涕潺湲兮下霑軾	371
척즉재헌陟則在巘	253	초기여여성언혜初旣與余成言兮	311
척피강혜陟彼岡兮	110	초불궤무草不潰茂	263
척피고강陟彼高岡	32	초소요혜금언박超逍遙兮今焉薄	370
척피기혜陟彼屺兮	110	초전녕이만도혜椒專佞以慢慆兮	345
척피북산陟彼北山	233	총각지연總角之宴	85

총여비호부상總余轡乎扶桑　329
추이위기秋以爲期　83
추창혜이사자련惆悵兮而私自憐　368
축실우자築室于玆　244
축원혜적사蓄怨兮積思　370
축지등등築之登登　247
축판이재縮版以載　246
춘여추기대서春與秋其代序　307
춘일재양春日載陽　159
춘일지지春日遲遲　159
출국문이진회혜出國門而軫懷兮　360
출입복아出入腹我　221
출즉함휼出則銜恤　221
충비훙훙蟲飛薨薨　104
충이수영充耳琇瑩　76
충잠잠이원진혜忠湛湛而願進兮　361
췌췌기률惴惴其慄　132, 133
취기심의就其深矣　59
취기천의就其淺矣　60
취려취단取厲取鍛　258
취생고황吹笙鼓簧　184
취언귀醉言歸　291
취언무醉言舞　291
취중화이진사就重華而陳辭　324
취피극신吹彼棘薪　57
취피극심吹彼棘心　57
취피부장取彼斧斨　160
취피참인取彼譖人　214
취피호리取彼狐貍　162
치기로도値其鷺翿　138
치기로우値其鷺羽　138
치여우회寘子于懷　218

치여호서齒如瓠犀　80
치지기우差池其羽　53
치지하지간혜寘之河之干兮　112
치지하지순혜寘之河之漘兮　112
치지하지측혜寘之河之側兮　112
치초구차언지식馳椒邱且焉止息　319
치피주행寘彼周行　32
치혜치혜哆兮侈兮　213
치효치효鴟鴞鴟鴞　170
친결기리親結其縭　178
칠월류화七月流火　157, 159, 160
칠월명격七月鳴鵙　161
칠월식과七月食瓜　165
칠월재야七月在野　164
칠월팽규급숙七月亨葵及菽　165
침피포랑浸彼苞稂　154
침피포소浸彼苞蕭　154
침피포시浸彼苞蓍　154
칩칩혜칩혜蟄蟄兮　34
칭피시굉稱彼兕觥　168

ㅋ

쾌변여성會弁如星　76

ㅌ

타산교악陀山喬嶽　289
타산지석它山之石　204
탁기석양度其夕陽　257
탁기습원度其隰原　257
탁지훙훙度之薨薨　247
탕우엄이구합혜湯禹嚴而求合兮　341
탕우엄이지경혜湯禹儼而祗敬兮　324

태급공자동귀殆及公子同歸 159
태기금혜迨其今兮 46
태기길혜迨其吉兮 46
태기위지迨其謂之 46
태인점지大人占之 209
태천지미음우迨天之未陰雨 170
택은토망망宅殷土芒芒 295
토국성조土國城漕 55
퇴장부수오초복退將復修吾初服 320
투비시호投畀豺虎 214
투비유북投畀有北 214
투비유호投畀有昊 214
투아이모과投我以木瓜 88
투아이목도投我以木桃 88
투아이목리投我以木李 88
투피리이장지妒被離而鄣之 361

ㅍ

파궐백곡播厥百穀 282
판독리이불복判獨離而不服 322
판유상阪有桑 125
판유칠阪有漆 125
팔월기확八月其穫 162
팔월단호八月斷壺 165
팔월박조八月剝棗 165
팔월재우八月在宇 164
팔월재적八月載績 161
팔월환위八月萑葦 160
패빈분기번식혜佩繽紛其繁飾兮 320
패옥경거佩玉瓊琚 97
패옥장장佩玉將將 97
편편자추翩翩者鵻 197

평왕지손平王之孫 48
평진여송平陳與宋 55
폐불감당蔽芾甘棠 45
포복구지匍匐救之 60
포포무사抱布貿絲 83
표원거혜운중森遠擧兮雲中 357
표유매摽有梅 46
표풍둔기상리혜飄風屯其相離兮 330
표풍발발飄風發發 221
표풍불불飄風弗弗 221
풍년다서다도豐年多黍多稌 277
풍우소표요風雨所漂搖 171
피군자혜彼君子兮 112
피로사하彼路斯何 188
피미맹강彼美孟姜 97
피미인혜彼美人兮 64
피서리리彼黍離離 90
피소사패彼疏斯粺 264
피요순지경개혜彼堯舜之耿介兮 310
피이부자지위명被以不慈之僞名 362
피이유하彼爾維何 188
피인시재彼人是哉 108
피지기기被之祁祁 43
피지동동被之僮僮 43
피직지묘彼稷之苗 90
피직지수彼稷之穗 90
피직지실彼稷之實 90
피참인자彼譖人者 213, 214
피창자천彼蒼者天 132, 133
피채갈혜彼采葛兮 92
피채소혜彼采蕭兮 92
피채애혜彼采艾兮 92

필래기승畢來旣升　209
필송지자必宋之子　140
필시자견佛時仔肩　280
필제지강必齊之姜　140
필지양양泌之洋洋　140
필피승모駜彼乘牡　291
필피승현駜彼乘駽　291
필피승황駜彼乘黃　291
필하지리必河之鯉　140
필하지방必河之魴　140

하강오이자종夏康娛以自縱　324
하걸주지창피혜何桀紂之猖披兮　310
하걸지상위혜夏桀之常違兮　324
하경패지언건혜何瓊佩之偃蹇兮　344
하리심지가동혜何離心之可同兮　348
하방환지능주혜何方圜之能周兮　317
하백성지진건何百姓之震愆　360
하불개차도何不改此度　307
하사하립何蓑何笠　209
하상기음下上其音　53
하석일지방초혜何昔日之芳草兮　345
하소독무방초혜何所獨無芳草兮　339
하수양양河水洋洋　81
하수유이망반何須臾而忘反　361
하수청차련의河水淸且漣猗　112
하수청차륜의河水淸且淪猗　112
하수청차직의河水淸且直猗　112
하유하무何有何亡　60
하이졸세何以卒歲　157
하이주지何以舟之　253

하인부장何人不將　239
하인불긍何人不矜　239
하일불행何日不行　239
하일야이망지何日夜而忘之　362
하지일夏之日　123
하초불현何草不玄　239
하초불황何草不黃　239
하피농의何彼襛矣　48
학명우구고鶴鳴于九皐　204
학유집희우광명學有緝熙于光明　280
한유유녀漢有游女　37
한지광의漢之廣矣　37, 38
합애풍여상정溘埃風余上征　329
합오유차춘궁혜溘吾遊此春宮兮　333
합장파혜경방盍將把兮瓊芳　354
해패양이결언혜解佩纕以結言兮　333
해한해부害澣害否　30
해해사자偕偕士子　233
해후상우邂逅相遇　101
행도지지行道遲遲　59, 189
행도태의行道兌矣　249
행매미미行邁靡靡　90, 91
행피주도行彼周道　239
행피주행行彼周行　225
허인우지許人尤之　73
헌견우공獻犭于公　162
헌고제구獻羔祭韭　168
험윤공극獫狁孔棘　189
험윤지고獫狁之故　187, 188
혁여악자赫如渥赭　64
혁혜훤혜赫兮咺兮　76
현현패수鞙鞙佩璲　226

현환황조睍睆黃鳥　57	혹부기후或負其餱　209
혈료혜천고이기청泬寥兮天高而氣清　368	혹부지규호或不知叫號　234
협기황간夾其皇澗　259	혹불이우행或不已于行　234
형문지하衡門之下　140	혹서지언앙或棲遲偃仰　234
형왈차여제행역兄曰嗟予弟行役　110	혹식언재상或息偃在牀　234
형후지이邢侯之姨　80	혹연연거식或燕燕居息　234
혜효증혜란자蕙肴蒸兮蘭藉　354	혹왕사앙장或王事鞅掌　234
호강리여벽지혜扈江離與辟芷兮　307	혹음우지或飲于池　209
호고지녕胡考之寧　283	혹이기주或以其酒　226
호락무황好樂無荒　117, 188	혹잠재연或潛在淵　204
호복애이영요혜戶服艾以盈要兮　339	혹재우저或在于渚　204
호부인지강개好夫人之忼慨　362	혹진췌사국或盡瘁事國　234
호부자체胡不自替　264	혹참참구로或慘慘劬勞　234
호불귀胡不歸　63	혹참참외구或慘慘畏咎　234
호사필수구狐死必首丘　362	혹출입풍의或出入風議　234
호연이제야胡然而帝也　70	혹침혹와或寢或訛　209
호연이천야胡然而天也　70	혹탐락음주或湛樂飲酒　234
호위호니중胡爲乎泥中　63	혼탁미공昏椓靡共　262
호위호중로胡爲乎中露　63	홀고상지언박忽翶翔之焉薄　360
호질이미胡迭而微　51	홀림예부구향忽臨睨夫舊鄕　349
호천망극昊天罔極　221	홀반고이류체혜忽反顧以流涕兮　333
호첨이정유현순혜胡瞻爾庭有縣鶉兮　112	홀반고이유목혜忽反顧以遊目兮　320
호첨이정유현특혜胡瞻爾庭有縣特兮　112	홀분주이선후혜忽奔走以先後兮　310
호첨이정유현훤혜胡瞻爾庭有縣貆兮　112	홀약거불신혜忽若去不信兮　361
호취화삼백균혜胡取禾三百囷兮　112	홀오행차류사혜忽吾行此流沙兮　349
호취화삼백억혜胡取禾三百億兮　112	홀위해기난천忽緯繣其難遷　333
호취화삼백전혜胡取禾三百廛兮　112	홀치무이추축혜忽馳騖以追逐兮　313
호폐미이질투好蔽美而嫉妒　330	홍안우비鴻鴈于飛　199
호폐미이칭악好蔽美而稱惡　334	화락차담和樂且湛　185
혹감모여或敢侮予　170	화마숙맥禾麻菽麥　167
혹강우아或降于阿　209	화여도리華如桃李　48
혹미사불위或靡事不爲　234	화조도이자오혜和調度以自娛兮　345

화채의혜약영華采衣兮若英 356
확락혜기려이무우생廓落兮羇旅而無友生 368
환피견우睆彼牽牛 226
황람규여초도혜皇覽揆余初度兮 307
황박기마皇駁其馬 178
황염염기양령혜皇剡剡其揚靈兮 341
황조우비黃鳥于飛 30
황조황조黃鳥黃鳥 206
황천무사아혜皇天無私阿兮 325
황천지불순명혜皇天之不純命兮 360
황홀기언극荒忽其焉極 360
황휼아후遑恤我後 59
회상도지불찰혜悔相道之不察兮 319
회지호음懷之好音 150
회짐거이복로혜回朕車以復路兮 319

회짐정이불발혜懷朕情而不發兮 334
회차귀의會且歸矣 104
회초서이요지懷椒糈而要之 341
횡사해혜언궁橫四海兮焉窮 357
후강후이侯彊侯以 282
후비렴사분촉後飛廉使奔屬 329
후신지저해혜后辛之菹醢兮 324
후아후려侯亞侯旅 282
후주후백侯主侯伯 282
후회둔이유타後悔遁而有他 311
흥흥혜薨薨兮 34
휘교룡사량진혜麾蛟龍使梁津兮 349
휘지이굉麾之以肱 209
휴류이여게거혜畦留夷與揭車兮 313
힐지항지頡之頏之 53

중국고전문학정선 – 시경詩經 · 초사楚辭

초판 발행 — 2012년 8월 6일
초판 2쇄 발행 — 2022년 7월 25일

역해자 — 류종목 송용준 이영주 이창숙

발행인 — 金 東 求

발행처 — 명 문 당(창립 1923년 10월 1일)
서울특별시 종로구 윤보선길 61(안국동)
우체국 010579-01-000682
전 화 (02) 733-3039, 734-4798
FAX (02) 734-9209
Homepage / www.myungmundang.net
E-mail / mmdbook1@hanmail.net
등록 1977.11.19. 제1-148호

∎

* 낙장 및 파본은 교환해 드립니다.
* 불허 복제
* 정가 25,000원
ISBN 978-89-7270-455-3 04820

杜律分韻·完譯
두보율시 杜甫律詩

「두율분운」을 해제와 주석을 곁들여 완역하여 「완역 두보율시」를 펴냄으로써, 두보 시의 핵심인 율시의 세계를 일관성과 통일성 있게 조망!!

시성詩聖 두보杜甫의 율시律詩는 정제된 운율韻律과 다양하고 치밀한 대구對句, 효율적인 전고典故의 활용, 조직적인 장법章法 등으로 중국 고전시가 예술의 최고 경지를 보여준다. 또한 그것은 조선 문인들에게도 한시漢詩 창작의 교본으로 기능하여, 정조正祖 22년(1798)에 마침내 두보의 모든 율시를 운목韻目에 따라 분류 편집한 [두율분운杜律分韻]을 국가적 사업으로 간행하기에 이르렀다.

이번에 [두율분운]을 해설解說과 주석註釋을 곁들여 완역하여 [완역 두보율시]를 펴냄으로써, 두보 시의 핵심인 율시의 세계를 일관성과 통일성 있게 조망할 수 있도록 하였다. 특히 이 책은 운목별 배열이라는 체제적 특성상 두보의 용운用韻 기법을 살필 때뿐만 아니라 직접 한시 창작에 임할 때 보다 구체적인 도움을 줄 수 있을 것으로 기대한다.

- 이영주, 강성위, 홍상훈 譯解 / 신국판 양장 / 1,056쪽
- 값 35,000원

새로 옮긴 시경 詩經

우리나라 최초로 현대적인 해설과 주석을 단 완역본을 새로 알기 쉽게 번역한 중국의 가장 오래된 시가집!!

김학주 譯著 / 신국판 양장 / 1,044쪽 / 값 35,000원

새로 옮긴 서경 書經

요堯임금과 순舜임금에 관한 일에서 시작하여 흔히 삼대三代라 부르는 하夏·은殷·주周 세 왕조에 관한 기록들이 실려 있다.

김학주 譯著 / 신국판 양장 / 720쪽 / 값 30,000원

보충 설명을 덧붙여 이해하기 쉽게 교정하여 해석한 당시선 唐詩選

이백·두보·한유·백거이 등 중국 문학의 전성기를 이루었던 문인들의 작품선으로 자연을 노래한 풍류시로부터 현실참여시까지 망라되었다.

김학주 譯著 / 신국판 양장 / 680쪽 / 값 27,000원

보충 설명을 덧붙여 이해하기 쉽게 교정하여 해석한 송시선 宋詩選

「宋詩選」은 자기 주변의 온갖 문제들을 그 시제에 적절한 여러 가지 형식으로 자신의 개성을 살리어 시를 지었다.

김학주 譯著 / 신국판 양장 / 620쪽 / 값 26,000원

- ■新譯 명대시선(明代詩選) 金學主 譯著 신국판 양장 값 22,000원
- ■新譯 청대시선(淸代詩選) 金學主 譯著 신국판 양장 값 25,000원
- ■중국 고대시에 관한 담론 金學主 著 신국판 양장 값 20,000원
- ■修訂增補 악부시선(樂府詩選) 金學主 著 신국판 양장 값 15,000원
- ■修訂新版 漢代의 文人과 詩 金學主 著 신국판 양장 값 15,000원

위대한 중국의 대중예술 경극(京劇) 이야기

- • 위대한 중국의 대중예술 경극 金學主 著 크라운판 값 20,000원
- • 경극이란 어떤 연극인가? 金學主 著 크라운판 값 20,000원
- • 중국의 탈놀이와 탈 金學主 著 크라운판 값 20,000원
- • 중국의 전통연극과 희곡문물·민간연예를 찾아서 金學主 著 신국판 값 15,000원

新完譯 古文眞寶 (고문진보) 前·後集

"지혜로운 옛 시(詩)와 문장의 보고(寶庫)"

진귀하고 보배로운 옛글 중에서 엄선하여 가려 뽑은 주옥같은 시(詩)와 문장들의 향연!

황견 편찬·김학주 譯著
신국판(전) 20,000원 양장(전) 25,000원
신국판(후) 25,000원 양장(후) 30,000원

알기쉽고 새로운 基礎漢文讀解法

한문독해 입문서
제34회 문화관광부 추천도서
(2001년 11월 6일)

누구나 재미있고 알기 쉽게 터득되는 기초한문독해법!

기초한문독해법은 한문독해를 위한 입문서로, 알기 쉽고 재미있게 8단계로 구성되어 어렵게만 생각되는 한문독해를 기초부터 누구나 쉽게 익힐 수 있습니다.
＊한문독해법과는 다른 새로운 내용으로 이 책을 보신 후 한문독해법을 보시면 많은 도움이 됩니다.

崔完植·金榮九·李永朱·閔正基 共著
크라운판/338面/값 15,000원

〈개정증보판〉 알기쉽고 새로운 한문독해법
漢文讀解法

전국서점 절찬 판매중

과학적이고 체계적인 국내 초유의 한문독해법 탄생!

한문독해법은 어려운 한문을 쉽고 효율적으로 가르치는 독학 교재로 가장 체계적인 한문정복의 결정판 입니다.

崔完植 : 서울대학교 名譽敎授
金榮九 : 한국방송통신대학 中語中文學科 敎授
李永朱 : 서울대학교 中語中文學科 敎授

崔完植·金榮九·李永朱 共著
크라운판/572面/값 30,000원

동시로 배우는 발명특허 漢字학습법

더 이상 한자 공부 걱정하지 마세요

동시따라 나비처럼 한자가 날아온다.
EQ와 IQ가 동시에 자란다
한자 공포증이 말끔히 사라진다

한자
발명특허 제95645호

박형준 지음/4·6배판/값 상·하 각 5,000원

스스로 학습, 스스로 평가하는
基本生活漢字

네 단계로 익히는 한자 학습법
2000년11월 제33회 문화관광부 추천도서로 선정된 우수도서!!

남녀노소 누구나 꼭 알아야 할 한자를 쉽고 재미있게 배울 수 있도록 한 기본생활한자는 스스로 학습하고 스스로 평가하게 만든 책으로 학습을 추진하는 과정에서 창의력과 어휘력을 키워주는 점이 이 책의 특징입니다.

이 책 한 권이면 생활한자는 OK

최수도 엮음/4·6배판/값 12,000원